21 世纪高等院校“十二五”规划新教材

税收应用基础

主　编　姜振庄
副主编　齐　蒙　刘俊英
　　　　李凤臣　张满囤

天津教育出版社
TIANJIN EDUCATION PRESS

图书在版编目（CIP）数据

税收应用基础 / 姜振庄主编. -- 天津 : 天津教育出版社, 2011.7
ISBN 978-7-5309-6495-8

Ⅰ. ①税… Ⅱ. ①姜… Ⅲ. ①税收管理－中国 Ⅳ. ①F812.42

中国版本图书馆CIP数据核字(2011)第117080号

税收应用基础

出版人	胡振泰
选题策划	金博利
主编	姜振庄
责任编辑	吕 燚
封面设计	曾秋海
出版发行	天津教育出版社 天津市和平区西康路35号 邮政编码 300051 http://www.tjeph.com.cn
经销	全国新华书店
印刷	北京义飞福利印刷厂
版次	2011年8月第1版
印次	2011年8月第1次印刷
规格	16开(787×1092毫米)
印张	14.25
字数	358千字
定价	32.00元

前 言

税收是国家财政收入的主要来源，是国家对经济活动进行宏观调控的重要经济杠杆，又是企业经营管理和会计核算时需要重点考虑的问题。征税对国家、企业和个人经济利益产生的影响，可能改变全社会的资源配置、收入分配和经济发展格局。因此，无论是从事生产经营活动的企业从业人员和管理人员，还是制定或执行经济政策法规的政府管理人员，都越来越重视税收理论和税收制度的学习。

“税收应用基础”是一门有关税收理论、制度和管理的业务课程，与经济生活关系密切。是各类高校财政、税收、会计、企业管理、市场营销、金融等财经类专业的专业基础课或必选课程。

本书以“简化理论阐述、着重实际训练”为编写原则，着重体现“实践性”和“应用性”，并以“应用性”作为精髓，充分体现高等教育的特色。

本书以新颁布的税收法规、政策为依据，结合征税、纳税和用税的实际，全面而系统地阐述了税收的产生和发展、税收原则、宏观调控、依法治税、主要税种、税收征管科学化、税务稽查规范化和国际税收新对策以及外国税收等共十一方面的内容。

本书由姜振庄任主编，齐蒙、刘俊英、李凤臣、张满囤任副主编，参加编写的还有李玉香、陈学玲等。

本书内容丰富，形式新颖活泼，语言通俗易懂，具有很强的可读性。适用于高等院校财务会计及其他经济管理类专业的教学，还可作为在职财会、税务人员业务学习、岗位培训的重要参考书。

由于编者水平有限，加之时间仓促，疏漏之处难免，敬请读者批评指正，以便修订完善。

编 者

目　录

模块一　税收原理

学习目标

一般掌握： 税收的历史起源、税收本质

重点掌握： 税收的基本概念和基本范畴、税收的基本职能和主要作用

基础知识

项目一　税收的概述

一、税收的含义

税收是国家为了实现其职能，凭借政治权力，按照法律规定的标准和程序，参与社会产品或国民收入分配，强制、无偿地取得财政收入的一种分配形式。它是人类社会发展到一定历史阶段的产物。

税收的基本含义要从四个方面去理解：

1. 税收是国家取得财政收入的一种基本形式。
2. 国家征税的目的在于履行其公共职能。
3. 国家征税凭借的是政治权力而非财产权力，是一种超经济的分配，体现了政治权力凌驾于财产权力之上的经济关系。
4. 税收是借助于法律形式进行的。

二、税收的产生

税收并不是自人类社会产生以来就有的，而是人类社会发展到一定历史阶段的产物。税收属于一个历史范畴。税收作为一种重要的分配或收入形式，同其他经济范畴一样，经历了一个由不完全形态到完全形态的发展演变过程。

（一）税收的雏形阶段

在原始社会，由于生产力水平极其低下，人们为了生存，只能共同劳动，平均分享劳

动成果，没有私有财产，没有国家，自然也没有税收。原始社会末期，随着生产力的发展，社会产品逐渐出现剩余，出现了私有财产，进而出现了阶级，产生了第一个奴隶制国家——夏朝。夏朝统治者为了维持公共权力的存在和日常活动的需要，除了凭借对土地和奴隶的占有，直接占有奴隶的劳动成果外，还凭借其政治权力进行强制性的课征。“贡”就是这种强制课征的最早形式。

到了商代，贡逐渐演变为助法。助法即借助平民耕种公田，公田的收获全部归王室所有，即所谓井田制。“方里而井，井九百亩。其中为公田，八家皆私百亩，同养公田。公事毕，然后敢治私事。”助法是一种力役形式的课征。

到了周代，除贡、助之外，又实行了彻法。“民耕百亩者，彻取十亩以为赋”，意即每户平民耕种土地，要以一定的产量交纳王室。彻法按土地数量进行课征，属于对土地的课征，比贡法、助法有了很大的进步。

总的看来，夏、商、周三代的贡、助、彻，都是较为原始的课征形式，既有地租的因素，也有一定赋税的因素，是税收的雏形。

（二）商业、手工业税收的出现

我国对商业、手工业征税始于周代。周代以前，商业、手工业已经出现，商代的商业已有了很大的发展，但因官营较多，没有课征赋税。到了周代，开始出现了对进出关卡的货物和集市上的商人课征的“关市之赋”，对伐木、采矿、狩猎、捕鱼、煮盐等课征的“山泽之赋”，这是我国最早的工商税收。

（三）春秋时期鲁国的“初税亩”

春秋时期是我国奴隶社会向封建社会的转变时期，我国的农业赋税制度也随之发生了重大的变化。由于生产力的发展，特别是铁器农具的广泛使用，私田日益增多。由于私田不向王室交纳贡赋，私田的扩大严重影响了王室的收入，极大冲击了奴隶制的经济基础。为了开辟税源，春秋时期的主要诸侯国鲁国，于鲁宣公十五年（公元前594年）开始对井田以外的私田课征税赋，宣布不论公田和私田一律按亩征税，称为“初税亩”。初税亩的实行，首次以法律形式承认了土地的私有权和地主经济的合法地位，顺应了土地私有制这一必然发展趋势，是历史上一项重要的经济改革。同时也是我国农业赋税制度从雏形阶段进入成熟时期的标志。

三、税收的发展

随着社会生产力的发展和各个社会政治经济情况的发展变化，税收经历了一个发展演变过程。奴隶社会的税收尚处于雏形阶段，封建社会的税收才进入成熟时期。在自然经济占统治地位的封建社会，税收主要是对土地和人丁课征。封建社会末期，由于商品经济的发展，对工业品和商人课征的各种税收及其他杂税日益增多。到了资本主义社会，税收得到了充分的发展。资本主义社会税种繁多，税收已成为国家财政收入的主要来源和国家干预经济的重要工具。

税收的发展演变过程，对于不同国家，由于历史及社会经济、政治发展过程的差异而各有不同。就其内容看，可以归纳为税收名称、税收制度、征收形式及法制程度等几个方面的发展演变过程。

（一）税收名称的演变

在不同历史时期，税收有不同的名称。在我国历史上，税收曾先后被称为贡、助、彻、赋、租、税、捐、课、调、役、银、钱等，其中使用范围较广的主要是贡、赋、租、税、捐等。由于这些名称有时在同一时期同时存在，有时互为混用或连用，所以形成了贡赋、赋税、租税、捐税等几个主要名称。这些名称反映了不同时期税收的经济内容，从一个侧面反映了税收的发展史。

（二）税收制度的演变

自税收产生以来，随着社会经济的不断发展，为适应各个社会的政治经济条件及统治阶级的政策需要，历代社会的税收制度是多种多样的。但就其类型划分，大体可分为三种类型：

1. 以古老的直接税为主的税收制度。
2. 以间接税为主的税收制度。
3. 以现代的直接税——所得税为主的税收制度。

（三）征收形式的演变

一定历史时期的社会经济条件制约并决定着税收征收形式。从历史上看，税收的基本征收形式有三种，即实物形式、力役形式和货币形式。

奴隶社会和封建社会初期，由于自然经济占统治地位，商品经济不够发达，税收的征收形式必然也只能以实物和力役为主。当然，这一时期也存在着货币征收形式，如对商业、手工业课征的商税和物产税，对财产或经营行为课征的各种杂税，一般都是征收货币，只是货币征收形式在当时不占主要地位。

封建社会中期，由于商品经济日益居于统治地位，税收的征收形式也逐步过渡到以货币形式为主。我国封建社会末期，除了商税、物产税和各种杂税仍继续征收货币以外，从明代起，田赋也开始实行折银征收，逐渐增加货币征收形式。在资本主义社会，各种税收基本上是征收货币，货币征收形式成为占统治地位的形式，但实物形式和力役形式并未完全消失。目前在许多国家，一些税种仍然采用实物征收形式。

（四）法制程度的演变

从税收的发展进程看，税收法制程度是由低到高渐趋完善的。归纳起来，大体经历了四个时期。

1. 自由贡献时期。
2. 支持援助时期。
3. 专制课征时期。
4. 立宪课征时期。

四、政府为什么要征税

（一）西方学者的不同观点

“百姓凭什么纳税”的问题，自 17 世纪以来一直是西方学者讨论的重点。主要有以下几种观点：

1. 公需说

“公需说”产生于君主专制时代的17世纪，亦称“公共福利说”。这种学说的代表人物主要有资本主义初期的重商学派和德国重商主义的官房学派的学者，如法国的J·波丹(Bodin)、德国的K·克洛克（Klock）等。这种学说认为，国家的职能是满足公共需要和增进公共福利，这一职能的实现需要税收来提供物质资源，故此，税收存在的客观依据就在于公共需要或公共福利的存在。克洛克曾指出：“租税如不是出于公共福利的公共需要，即不得征收。如果征收，则不得称为正当的征税，所以，必须以公共福利的公共需要为理由。”

2. 义务说

“义务说”产生于欧洲国家主义盛行时期的19世纪。这种学说在黑格尔（Hegel）的国家主义思潮影响下，认为国家是人类组织的最高形式，个人依存于国家。国家为实现其职能就应有征税权，人民纳税是应尽的义务，任何人不得例外。“义务说”反对“交换说”、“保险说”的观点，强调的是国家的权力与人民的义务。

3. 牺牲说

“牺牲说”产生于19世纪，主要代表人物有资产阶级庸俗经济学家萨伊（法国）、穆勒（英国）以及英国著名财政学家巴斯泰布尔等。这种学说认为，税收对于国家是一种强制征收，对于人民是一种牺牲。

4. 掠夺说

“掠夺说”产生于19世纪，主要代表人物是空想社会主义者圣西门以及资产阶级历史学派学者。这种学说认为，税收是国家为实现其职能的公共需要，是国家中占统治地位的阶级凭借国家的政治权力，对其他阶级的一种强制掠夺。

5. 交换说

“交换说”产生于17世纪，亦称“利益说”、“买卖说”、“代价说”，主要代表人物有重商主义者霍布斯（Hobbes）、古典学派经济学家亚当·斯密以及蒲鲁东等。这种学说认为，国家征税是为了保护人民的利益，人民应向国家纳税以相互交换。亚当·斯密曾指出，政府的职能范围越小越好，税收越轻越好，而且国家应以每个人所得利益的数量确定纳税标准。

6. 保险说

“保险说”产生于18世纪，主要代表人物是法国的梯埃尔（Thiers）。这种学说认为，国家保护了人民生命财产的安全，人民应向国家支付报酬，国家犹如保险公司，人民纳税如同投保人向保险公司交纳保险费一样。

7. 社会政策说

“社会政策说”产生于19世纪末，主要代表人物有德国社会政策学派的财政学家瓦格纳和美国著名财政学家塞里格曼。这种学说认为，税收应是矫正社会财富与所得分配不公的手段，是实现社会政策目标的有力工具。

8. 经济调节说

“经济调节说”产生于20世纪30年代，主要代表人物是凯恩斯学派的经济学家。这种学说认为，国家征税除了为筹集公共需要的财政资金外，更重要的是全面地运用税收政策，调节经济运行，即调整资源配置，实现资源的有效利用；再分配国民收入与财富，提高社会福利水平；调节有效需求，稳定经济发展。

上述经济学者的课税依据学说，从历史进程来看，有明显区别。19世纪以前的课税依据学说，主要是从征纳双方关系的角度提出来的；而20世纪以后的课税依据学说，主要是从经济运行需要的角度提出来的，尤其是60年代以来发展起来的“公共部门经济学”，更是侧重于从“市场失灵”的角度来阐明税收存在的客观性与必要性。

（二）国内学者的种种观点

1. 国家需要说

“国家需要说”是从20世纪50年代起在我国较为流行的一种学说。该学说认为，税收是国家为实现其职能，凭借政治权力所形成的强制、无偿的分配关系。这就是说，政府课税的根据是满足国家实现其职能的需要，包括政治职能和经济职能的需要。

2. 社会扣除说

“社会扣除说”认为，国家在分配社会产品时，扣除“一般的不属于生产的管理费用”、“作为满足共同需要的费用”和“为丧失劳动力者设立的基金”等。税收是个人向社会领取收入时所做出的扣除，这种扣除是建立在共同利益之上的，因而是自愿的。

3. 国家社会职能说

“国家社会职能说”认为，税收属于再生产中的产品分配；在社会主义范围内，参与分配的根据只能是参与生产；国家是以执行社会职能，为再生产提供必要的外部条件的形式参与生产的。因此，税收的根据只能是国家的社会职能或公共事务职能。

经典案例

美国税务员比警察更有权力

没有一个机构能像美国税务局那样，精确地掌握美国人的一切。美国税务员收税严格，威风八面。

美国税务局在全美50个州都设有分支及下属机构，共有88万名雇员。税务员比警察更有权力。对于那些欠税者，他们可以冻结其银行存款、没收汽车、查封房子、令其子女中途辍学，总之想尽一切办法，直至交清税款为止。美国税务局的信条是：我们要你的一切，马上就要！欠税者在美国即使倾家荡产也要交清税款。

如果税务人员怀疑纳税人隐瞒收入、谎报税单，他有权窃听电话、拆阅信件，甚至破门搜查，直到获取偷税证据方才罢休。当然如果纳税人认为税务局处置过分、无理或无礼的话，也可以向法院起诉，但胜诉的机会甚微。

项目二　税收的分类及本质

一、税收分类

税收分类，是按照一定的标准，将具有相近或相似特点的税种归并成若干类别的一种研究方法。科学合理的税收分类，有助于研究各类税种的特点、性质、作用和它们之间的内在联系，有助于分析各税种在税制结构中的功能、作用及其对社会经济发展和宏观经济运行的影响程度，从而为完善税制提供依据。

税收可以依据不同的标准进行分类，采用何种标准分类，主要考虑分类的目的和所要说明的问题。一般地，税收有下列几种分类方法。

（一）以征税对象为标准的税收分类

以征税对象为标准的税收分类是世界各国在进行税收分类时采用的一种最基本、最重要的分类方式。以征税对象为标准，税收可以分为流转税、所得税、资源税、财产税和行为税等。

（二）以税收管理权限为标准的税收分类

以税收管理权限为标准，税收可以分为中央税、地方税、中央与地方共享税。以税收管理权限为标准进行税收分类，有利于分析中央和地方收入来源和责权关系。

（三）以税收负担能否转嫁为标准的税收分类

以税负能否转嫁为标准，可以把税收分为直接税和间接税两类。直接税是指税负不能由纳税人转嫁出去，必须由自己负担的各种税；间接税是指税负可以由纳税人转嫁出去，由他人负担的各种税。划分直接税和间接税的意义在于可以分析税收负担、税负转嫁及其税收归宿。

（四）以计税依据为标准的税收分类

以计税依据为标准，税收可分为从价税和从量税两大类。从价税是指以课税对象的价值量作为计税依据征收的一类税，一般实行比例税率和累进税率。其主要优点是：课征范围广，凡有价格计量的情况，都可以从价计征。从量税是指以课税对象的实物量（如以质量、容积、面积等为标准）作为计税依据征收的一类税，一般实行定额税率。其主要优点是：便于计征和管理，税收收入不受价格变化影响，纳税人的税负也相对稳定，但只适用于计量单位明确、实物形态易于把握的课税对象。

（五）以征收实体为标准的税收分类

以征收实体为标准，税收分为实物税、货币税和劳役税。实物税是指纳税人以各种实物缴纳的税种；货币税是指纳税人以货币形式缴纳的税种；劳役税是指纳税人以直接提供无偿劳动的形式缴纳的税种。

（六）以税收与价格的关系为标准的税收分类

以税收与产品、劳务价格的关系为标准，可将税收分为价内税和价外税两种。凡税金构成产品、劳务价格组成部分的，称为价内税；凡税金不构成产品、劳务价格组成部分的，称为价外税。与之相适应，价内税的计税依据称为含税价格，价外税的计税依据称为不含税价格。税收的主要分类如图1－1所示。

- 税收分类
  - 以征税对象为标准
    - 流转税
    - 所得税
    - 资源税
    - 财产税
    - 行为税
  - 以税收管理权限为标准
    - 中央税
    - 地方税
    - 中央与地方共享税
  - 以税负能否转嫁为标准
    - 直接税
    - 间接税
  - 以计税依据为标准
    - 从价税
    - 从量税
  - 以征收实体为标准
    - 实物税
    - 货币税
    - 劳役税
  - 以税收与价格的关系为标准
    - 价内税
    - 价外税

图1－1　税收的主要分类

经典案例

“不知不觉”中缴纳的税

有些税是我们直接或亲自缴纳的，有些税则是在“不知不觉”中缴纳的。

去超市购物，那里所有商品的标价都是含税价格，购买任何一种商品的同时意味着为国家缴了税。如果花100元买了一件衣服，其中包含14.53元的增值税，1.45元的城市维护建设税与教育费附加。如果100元是买了一瓶化妆品，那么其中的税款除14.53元的增值税外，还包含25.64元的消费税和4.01元的城市维护建设税与教育费附加。

你如果去餐馆吃饭，最后结账时不论付多付少，你所付餐费的5.5%是营业税及城市维护建设税等。你如果使用的是一次性木筷，还会包括些许多的消费税。

不论是谁，只要你掏钱买东西，就有可能承担了税款，为国家作了贡献。

二、税收本质分析

根据各文明社会普遍存在的税收现象，借鉴中外学者对于税收本质的认识，遵从运用定义方法揭示事物本质的逻辑规则，可将税收定义为：税收是政府为满足执行职能的物质需要，对经济活动主体的收入，依据执行职能产生的一般利益，按照法律规定的范围和标准进行的强制征收。

为了完整、准确地理解税收的本质，对上述税收定义，需要从以下几个方面进行一些特殊的说明：

（一）税收的基本属性

直观地看，税收是一种财富转移。在文明社会，财富的转移有三种基本类型：一是政府之间的财富转移，包括下级政府对上级政府的贡献和上级政府对下级政府的补助；二是经济活动主体之间的财富转移，包括以贡献为依据的收入分配和以货币为媒介的商品交换；三是政府与经济活动主体之间的财富转移，包括由政府到经济活动主体的财富转移和由经济活动主体到政府的财富转移。其中，由经济活动主体到政府的财富转移又有两种基本类型：一是以私人权利为根据的财富转移，如经济活动主体因占有或使用国家所有的资源或资产而向政府交纳的租金、使用费；二是以公共权力或权利为根据的财富转移，包括没收、罚款、强制赔偿、课征等。其中，课征又有征用和征收两种形式：征用是政府直接占有经济活动主体的劳动力、土地等生产要素的形式与过程；征收是政府直接占有经济活动主体的产品或收入的形式与过程，它们一部分采取税收形式，另一部分采取行政收费的形式。

作为强制征收，税收会带来两方面结果：一方面，对于政府，税收会带来收入；另一方面，对于经济活动主体，税收会带来负担。将税收的基本属性定义为强制征收而不是收入或负担，更符合概念之间的逻辑关系。同样道理，税收之所以能参与国民收入的分配，是因为税收是一种强制征收。没有这种强制征收，所谓的参与国民收入分配就无从谈起。将税收定义为强制征收而不是定义为参与分配的一种形式，也是概念之间的逻辑关系所要求的。

（二）税收的目的与依据

税收的目的指的是政府为什么要征税，税收的依据指的是政府凭什么能征税。二者共同构成税收主客体之间的内在联系，决定着税收的产生、存在与发展。

1. 税收的目的

在国家这种社会的最高组织形式中，政府的根本任务是提供公共物品，满足公共需要。所谓公共需要就是社会全体成员的共同需要，包括和平的需要、安定的需要和便利的需要等。所谓公共物品就是用于满足公共需要的物品，包括和平的环境、安定的秩序和便利的设施等，也就是生产与消费的共同外部条件。政府为提供公共物品，满足公共需要，就必须占有一定的经济资源。政府占有经济资源有两种办法：一种是直接的办法，即以征用的形式直接占有经济资源；另一种是间接的办法，即以税收形式向经济活动主体征收一部分收入，然后再将这部分收入转化为支出，在交换环节实现经济资源由经济活动主体到政府的转移。在这里，税收的目的就是从经济活动主体取得一部分收入，满足政府间接占有经济资源的物质需要。

2. 税收的依据

政府执行职能，为社会提供了和平的环境、安定的秩序和便利的设施，满足了社会的公共需要，根据正义准则，获得了向经济活动主体征收一部分收入的权利。税收的依据，只能是政府的职能。进一步说，政府执行职能给经济活动主体带来的利益有两种不同类型：一种是所有经济活动主体共同享受的利益，如和平、安定、便利等，简称“一般利益”；另一种是政府职能的当事人专门享有的利益，如获得了证照、通过了检验、保护了被侵犯的权益等，简称“特殊利益”。在政府的各种征收形式中，税收是以政府职能产生的一般利益为依据的，行政收费是以政府职能产生的特殊利益为依据的。换句话说，行政收费的依据是政府执行职能为当事人带来的特殊利益，税收的依据是政府执行职能为所有经济活动主体带来的一般利益。

（三）税收的形式特征

税收具有强制性、无偿性和固定性三个形式特征。

1. 强制性。即税收的法律性，是指纳税义务的形成与履行的法定约束性，对居民和社会组织来说，税收是一种非自愿的、强制的缴纳形式，一切有纳税义务的人都必须依法纳税，否则就要受到法律的制裁。税收具有强制性的原因是社会利益与个人利益在主客体上存在矛盾，为了维护整体利益，必须预先以法律手段来实施国家职能所要求的公共产品的价值补偿。首先，税收的强制性直接来自国家政治权力的强制性；其次，税收的强制性是提供公共物品的必要手段；第三，税收的强制性体现国家的意志的特征。

税收的强制性是指税收这种分配形式是以国家政治权力为依托的，表现为国家以社会管理者的身份，通过颁布法律、法规等形式对税收加以规定，任何单位和个人都必须遵守，否则就要受到法律的制裁。强制不意味着强迫，它指的是国家以社会管理者的身份，以法律为后盾来征税。

2. 无偿性。无偿性是指税收针对具体纳税义务人而言没有直接返还性，国家也不会为此支付任何等额报酬，与税收对人民群众整体利益的“取之于民，用之于民”的整体返还性不是一个角度。

税收的收取具有无偿性，它不是直接返还给具体的某一个纳税义务人，即国家征税后既不需要偿还也不需要向纳税义务人付出任何代价，不像商品交换一样实行等价交换。列宁说：“所谓赋税，就是国家不付任何报酬向居民取得东西。”

3. 固定性。税收的固定性是指税收是一种普遍的、经常的收入形式，是按照法律事先规定的标准连续征收和缴纳的。首先，在内容上，税收具有一定的制度性与普遍认可的税收原则；其次，在形式上，税法体系统一、完整、严密；第三，在确定方式上，税收是法定机构按法定程序与标准制定、颁布和实施的。国家在征税之前以法律的形式预先规定了征税对象、征收比例或数额和征收方法等，使税收具有相对的稳定性。

税收的三个形式特征是互相联系、缺一不可的。税收的强制性决定了征收的无偿性，而强制性和无偿性又决定和要求征收的固定性，税收的特征使税收区别于其他财政收入形式，如上缴利润、国债收入、规费收入、罚没收入等。税收的特征是不同社会形态下税收的共性，集中体现了税收的权威性。

项目三　税收的作用及与其他财政收入的比较

一、税收的作用

（一）税收是国家组织财政收入的主要形式和工具

由于税收具有强制性、无偿性和固定性的形式特征，同时税收的来源十分广泛，因而在筹集财政资金、实现财政收入和保证财政收入的稳定性等方面起着重要的作用。

1. 组织财政收入是税收的基本作用。税收是随着国家的产生而产生的，是为了满足国家实现其职能的物质需要而产生的。从税收产生之日起，为国家行使职能而组织财政收入，就成了它的第一职能。国家通过税收，可以把分散在各部门的国民收入集中起来，以满足国家实现其职能的物质需要。

2. 税收是国家财政收入的重要支柱。目前在我国，税收已占国家财政收入的95%以上，在日本占91%，在英国占96%，在美国占98%。由此可见，税收在各种不同制度的国家都普遍存在，并且在国家财政收入中都占有重要地位。所以，当前更应该强化和重视税收在组织财政收入方面的作用。

3. 税收可以使财政收入得到切实保证。税收具有强制性的特征，它是国家凭借政治权力，依靠法律预先规定的标准而取得的收入，这样便可以减少或避免拖欠和偷漏税行为的发生。另外，不论企业是赢利还是亏损都必须依法纳税，这样，税款有相当大的部分就可以不受企业经营成果好坏的影响。

（二）税收是国家对经济实行宏观调控的重要经济杠杆之一

政府可以通过制定符合国家宏观经济政策的税法，以法律形式确定国家与纳税义务人之间的利益分配关系，调节收入分配水平，调整产业结构，实现资源的优化配置，公平纳税义务人的税收负担，促进平等竞争，为市场经济的发展创造良好的条件。

（三）税收可以维护国家经济权益，促进对外经济交往

在国际经济交往中，充分运用国家的税收管辖权，在平等互利的基础上，适应国际经济组织所规定的基本原则，利用国际税收协定等规范性手段，加强同各国、各地区的经济交流与合作，不断扩大和发展引进外资、技术的规模、形式和渠道，建立和完善涉外税收制度，在维护国家权益的同时发展国家间的经济技术合作关系。

（四）税收为国家及企业管理提供经济信息，对各项经济活动实行监督

税收涉及国民经济的各个方面，税收收入的结构可以反映国民经济状况及其发展趋势。同时，税收深入到企业经济核算的各个环节，可以监督经营单位和个人依法经营，加强经济核算，提高经营管理水平。同时通过税务检查，严肃查处各种违法行为，为国民经济的健康发展创造一个良好、稳定的经济秩序。

二、税收与其他财政收入的比较

（一）税收与货币财政性发行的比较

货币财政性发行是国家为了弥补财政赤字而发行货币的行为，它与税收最大的区别有两点：一是税收有物资保证，而财政性发行没有物资保证。由于在商品数量和货币流通速度不变的情况下，货币流通量的多少与物价高低成正比的关系，滥发纸币必然造成虚假购买力，人为导致货币贬值，物价上涨，社会经济秩序紊乱。所以，一般国家都不通过货币的财政发行来增加财政收入。而最稳妥的方法是通过调整税收政策与法规来增加财政收入。二是税收具有固定性，而财政性发行不具有固定性。由于财政性发行是国家根据财政收支出现的赤字，在无法通过其他方式来解决时所采用的一种弥补手段，所以在发行的时间及数量上都具有不固定性。

（二）税收与罚没收入的比较

罚没收入是罚款和没收收入的简称，是国家主管部门和机关（如公安、司法、工商、税务、海关、物价等部门）对违反有关法规的单位和个人的罚款及没收财物的惩罚性措施，此项收入是国家财政收入的一部分。罚没收入与税收相比更具有明显的强制性和无偿性，但缺乏固定性，所以罚没收入不能构成经常性财政收入，但在保障国家各项法律法规执行方面起着独特的作用。

（三）税收与费用的比较

费用是一方当事人向另一方当事人提供某种劳务或某种资源的使用权，而向受益人收取的报酬。费用的种类很多，大体可分为两类：一类是经济性收费，这类费用属于经济生活中的劳务报酬，如运输费、租赁费、保险费、咨询费等；另一类是政府性收费也称财政性收费，是政府机关为单位和居民个人提供某种特定服务，或是批准使用国家的某些权力等而收取的费用，此类收入属于国家财政收入，主要包括两个方面：（1）事业收费。是指政府下属的事业单位为公民提供公益服务而收取的费用，如养路费、房屋租金、排污费、学杂费、医药费等。（2）规费。是指政府机关向公民提供服务，而向受益人收取的费用，如牌照工本费、手续费、诉讼费、化验费、商标注册费、工商登记费等。

从以上内容可以看出，税收与费用是完全不同的两个经济范畴，费用是有偿的，收费的标准因提供服务的内容和数量而有所不同，并且费用由政府机关实行定向收取、专款专用。

小结

1. 税收的确是一个古老的历史范畴，已经有几千年历史。从理论层面看，税收产生显然取决于两个相互影响的前提条件：一是经济条件，即私有制的存在；二是社会条件，即国家的产生和存在。尽管历史上私有制先于国家形成，但对税收而言，同时存在这两个前提条件，税收才产生了。

2. 尽管税收很早就产生了，但其成长过程却是漫长的。在整个封建社会，税收制度体系逐步建立和完善。从征收对象看，逐步发展为复式税制体系；从征收范围看，逐步扩大到人头税、工商税、矿产税、资源税等名目繁多税种；从缴纳方式看，由缴纳实物税进步到缴纳货币税；从征管机构看，逐步形成一整套中央集权制官僚体系。

3. 从税收产生与发展的历史不难看出，现今世界大多数国家的税收，都经历了一个由自愿纳贡到强制课征，再到立宪征收的逐渐进化过程。如果以行使征税权力的程序演变为标准，税收的发展大体可以分为以下四个时期：一是自由纳贡时期。税收作为自愿捐赠，只是税收的雏形阶段；二是承诺时期。随着国家的发展和君权的扩大，财政开支和王室费用的增加，税种也不断增加；三是专制课征时期。随着君权扩张和政费膨胀，税收专制色彩日益增强；四是立宪课税时期。国家征收税收必须经过立法程序，依据法律手续，经过由选举产生的议会制定。

4. 为满足民众公共需要而提供公共产品是政府的一个基本职能。从纳税人角度看，税收是纳税人的支出，也是享受公共产品而需要向政府支付的代价；从政府角度看，税收是政府提供公共产品以满足公共需要的经济来源，是一种成本补偿。可见，纳税人支付税款和得到政府好处之间有着密切联系。从这个意义上讲，税收就是国家（政府）凭借其公共权力，为满足社会公共需要，运用法律手段，按照预定标准向社会成员取得财政收入的一种形式，本质上税收体现“取之于民，用之于民”的性质。

5. 将税收本质建立在公共需要理论上是非常重要的。其理论意义在于：首先，税法出发点从国家转移到纳税人，税法由征税之强权法转化为纳税人的权利宣言与保障法案。其次，在决定税收课征范围、征税方式、税收负担率等重要内容时，其根本依据不再是国家意志，而是根据隐藏于国家意志背后的市场经济发展的需要，使得税法的立、改、废摆脱随意性和过强的政治目的性。第三，纳税人可以参与国家政治生活，通过对财政支出的监督和制约，干预各种政治权力运作。这既有助于促进民主和法治水平的进一步提升，也有助于强化纳税人“自己的钱自己管理和自己监督”的用税监督意识。

6. 税收形式特征是反映税收区别于其他财政收入形式的外部特征。一般认为，税收具有以下三个形式特征：一是税收强制性。税收强制性是指税收参与社会物品的分配是依据国家的政治权力，而不是财产权利，即和生产资料的占有没有关系；二是税收无偿性。税收无偿性是就具体的征税过程来说的，表现为国家征税后税款即为国家所有，并不存在对纳税人的偿还问题；三是税收固定性。税收固定性是指课税对象及每一单位课税对象的征收比例或征收数额是相对固定的，而且是以法律形式事先规定的，只能按预定标准征收，而不能无限度地征收。

7. 一般认为，税收是国家依据其社会管理职能，满足社会公共需要，凭借政治权力，运用法律手段，按预定标准参与国民收入分配而取得财政收入的一种形式。

8. 税收和收费作为分配形式，具有一定的共性，也有本质上的区别。

9. 在构建和谐社会的进程中，税收将主要围绕以下几个方面进一步发挥作用：一是发挥税收收入功能，为构建和谐社会夯实基础；二是运用税收调控职能，促进经济社会协调发展；三是制定各项税收优惠政策，支持区域经济协调发展；四是依法治税，推进和谐税收征纳关系建设。

综合练习

一、单项选择题

1. 税收“三性”特征不含（　　）。

A. 强制性　B. 公平性　C. 无偿性　D. 固定性

2. 税收具有强制性、无偿性、固定性的特征，其核心是（　　）。

A. 强制性　B. 固定性　C. 确定性　D. 无偿性

3. 早在夏代，我国就已经出现了国家凭借其政权力量进行强制课征的形式（　　）。

A. 贡　B. 助　C. 彻　D. 初税亩

4. 春秋时期，鲁国适应土地私有制发展实行的（　　），标志着我国税收从雏形阶段进入了成熟时期。

A. 初税亩　B. 两税法　C. 一条鞭法　D. 租庸调制

5. 税收产生的物质基础是（　　）。

A. 剩余产品的出现　B. 国家的出现

C. 阶级的产生　D. 物品交换的出现

6. 国家取得财政收入的主要形式是（　　）。

A. 行政性收费　B. 罚没收入　C. 税收　D. 发行货币

7. 税收分配的主体是（　　）。

A. 企业组织　B. 个人　C. 税务局　D. 国家

8. 税收产生和存在的前提条件是（　　）。

A. 国家的存在　B. 经济的发展　C. 阶级的产生　D. 现实的需要

二、多项选择题

1. 在现阶段，税收的作用主要表现在（　　）等方面。

A. 税收是国家财政收入的主要来源

B. 税收能够促进资源有效配置

C. 税收是国家调控经济的重要杠杆之一

D. 税收可以促进收入分配公平，体现公平竞争

2. 下列关于我国税收历史发展过程的说法正确的有（　　）。

A. 夏商周时期的“贡、助、彻”是我国税收的雏形阶段

B. “初税亩”是我国农业赋税从雏形阶段进入成熟阶段的标志

C. 在我国封建社会几千年的发展过程中，对特定商品（尤其是盐、酒、茶等）课征的杂税占有主要的地位

D. 我国在20世纪20年代就已经引入了直接税，并开始在现实中实行这一税种的征收

3. 税收与经济的关系主要体现在（　　）。

A. 税收直接影响着经济的运行　B. 经济发展状况决定税收的征收

C. 税收在一定程度上调节和影响经济　D. 税收与经济主要是间接影响关系

4. 税收区别于其他财政收入的基本标志有（　　）。

A. 税收的法定性　　B. 税收的强制性

C. 税收的无偿性　　D. 税收的固定性

5. 下列对税收强制性的说法正确的是（　　）。

A. 任何单位和个人都必须依法纳税

B. 是由国家本身的特点决定的

C. 税收的强制性直接来自于国家政治权力的强制性

D. 对于一些特殊情况，可以考虑免予纳税

6. 下列对税收无偿性的说法正确的是（　　）。

A. 国家本身不创造财富，为了保持财政的收支平衡，只能采取无偿的方式取得

B. 国家征税以后，税款即为国家所有，不用返还给纳税人，也不用向纳税人支付任何报酬

C. 税收的这种无偿性是由税收收入使用的无偿性决定的

D. 无偿性是税收最本质的特征

7. 下列对税收固定性的说法错误的是（　　）。

A. 税收的固定性是强制性的必然要求

B. 税收的固定性在现实中体现为税收的法定性

C. 税收的固定性有利于社会的稳定

D. 税收的固定性完全出于国家的意愿

三、填空题

1. 税收作为一种特定的分配形式，具有________、________和________三个形式特征。

2. ________是调节国家经济结构、促进国民经济协调发展的重要经济杠杆。

3. 我国历史上的周代开始了对经过关卡或在市场上交易的物品征收________，对伐木、狩猎、捕鱼、采矿等征收________。

4. 与税收对应的法律是________。

四、判断题

1. 税收很早就存在了，在原始社会初期就已经存在着税收行为。（　）

2. 税收是私有财产制度和国家政权相结合的产物。（　　）

3. 税收所具有的基本特征是强制性、无偿性和固定性。（　）

4. 税收公平原则包括社会公平和经济公平原则。（　）

5. 纳税人是指税法规定负有纳税义务的单位和个人，是纳税义务人的简称。（　）

6. 税率是税额与征税对象之间的法定比例。（　）

7. 经济效率，也就是征税过程本身的效率，它要求税收在征收和缴纳过程中耗费成本最小。（　　）

8. 计税依据是征税对象的计量单位和征收标准。（　　）

9. 一般来说，低税收有刺激经济的作用，但不利于社会稳定；高税收可以稳定社会、增加福利，但会抑制经济发展。（　）

10. 在商品经济不发达时期，税收采用的是实物缴纳的形式。（　）

11. 由于税收具有固定性，所以税收一经确定，就不会再发生变动。（　）

12. 税收的征收主体主要是各级税务局和海关。(　　)

参考答案

一、单项选择题

1. B　2. D　3. A　4. A　5. A　6. C　7. D　8. A

二、多项选择题

1. ABCD　2. AB　3. BCD　4. BCD　5. ABC
6. ABCD　7. AD

三、填空题

1. 强制性　无偿性　固定性
2. 税收
3. 关市之赋　山泽之赋
4. 税法

四、判断题

1. ×　2. √　3. √　4. √　5. √　6. √　7. ×　8. √　9. √
10. √　11. ×　12. √

模块二　税收原则

学习目标

一般掌握：税收原则的含义及产生与发展

重点掌握：税收基本原则的内容

基础知识

项目一　税收原则的概述

一、税收原则的含义

虽然政府可以强制、无偿地取得税收收入，但是总需要通过一定的方式，依据一定的原则来征收，即政府征税应遵循一定的税收原则。

税收原则又称税收政策原则或税制原则。它是评价税收政策好坏、鉴别税制优劣的准绳。税收原则既包含制定税收政策、设计税收制度及运用税收政策所依据的总原则，也包含制定税收政策、设计税收制度及运用税收政策需要依据的一些技术性原则。税收原则通常以简洁明了的税收术语来高度概括税收政策和制度制定者的思想意志，以全面系统的原则体系综合反映经济社会对税收政策、制度的客观要求。税收原则一旦确立，即成为一定时期一国据以制定、修改和贯彻执行税收法令制度的准则。

二、税收原则的产生与发展

税收原则是在具体的经济社会条件下，从税收实践中总结概括出来的。某个时期提出的税收原则，往往可以延续比较长的时期。不同时期的税收原则，也会具有某种相同的内容。随着经济社会的发展、政府职能的拓展和人们认识的提高，税收原则也必然经历着一个不断完善和发展的过程。

（一）西方税收原则的产生和发展

在税收学说史上，许多著名的经济学家都曾对税收原则发表过重要的论述，其中，最有代表性和影响最大的是亚当·斯密、阿道夫·瓦格纳和理查德·A. 马斯格雷夫等人所提出的税收原则。

从历史上看，最早比较明确提出税收原则的经济学家是英国重商主义前期的托马斯·霍布斯，重商主义后期的威廉·配第、詹姆斯·斯图亚特及德国新官房学派代表尤斯蒂等。他们的观点对后人的理论产生了重要影响。把税收原则明确化、系统化的第一人是古典政治经济学派的创始人亚当·斯密，他在1776年发表的《国民财富的性质和原因的研究》中，根据他的经济思想提出了平等、确实、便利、最小征收费用四大课税原则。这些原则为理论界对税收原则进行深入地研究奠定了基础。之后，英、法、德等国家的经济学家，如西斯蒙第、穆勒、萨伊、赫尔德、诺曼等，又相继提出了一些税收原则，试图从不同角度对斯密的税收原则予以补充。其中，发展最为完备的当属德国社会政策学派的代表人物瓦格纳，他打着社会政策学派的旗帜，反对自由主义经济政策，认为国家对经济活动具有积极的干预作用，应谋求改变收入分配不公的现象。在这种指导思想下，他提出四项税收原则：财政政策原则、国民经济原则、社会公正原则和税务行政原则，极大地丰富了税收原则理论。

（二）我国税收原则的产生和发展

1. 我国古代税收原则的产生

我国税收原则和思想的产生早于西方国家。税收原则的思想萌芽可以追溯到很早以前。据史籍记载，夏王朝是我国古代最早出现的国家，它用贡赋形式向臣民进行征收，征收的原则是："禹别九州，量远近，制五服，任土作贡，分田定税，十一而赋。"就是说，禹根据各地离京畿的远近，土质的肥瘠、高下，评定土地等级，征收收获量十分之一的税。这就是讲要按土地等级或地理条件的不同，区别征税，量能负担。

2. 我国古代的税收原则与思想

在我国历史上漫长的经济发展和税收实践中，曾产生过丰富的治税思想。很多思想家，特别是儒家和墨家都一贯主张轻徭薄赋、舒养民力、发展经济、扩大财源，反对巧取豪夺、竭泽而渔。

孔子政治思想的中心内容是"仁"，主张征收赋税须"度于礼"，"义然后取，人不厌取"，"有君子之道，其使民也义"，强调"义"、仁政、轻徭薄赋，"财聚则民散，财散则民聚"，轻征赋税有利于争取民心，使统治者长治久安；孔子的"百姓足，君孰与不足"，要求国家赋税建立在百姓富足的基础上。

战国时期的政治家、思想家管仲（约公元前730～公元前645年）明确提出按照土地肥沃程度确定赋税轻重的"相地而衰征"的税收原则："凡治国之道，必先富民，民富则易治也，民穷则难治也"；"取之民有度，用之有止，国虽小必安；取之民无度，用之不止，国虽大必危"。强调公平税负、适度征收的治税思想。

商鞅主张用赋税手段限制农民弃农经商，指出"重关市之赋，则农恶商，商有疑惰之心"，并在新法中规定对弃农经商者予以重罚。同时，商鞅主张赋税应征收粮食，不收货币和其他物品，保证国家税收制度的统一和公平，没有赋税歧视，就能取信于民，官吏也不便营私舞弊了。商鞅也主张通过"官少税简"，减轻农民的税负，"官属少，征不烦，民不劳，则农日多”。商鞅的赋税思想在历史上占有重要地位。

司马迁主张自由放任的经济政策，认为社会经济生活中的农、工、商“各劝其业，乐其事，若水之趋下，日夜无休时”，是自然分工，根本无需政府横加干预。

明代思想家丘浚曾提出：“理财之道，以生财之道为本”，税收“不能不取之于民，也不可过度取之于民。不取于民，则难乎其为国；过取于民，则难乎其为民”；“上取于下，固不可太多，亦不可不及”。主张通过发展生产来增加财政收入，税收征收要适度，既要考虑国家需要，也要考虑人民负担能力。

3. 我国社会主义税收原则

建国初期，《中国人民政治协商会议共同纲领》就规定：“国家税收政策应以保障革命战争供给，照顾生产的恢复和发展及国家建设的需要为原则，简化税制、合理负担。”它可以被概括为“保障供给、发展经济、简化税制、合理负担”的税收原则。

生产资料社会主义改造时期，曾提出“区别对待、合理负担”的税收原则，即对不同经济成分在税收上区别对待；对相同经济成分，根据其不同收入状况做到合理负担。

生产资料社会主义改造完成后，在高度集中的计划经济体制下，比较强调保证收入、简化税制的原则。在这种原则指导下，曾经进行了多次以简并税制为中心的改革。

在有计划商品经济时期，根据改革开放形势要求，中共中央在关于第七个五年计划的建议中提出：“改革和完善财政税收体制，正确发挥财政政策作用，保证国家有稳定而充足的财政收入，同时做到公平税负、鼓励竞争，以促进效益的提高和经济稳定发展。”它可以被概括为“公平税负、鼓励竞争、促进效益、稳定经济发展”的税收原则。

中华人民共和国成立后，在政府的有关法律、法规中，也多次从税收总量、税收负担分配、税收效应和税收管理方面对税收原则进行了阐述。

根据市场经济的要求，党的十四届三中全会通过的《中共中央关于建立社会主义市场经济若干问题的决定》，明确提出“统一税法、公平税负、简化税制、合理分权”的税收原则。1994 年我国税制的全面改革，就是根据这个指导原则进行的，并且这一税收原则的基本要求在随后的社会主义税收实践中，通过与西方市场经济国家比较成熟的税收原则相结合，形成了我国新时期税收原则，可概括为“财政原则、公平原则、效率原则和法治原则”。

项目二　税收的原则

税收原则围绕着财政、公平、效率和法治四个方面来阐述。

一、财政原则

税收是国家存在的基础，国家征税最主要的目的，是为了满足财政的支出，而要满足财政支出的需要，就必须考虑税收的充裕性和富有弹性。

（一）充裕原则

充裕原则是指税收收入应满足国家经常性的支出需要。国家为了满足社会公共需要，必须要有充裕的财政收入，保障其各项职能的实现。当然，税收收入要求充裕，并非多多益善，而是相对于政府的经常性支出而言的。要取得充裕的税收，在税收制度的设计上，首先税源应充沛，要选择那些收入确实可靠的税种作为主体税；其次税基应拓宽，在税收优惠措施的制定上要谨慎，避免由于减免税措施不当、缩小税基，造成税收收入损失。

（二）弹性原则

弹性原则是指税收收入应能随着国民经济的增长而增长，以满足日益增加的国家财政支出的需要。从社会发展史来看，世界上不论是发达国家，还是发展中国家，其财政支出都逐年上升，其根本原因是由于生产的社会化发展，使社会成员相互之间的依存性增强，而各自的独立性相对被削弱，人们对于社会的依赖性越来越大。为了满足不断增长的社会公共需要，政府就必须承担更多的责任，向社会提供更多的公共产品和劳务。因此，国家职能在内涵和外延两个方面都有不断扩大的趋势，一方面，新的国家职能陆续出现；另一方面，原有的国家职能又被不断赋予新的内涵，为实现这些职能所需要的财政支出而呈现出不断增长的趋势。因而，税收作为国家的基本财力保障，其收入必须具有一定的弹性，以适应财政支出的变化趋势。税收弹性一般包括税收收入弹性和税率弹性。

1. 税收收入弹性

税收收入弹性是指在现行税制要素不变的情况下，税收收入变化的百分比与国内生产总值（GDP）变化的百分比或国民收入变化的百分比之间的比例关系，即因经济增长变动而引起的税收收入变化的比率。用公式表示为：

$$E_y = \frac{\Delta T/T}{\Delta Y/Y}$$

其中，E_y 为税收收入弹性，ΔT 为税收收入变化量，T 为税收收入总量，ΔY 为国内生产总值（或国民收入）变化量，Y 为国内生产总值（或国民收入）。

如果 $E_y=0$，表明税收收入无弹性，经济增长不会引起税收收入的变化；$E_y=1$，表明税收收入具有单位弹性，其变动的幅度与经济增长的幅度相同；$E_y>1$，表明税收收入富有弹性，其增长速度快于经济增长速度，税收收入占国内生产总值（或国民收入）的比重呈上升趋势；$E_y<1$，表明税收收入缺乏弹性，其增长速度慢于经济增长速度，虽然税收收入的绝对值可能增加，但是税收收入在国内生产总值（或国民收入）中所占的比重呈下降趋势。

影响税收收入弹性的因素主要是经济发展规模与经济效益的变化。在其他因素不变的情况下，经济效益提高，经济规模增大，经济发展速度加快，税收收入弹性就会提高；经济效益下降，尽管经济规模增大，经济发展速度加快，税收收入弹性也会减弱；经济效益不变，单纯经济发展规模和速度的变化，一般不会对税收收入弹性产生影响。

影响税收收入弹性的核心问题是经济效益的变化，经济效益决定税收收入弹性，税收收入弹性也可以反映经济效益的高低。

2. 税率弹性

税率弹性是指税收收入变化的百分比与税率变化的百分比之间的比例关系，可以用来衡量税收收入对税率变动的反应程度。用公式表示为

$$E_t = \frac{\Delta T/T}{\Delta t/t}$$

其中，E_t 为税率弹性，ΔT 为税收收入变化量，T 为税收收入总量，Δt 为税率变化量，t 为税率。

如果 $E_t = 0$，表明税率无弹性，即税率变动不会带来税收收入的变化；$E_t = 1$，表明税率具有单位弹性，税收收入变动的幅度与税率变化的幅度相同；$E_t > 1$，表明税率富有弹性，税收收入的增长幅度大于税率提高的幅度；$E_t < 1$，表明税率缺乏弹性，税收收入的增长速度小于税率提高的幅度。

可以用拉弗曲线来说明税率变化与税收收入变化之间的数量关系。图 2－1 中的曲线即为拉弗曲线。

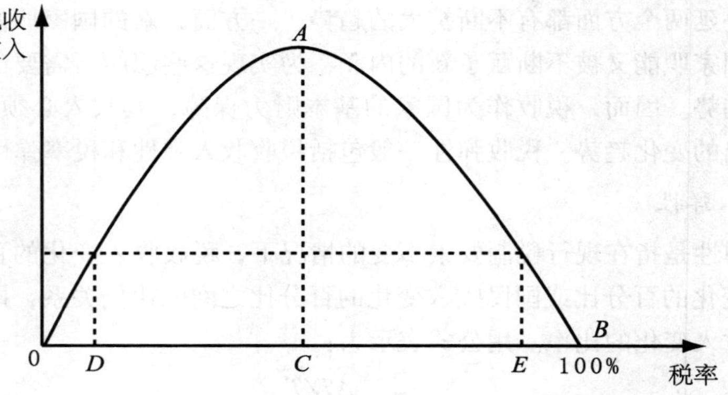

图 2－1　拉弗曲线

图 2－1 中横轴代表税率，纵轴代表税收收入。税率从原点开始为 0，逐渐增加到 B 点为 100%，税收收入从原点向上计算，随着税率的变化而变化。从原点开始，当税率逐渐提高时，税收收入也随之增加。当税率提高到 C 点时，税收收入最大；超过 C 点时，税收收入开始下降；当税率提高到 B 点为 100% 时，税收收入为 0。

拉弗曲线的经济意义可概括为三个方面：

（1）高税率不一定取得高收入，也可以理解为高税收也不一定实行高税率；

（2）取得同样多的税收收入，可以采取两种不同的税率，如图 2－1 中的 D 点和 E 点；

（3）税率、税收收入和经济增长之间存在相互依存、相互制约的关系，从理论上讲应当存在一种兼顾税收收入与经济增长的最优税率。

阅读资料

拉弗曲线

拉弗曲线，是由 20 世纪 70 年代中后期活跃于经济学界的“供给学派”提出的一个关于税收的理论，其代表人物是阿瑟·拉弗，这一理论就以其名字命名。

要理解这一理论，先从一般人的认识说起。一般人认为，税率越高，对于相同数量的税基来说，能征收到的税收便越多。而“拉弗曲线”理论却认为，税率越高，不一定意味着税收会越多；相反，还将使可能征取的税收数量下降。即在一定范围内对征税对象多赚的收入提高税率，国家的确可以多征到税；但税率提高一旦突破某个限度后，人们工作的积极性下降，加之主动纳税的热情不高，相反，偷税漏税动机增强，由此导致税基下降，国家能征到的税反而下降；如果国家将税率提高到更高的程度时，企业将因为利润下降而出现投资积极性下降，甚至可能因为不堪重负而倒闭，税基进一步缩小，国家可能征到的税也下降。当税率达到100%，即将经济人所得全部征为税收后，国家总税收收入将降为零：此时人都活不下去，还交得起税吗？这种先升后降的峰形曲线，就是“拉弗曲线”。

二、公平原则

分配的公平问题不仅是经济问题，而且还是政治问题、社会问题。尽管生产力的发展是社会进步的根本因素，但分配不公却往往会造成社会动乱和革命。然而，何谓公平？自人类社会出现不平等以来，便有了关于公平的经久不衰的争论。应该说，在公平问题上，马克思的历史唯物观才是正确的。马克思认为，公平的内涵是一个历史的、相对的而不是永恒的范畴，即经济发展阶段不同、社会制度不同、文化道德观念和习俗不同，其公平的内涵也不同。因此，世界上不可能存在一个放之四海而皆准的、永恒的、共同的公平内涵观念。这也告诉我们，尽管对税收原则的研究离不开对公平的探讨，但公平内涵的确定必须从当时当地的实际出发，而不是从主观臆断中得出。

三、效率原则

税收的效率原则应包括两个方面：第一，税收的征收要起到促进经济发展的作用，而不是阻碍生产力的发展，即经济效率原则；第二，是最少征税费用原则。

（一）经济效率原则

经济效率是一个多层面的概念，它既包括微观经济效率，同时又包括宏观经济效率，因此，在税收上既要注重微观效率的提高，同时也要注重宏观效率的提高。

（二）最少征税费用原则

最少征税费用原则包括征税的行政费用最省和纳税者的纳税费用最低两个方面。

征税的行政费用是指政府部门在税收征管中所发生的一切费用，主要是税务机关以及相关的机关，如司法、公安、检察、银行等的征税费用，它包括人员的工资支出、办公支出、税务诉讼支出、宣传辅导支出、技术装备支出等费用。而征税费用的高低，可以用征税费用占税收入库数额的百分比表示，即：

$$征税费用率=\frac{征税费用}{税收入库数额}\times 100\%$$

费用率越低，其征税成本就越少，纳税义务人缴纳的税额同国库实际收入之间的差额也越小，征税的行政效率也越高。

经典案例

英国的“窗户税”

“窗户税”于1696年诞生于英国。那时，窗户是富足的象征，富人的住宅大都开有很多漂亮的窗户，而穷人房屋的窗户则很少。当时，具体计算每户居民收入多少比较困难，政府难以依据居民收入多少来确定其税收。这样，用窗户数量作为计税依据便成为一种非常奇特的管理办法，那些住宅窗户多的人，就须缴纳较多的税款，而窗户少的人则少缴税。据研究，“窗户税”并未给政府增加多少财政收入，倒是制造了一个独特的英国式奇观。为了保持房屋的美观，许多人从里面堵上了窗户，却保持了窗户的外体，一些人则干脆在房屋的外墙画上假窗。窗户税的开征一方面政府没有得到税收，另一方面导致人们的居住不舒适。这种福利的损失是无谓的，可视为税收超额负担，违反了税收效率原则。

四、法治原则

法治的基本理念是强调平等，反对特权，注重公民权利的保障，反对政府滥用权利。税收法治原则是指国家税收要通过税法来规范，有法可依，有法必依，执法必严，违法必究，依法办事，依率计税，依法纳税。其中“有法可依”是税收法治的前提；“有法必依”是税收法治的关键；“执法必严”是税收法治的核心；“违法必究”是实现税收法治的有力武器。税收法治原则内容包括：完善税收法制；公民依法纳税；依法行政；依法征税；有效履行税收司法。

小结

1. 税收原则一般研究政府对什么征税、征收多少、怎样征税，是政府在设计税制、实施税法过程中遵循的基本准则，也是评价税收制度优劣、考核税务行政管理状况的基本标准。

2. 亚当·斯密提出的“平等、确实、便利、节约”四大原则反映了自由资本主义对税收政策方面的基本要求。

3. 结合税收理论和实践发展，我们可以从财政、社会、经济、管理四个方面把税收原则归纳为“财政、公平、效率和法治”。

4. 税收公平原则标准：一是受益原则。根据纳税人从政府提供的公共物品中受益的多少，判定其应纳税的多少和税负是否公平，受益多者应多纳税，反之则相反；二是能力原则。根据纳税人的纳税能力来判断其应纳税额的多少和税负是否公平，纳税能力强者即应多纳税，反之则相反。由于该说法侧重于把纳税能力的强弱同纳税多少、税负是否公平相结合，因此又称为“能力说”。根据上述标准，税收公平原则的主要内容包括普遍征税、平等课征和量能课税三方面。

5. 税收效率原则是税收的基本原则之一。其基本含义：一是行政效率，也就是要求征税在征收和缴纳过程中的耗费成本最小；二是经济效率，就是征税应有利于促进经济效率提高，或对经济效率的不利影响最小。

6. 法治的基本理念就是强调平等，反对特权，注重公民权利的保障，反对政府滥用权力。税收法治原则是指国家税收要通过税法来规范，有法可依，有法必依，依法办事，依率计税，依法纳税。

综合练习

一、单项选择题

1. 税收最基本的职能是（　　）。

A. 财政职能　　B. 经济职能　　C. 监督职能　　D. 公平职能

2. 税收在征收和缴纳过程中耗费成本应力求最小，这是税收的（　　）。

A. 公平原则　　B. 效率原则　　C. 财政原则　　D. 调控经济原则

3.（　　）原则就是政府征税，包括税制的建立和税收政策的运用，应兼顾需要与可能，做到取之有度。

A. 适度　　B. 充分　　C. 公平　　D. 效率

二、多项选择题

1. 在确定税收制度时，我们应力求遵循的原则是（　　）。

A. 财政原则　　B. 公平原则　　C. 效率原则　　D. 优先原则

2. 纵观税收原则发展演变的历史，现代税收原则主要有（　　）。

A. 公平原则　　B. 效率原则　　C. 稳定原则　　D. 强制原则

3. 现代税收原则主要有（　　）。

A. 财政原则　　B. 公平原则　　C. 效率原则　　D. 法治原则

参考答案

一、单项选择题

1. A　　2. B　　3. A

二、多项选择题

1. ABC　　2. ABC　　3. ABCD

模块三　税收调控

学习目标

一般掌握： 市场失灵与税收调控、税收与经济效率、税收与社会公平

重点掌握： 税收与经济稳定

基础知识

项目一　市场失灵与税收调控

税收是取得财政收入的主要手段，在形式上表现为税款。但是如果我们仅仅认为税收就是税款，那就大错而特错了！按照现代经济学理论，税收不仅仅是税款，还是政府用来矫正市场失灵的重要工具。

现代经济学认为，在完全竞争条件下，市场经济能够在自发运行过程中，依靠自身力量的调节，使社会上现有各种资源得到充分、合理利用，达到社会资源有效配置状态。但是，市场经济并不是万能的。自由放任基础之上的市场竞争机制，并非在任何领域、任何状态下都能够充分展开；而在另外一些领域或场合，市场机制即使能够充分发挥，也无法达到符合整个社会要求的正确的资源配置结果。这些问题就是市场经济自身所无法克服的固有的缺陷或不足，西方经济理论将它们统称为“市场失灵”（Market Failure）。

一、配置资源过程中存在的特点

在配置资源过程中存在下列特点：第一，自发性。即各分散企业只从自身局部利益出发，按市场信号调整微观经济的资源配置，往往使整个社会资源配置处于无政府状态。它需要经过长期的、无数次的反复，才有可能达到社会总供求的平衡。第二，滞后性。各市场主体在接受市场价格信号时，所获得的高于或低于商品生产价值时，已是在交换之后的事了，此时再行调整，一方面已发生了供应不足或供过于求的状况，另一方面这时的调整也不能及时满足供求平衡的需要。市场机制的作用自身不具备预见经济变化的功能。第三，不稳定性。当市场机制作用使社会总供给与总需求达到平衡时，不会因此而被稳定下来。各企业从自身利益出发，还会将资源从效益低下的部门向效益相对较高的部门转移，

同时造成这一部门供求平衡的损害。市场机制的竞争是各企业为追求自身利益最大化，哪个部门获利相对丰厚就会调动自己的资源要素向哪一部门转移，从而造成供需平衡的不稳定性。而从根本上说，造成市场失灵的原因是对市场行为的过分依赖与放纵。一个典型的例子就是前几年钢铁、水泥行业投资膨胀，导致资源浪费。

二、宏观调控应当坚持的两个重要原则

解决好市场失灵问题是重要的。既要使经济以市场机制为主体进行配置资源，又不能让它完全自发运行，政府应该有所作为。这就要求进一步转变政府经济职能，加强宏观调控。一般而言，宏观调控应当坚持两个重要原则，一是政府尽量不直接参与资源配置；二是政府一旦参与，要以市场手段来进行。

1. 政府要做好提供公共物品的工作，搞好基础设施建设以保证整个国民经济有良好的“硬件条件”。

2. 政府要建立良好的政治、经济、法律等制度和具体的运行体制，制定各级各类中长期的发展规划，降低交易成本，为经济发展创造良好的“软件条件”。

3. 政府还需要利用利率、国债、汇率、税收、预算等经济调控手段来“熨平”经济周期，使经济导入持续稳定的发展轨道。

4. 政府要通过收入政策、税收政策和其他相关政策，努力缩小地区之间的差异、城乡之间的差距和居民收入水平的差距。

5. 政府在实现其调节职能时，要注意不断提高应对突发事件的快速反应能力。

项目二　税收与经济效率

税收经济效率是指征税对经济运行效率的影响，宗旨是征税必须有利于促进经济效率的提高，也就是有效地发挥税收的经济调节功能。税收作为一种重要的再分配工具，可以在促进资源配置合理化、刺激经济增长等方面发挥重要作用，但也可能扭曲资源配置格局，阻碍经济发展。税收效率体现在它对经济运行的影响和干预上。

一、税收效应

在经济学中，我们一般把税收改进经济效率的表现称为税收效应。在西方财政学中，税收效应是描述税收对资源配置和经济运行影响状态的一个范畴。从总体上说，税收效应分为正效应和负效应。具体来讲，主要包括以下四个方面：

1. 总量效应。一方面税收总量要适度，其增幅应与 GDP 增幅基本同步，更不能因为强调财政困难而损及税源。当经济过热、通胀率过高、投资过旺时，税收弹性系数应超过 1，给经济降温；在供给与需求总量基本保持平衡时，税收弹性系数应维持在 1 左右较为适当；当经济不振、市场疲软、投资萎缩、需求不足时，税收弹性系数应调低在 1 以下，以刺激投资和需求，促进经济增长。另一方面，税收总量的调节不仅要靠所得税发挥“自动稳定器”的作用，而且还要靠货物与劳务税发挥制约性调节和引导性调节作用，也就是通过税收的奖限政策，改变市场利益信号，发挥收入效应。

2. 结构效应。在经济转型时期，税收结构要着眼于促进经济结构的合理配置，刺激经济增长和社会经济可持续发展。目前，税收结构效应主要体现在税收政策向国家鼓励的产业和产品倾斜，对限制性行业和产品采取抑制政策等方面。

3. 周期效应。税收的周期效应具体包含三方面的内容：一是税收的周期调节如增税、减税措施的运用等可以在一个经济周期中有效使用，以熨平经济周期的波动；二是根据经济增长原理，在一个经济增长周期里采用最优的税收政策，可促使经济实现持续增长。改革开放以来，我国经济增长经历了四次比较完整的经济周期，相应地税收政策也进行了微调，经济周期与税收周期虽不同步，但通过调整而出台的一些税收政策对这四次经济增长起到了不可低估的作用；三是根据税收次优原理，一些非传统的"过渡性周期制度"可能在某一时期里比所谓的最优制度具有更高的效率。一些具体的经验是：激励、硬预算约束、竞争不仅应当实施于企业部门，而且也应当体现在税收周期政策和措施中，使改进的税收政策可以在不导致很多或巨大损失的情况下在一个短周期组合中改进效率。

4. 关联效应。要跳出"就税收论税收"的思路，转变"税收增长越快越多越好"的观念，实现税收的最优化而不是最大化。在解决现实税收与经济相关问题时，要冷静地分析纳税人负担与承受力问题，正确处理纳税人负担重和国家财政吃紧的矛盾，实事求是地把握理论与实践、长远与短期、依法治税与完成收入计划任务的关系。

二、如何有效运用税收政策，促进经济效率增长

在当前经济转型期，如何有效运用税收政策，促进经济效率增长是一个重要的研究课题。一般认为，在经济转型期，应当进一步优化税收，提高经济转型过程中的市场效率。

（一）提高经济效率，税收政策要体现在促进高新技术产业发展方面

税收政策如何适应建设创新型国家，是新时代的重要研究课题。一般来说，高新技术进步可以概括为以市场为导向、以企业为主体、以产品为龙头、以技术创新为基础、以技术改造为重点，通过采用国内外先进和适用的科技成果，优化产品结构，提高产品质量，降低物质消耗，提高企业经济效益和社会效益。在转型经济中，高新技术产业发展对经济增长的贡献份额与日俱增，远远超过其他生产要素对经济增长的贡献，成为现代企业发展的重要基础和动力，特别是知识经济的兴起，对于推进高新技术产业发展更具有战略性意义。

（二）提高经济效率，税收政策要重点关注生态环保产业发展

目前世界各国为了保护生态环境，纷纷采取调整税收政策的方法，概括起来说，牵涉的主要税种有：（1）废气和大气污染税。例如，美国在20世纪70年代就开征了二氧化硫税。（2）废水和水污染税。废水包括工业废水、农业废水和生活废水。许多国家都对废水排放征收水污染税。德国从1981年开征此税，以废水的"污染单位"为基准，实行全国统一税率。（3）固定废物税。固定废物按来源可分为工业废弃物、商业废弃物、农业废弃物、生活废弃物。各国开征的固定废物税包括一次性餐具税、饮料容器税、旧轮胎税、润滑油税等。意大利1984年开征废物垃圾处置税，对所有人都征收，作为地方政府处置废物垃圾的资金来源。（4）噪音污染和噪音税。噪音污染是指排放的音量超过人和动物的承

受能力，从而妨碍人或动物正常生活的一种现象。如日本、荷兰的机场噪音税就是按飞机着陆次数对航空公司征收。（5）生态（破坏）税。主要包括森林砍伐税等，法国在1969年开征此税，规定为城市规划或工业建设目的而砍伐森林的，每公顷缴6000法郎的税。

（三）提高经济效率，税收政策要体现在促进经济发展方式转变方面

税收政策引导不应只局限在鼓励发展那些一般性服务业，而要大力发展能够支持第一、第二产业能量释放，服务和支持高科技产品开发与生产的行业与部门。在发展方向上，应充分利用税收的产业配置优势和优惠政策，全面实现从传统的产业平面扩张与结构调整，向产业纵向升级与深化高次产业代替低次产业的政策转变；实现从重点依据产业发展规模衡量产业发展质量的政策理念，向重点依据产业附加值高低衡量产业发展的政策理念转变；实现从保守的产业静态划分与静态管理政策操作模式，向新的产业动态划分与动态管理政策操作模式转变，最终促进经济发展方式转变。

项目三 税收与社会公平

一、“基尼系数（Gini coefficient）”测量法

研究贫富差距首先应当有一个贫富差距的测量方法。国际上通用的测量方法是“基尼系数（Gini coefficient）”测量法。

基尼系数是意大利经济学家基尼于1922年提出的定量测定收入分配差异程度的指标。其经济含义是在全部居民收入中用于不平均分配的百分比。其最大值是1，最小值是0，它通过测量财产或收入在人群中是怎样分布的，来反映不平等程度。假设在一个国家中，有100个人，假设将这个国家的财产平均分成100份，那么，绝对平均的分配当然是一人一份。这时候基尼系数是“0”。我们再看另一种完全对立的情况，就是绝对的不平均分配。还以这个假设为例：在这100个人中，有一个是国王，99个是臣民，假设99个人的财产都是0，只有国王得到了100%的财产。这时候基尼系数是“1”。实际上无论绝对平等还是绝对不平等都是不可能的，国王拿走了全部财产，99个人都饿死了，那国王也就失去立足点了。

根据基尼系数的原理，任何一个国家的不平等程度都可以通过0～1之间的一个数值表现出来，数值越高，贫富差距就越大。有意思的是，一个国家贫富差距拉大的时候，经济增长往往也比较快，中国20年来的经验证明了这一点，国际经验也是如此。美国贫富差距比西欧、北欧大，但是它的经济发展速度也比欧洲快，其基本原理是，任何一个国家都要在两种策略中做出选择。一种策略是促进经济增长，为提高劳动生产效率，就要搞一些刺激生产的改革，就要拉开差距，利用奖励、高收入等刺激劳动积极性；另一策略是关注社会公平，认为社会上不应该有太多弱势群体，应该让多数人都保留在工作岗位上，降低失业率，鼓励企业为弱势群体作贡献，即使失业了也应该有收入。于是就搞社会福利、社会保障。然而福利保障搞多了，既然不劳动也能有收入，劳动积极性就会下降，经济动力以及社会动力就会减弱。总之，任何国家都要把刺激发展的动力机制和保障公平的福利

机制调节好，否则，要么出现经济动力不足的问题，要么出现贫富差距过大的情况。

二、税收调控个人收入分配所遵循的原则

显然，建设社会主义和谐社会，为系统研究促进收入分配公平的税收政策体系提供了广阔空间。政府通过征税而形成的“二次分配”是如何缩小收入差距的呢？这主要是实现税收分配纵向公平的问题。从税收调控个人收入分配的范围上看，主要是调节经济结构和社会收入分配。就调节社会收入分配来说，不外是调节地区、企业、单位个人之间的分配关系；而调节个人分配又不外是调节公仆、工人、个体、私营业主等的分配。从税收调控个人收入分配所遵循的原则看，大体上有三条：一是天赋准则，即每个劳动者对自己劳动成果都拥有天赋的权利，并承认和允许个人之间存在能力差别；二是最大效用准则，即社会分配应为大多数人寻求最大效用或最大幸福，强调边际效益曲线，反对分配额的绝对平等；三是劳动与福利对等原则，等量的劳动应得到等量的福利。

三、促进收入分配公平的税收政策的表现

具体说来，促进收入分配公平的税收政策主要表现在以下方面。

（一）累进所得税是调整高收入者的有力工具

累进所得税制在西方国家广泛地流行开来，不是无条件的。资本主义发展到垄断阶段后，资本快速集中，导致财富分配差距扩大，社会公平的要求越来越强烈，致使税制设计越来越注重调节功能，边际税率趋高。个人所得税在公平收入分配方面正发挥着越来越重要的作用。

（二）税式支出是增加低收入者收入的有力措施

收入分配制度改革是民心所系，它直接关系百姓切身利益。胡锦涛总书记在十七大报告中提出“深化收入分配制度改革，增加城乡居民收入”，并提出了多项具体措施。这些措施增加了普通劳动者收入，使更多的人进入到中等收入行列。这些措施概括起来就是十个字：“提低、扩中、调高、打非、保困”，即提高低收入者收入水平，扩大中等收入者比重，有效调节过高收入，取缔非法收入，保障困难群众的基本生活。

（三）遗产税是削弱财富过度集中的重要策略

遗产税虽然是公认的优良税种，但其开征必须具备一定的条件，需建立和完善相应的配套措施和制度。从我国目前来看，开征遗产税亟待确立的基础或配套制度主要有以下三项：（1）建立个人财产申报、登记制度。遗产税的征收，是建立在对遗产准确核定的基础之上的，而建立个人财产登记制度，又是准确核定遗产的基础工作。（2）建立个人财产评估制度。开征遗产税必须核实遗产价值，建立不以盈利为目的的、公正高效的个人财产评估制度是开征遗产税和降低遗产税成本的重要前提条件。（3）制定一套完善的财产法律制度。尽管我国颁布的《民法通则》和《继承法》对财产所有权的归属和财产的继承、分割、转移等方面有所体现，但总体看来，这些规定比较笼统含糊，现实与需要相比差距太大，为保证遗产税的顺利开征，应对《继承法》进行必要的修改。

（四）社会保障税是转移支付的主要资金来源

解决社会保障，需要稳定的资金来源，从西方发达国家看，开征社会保障税是一种重要方式。社会保障税就是“社会保险税”，是指以企业的工资支付额为课征对象，由职工和雇主分别缴纳，税款主要用于各种社会福利开支的一种目的税。此税 1935 年起始于美国，现在已成为西方国家的主要税种之一。从各国社会保障税来看，在税率方面，一般实行比例税率，雇主和雇员适用相同的税率，各负担全部税额的 50%。个别国家雇主和雇员分别适用不同的税率。计税依据一般是雇主实际支付给雇员的工资、薪金额，没有扣除额和免征额，但一般规定有课税上限，对超过限额部分的工薪额不征税。雇主应纳的税额由雇主自行申报纳税，雇员应纳的税额，由雇主在支付雇员工薪时预先扣除，定期报缴。

社会保障税作为一种特殊形式的所得税，其税收收入专门用于社会福利、保障等支出，与一般税相比，具有三个主要特点：（1）累退性，社会保障税采用比例税率，一般没有扣除额和免征额，同时规定有课税上限，也不考虑纳税家庭人口的多寡和其他特殊情况，具有强烈的累退性；（2）有偿性，社会保障税一般由政府成立的专门基金会管理，指定用途，专款专用，因而带有有偿性质；（3）内在灵活性，社会保障税的支出同一定时期的经济形势紧密相关，当经济繁荣时，失业率下降，社会保障支出，特别是失业救济支出减少，有利于抑制社会总需求；反之，当经济衰退时，失业率上升，社会保障支出，特别是失业救济支出增加，有利于刺激社会总需求，所以说社会保障税及其社会保障制度具有内在灵活性特点，它与所得税相配合，可以起到对经济的自动稳定作用。

开征社会保障税的现实意义在于：第一，开征社会保障税，有利于增强筹资的强制性，强化社会保障基金的征收力度，为社会保障提供稳定的资金来源。第二，采取税收的形式，可以在全国范围内使用同一征税率，为劳动力在全国范围内流动提供物质保障。第三，开征社会保障税，基金实行收支两条线，有利于健全社会保障基金的监督机制，保证基金的安全性，降低征缴成本。第四，有利于与国际接轨。目前，全世界有 172 个国家和地区建立了社会保障制度，其中近 100 个国家开征了社会保障税。通过征收社会保障税的国际性特点（社会保障税是世界发达国家通行的做法），同国际接轨。

当然，社会保障税的实际开征需要建立在进一步研究论证、制度配套基础上。

项目四　税收与经济稳定

经济发展的内在规律要求社会总供给和社会总需求之间是均衡的。但是由于影响总供给和总需求的因素不是固定不变的，而是总处于变化中，因此，总供给与总需求不是固定不变的，而是不断变动的。总供给与总需求的变动大体上包括两类：一是数量变动；二是结构变动。数量变动有两种结果：一是总供给数量与总需求数量大体相等；二是总供给数量大于或小于总需求数量。结构变动也有两种结果：一是总供给品种与总需求品种大体一致；二是总供给品种与总需求品种不相一致。

通常情况下，总供给与总需求在数量上的大体相等被称为总量平衡，总供给与总需求在结构上的大体一致被称为结构平衡；总供给与总需求的总量平衡和结构平衡并称总供给与总需求平衡或宏观经济均衡，否则，即为总供给与总需求不平衡或宏观经济失衡（或非均衡）。

一、宏观经济失衡的后果

当宏观经济出现总量失衡时，会出现两种情况，一是供给过剩或需求不足（总供给大于总需求），二是供给短缺或需求过旺（总供给小于总需求），这两种类型的总量失衡都会对国民经济运行和发展产生不利影响。前者会引起资本、商品、劳动力过剩，社会资源闲置浪费，甚至导致经济危机；后者会引起经济过热、物价上涨、市场秩序混乱，经济发展不稳。当宏观经济出现结构失衡时，大致会出现三种类型：(1) 各部门供给均大于需求的“同向过剩”性失衡；(2) 各部门供给均小于需求的“同向短缺”性失衡；(3) 有些部门供过于求、有些部门供小于求、有些部门供求平衡的短缺与过剩并存的“异向结构”性失衡。之所以会出现供给与需求失衡，其原因在于商品经济内在矛盾。在市场经济条件下，市场对资源配置起基础性作用，但在经济主体行为上，企业和个人的经济活动是分散的，决策是按各自利益独自进行的，不可能同国民经济运行的整体目标完全一致。在纸币流通情况下，货币发行量同实际需要货币量也很难完全适应。同时，由于市场调节的盲目性和自发性，信息的不完全性和不及时性以及国民经济运行的不确定性，社会总供给与社会总需求实现完全平衡是不可能的。尤其是社会不能有效地宏观调控，保持社会总供求基本平衡，则现实中出现社会总供给与社会总需求严重失衡，包括总量失衡和结构失衡，是难以避免的。

二、避免宏观经济失衡的措施

为避免宏观经济出现失衡所导致的经济危机和社会动荡，几乎世界各国均在想方设法采取措施，对总供给和总需求进行有效调节，这种调节活动，政治家和经济学家们将其称为宏观调控，其核心是稳定经济。

（一）凯恩斯理论

首先想到办法的人是英国经济学家凯恩斯，经过几代人的发展和完善，其主张发展成为凯恩斯理论。凯恩斯理论的核心在于当国家出现经济萧条时，国家应当运用各种手段干预经济生活，借此刺激有效需求，即刺激消费和投资。在财政政策方面，在总需求小于总供给时，主张减税、增加财政支出，以扩大投资和消费；在总需求大于总供给时，主张增税、减少财政支出，以减少投资和消费。在货币政策方面，在萧条时期主张增加货币供应量，降低利息率以刺激投资；在高涨时期主张减少货币供应量，提高利息率以限制投资。凯恩斯认为有效需求不足是阻碍经济发展的根本原因。因此，他从有效需求不足出发，提出了“赤字财政政策”就是指政府增加的支出只要能够促进经济增长，并使个人收入增加，即使经常出现财政赤字也无关紧要。他主张通过变动政府支出和收入，调节经济。

（二）税收理论

就税收理论而言，之所以增加或减少税收可调节需求，关键原因是税收乘数在起作用。

税收乘数是指因政府增加（或减少）税收而引起的国民生产总值或国民收入减少（或增加）的倍数。以美国为例，在通货紧缩和通货膨胀的不同情况下，税收政策就明显不同。在通货紧缩环境下，美国采用了比较恰当的税收政策，并以此为主进行宏观政策组合操作，以扩大需求，刺激经济增长。经历20世纪60～70年代经济“滞胀”和1979～1981年的经济衰退后，里根政府对美国旧的税收政策进行了大调整，制定了“经济复兴税法”。其核心内容主要是减少并尽可能地取消税收对市场运行和对主体经济行为（如风险投资、储蓄、要素供给等）的扭曲作用。所对应的税收主张就是大幅度减税。通过降低税率，促进社会总供给量的增加，进而刺激经济的有效增长。结果，不仅遏制住了经济衰退，而且为美国创造了从1982年底开始连续25个月持续经济增长的奇迹，到1984年经过调整后，经济增长率仍高达6.8%，是“二战”以来美国经济最有力的增长时期。

自从1998年以来，为应对亚洲金融危机、内需不足，我国政府实施了积极财政政策，也就是扩张性财政政策。1998～2003年间共发行9 100亿元长期建设国债，带动了几万亿元的固定资产投资，每年通过投资直接拉动了中国经济1.5～2个百分点的增长。就税收政策而言，先后实行了一系列减税政策，如：为拉动投资增长，先后实行固定资产投资方向调节税减半征收和暂停征收的政策措施；为推动房地产业发展，对房地产流通有关的营业税、契税、土地增值税实施减免税政策；为促进结构调整，对高新技术产业化、技术创新等相应调整税收政策，实施企业用于符合国家产业政策的技术改造项目的固定资产设备投资，给予按40%比例抵免企业所得税的优惠政策，对技术转让、技术开发和与之相关的技术咨询、技术服务收入等，实施免征营业税政策，对高新技术产品实行税收扶持等。这些政策的实施，极大地增强了各方面调整产业结构、发展高新技术的能力和积极性。2003年实现了中国经济的软着陆，对此，国内外都给予了积极评价，功不可没。

但到2003年之后，中国宏观经济发生新变化。从总体上讲，宏观经济是朝着持续上升的方向前进，但是也出现了一些不健康、不稳定的因素。一方面表现在一些行业投资过大、过猛，货币投放也增长过快，而社会投资规模也很庞大。在这种情况下，完全有必要也有可能减少政府实际投资。另一方面，按科学发展观要求，像农业、科教文卫、社会保障这些产业也需要得到进一步加强。所以，中国政府将扩张性积极财政政策转向了宽严适度的稳健财政政策。

2008年，中国受美国次贷危机影响，经济发展趋势受到遏制，中央政府及时出台相关措施，一方面，降低企业所得税负担，降低增值税税负；另外一方面，进一步刺激内需，着力推动中国经济健康发展。

自然科学界有一个叫“熵”的概念，意即物体寻找内平衡反而导致能耗加大，最终衰竭，而只有引进外力打破这种平衡，才能达到新陈代谢的目的。一方面，为了追求资源配置效率，要求税收保持中性，弱化税收制度对经济的干预，减少效率损失，强化市场的基础性配置作用。而另一方面，为了弥补市场失灵的不足，客观上要求借助政府力量对经济运行总量与结构进行调控，而其中税收又是重要手段，税收调控要求强化税制对经济的调节干预，通过税收来引导市场投资主体符合政府意图。

项目五 科学发展观与税收政策目标选择

党的十六届三中全会明确提出，要坚持以人为本，树立全面、协调、可持续的发展观，促进经济社会和人的全面发展。科学发展观能否在税收原则运用上“开花结果”，关键在于税收事业能否找到切中实际的“支点”。

与科学发展观的多层次目标取向相适应，税收作为市场经济条件下国家实现发展的重要财力保障手段，与调节经济运行、协调国家和微观市场主体利益关系的重要杠杆，要创新思路，更新观念，超越单纯“就经济论税收，就税收论经济”的“税收经济观”，充分重视国家税收这一本质上体现为一种分配关系的经济范畴，在政治性与社会性方面具有的积极作用，以便在为国家实现“经济社会和人的全面发展”目标取向提供必要财力支持的同时，凭借其内在的杠杆调节作用为“经济社会和人的全面发展”营造良好的发展环境，并最终为国民经济的持续快速健康协调发展提供有力支持。

对此，在税收理念方面的直接反映是，在继续坚持我国长期遵循的“税收经济观”的基础上，以“科学发展观”为总体指导原则，推进依法治税，深化税制改革，加强税收征管。具体而言，主要包括：

一、更新税收理念

在科学发展观下，经济发展仍处于绝对主导地位，并客观决定着社会和人发展的实现程度。(1) 在新的历史时期，税收对经济发展的积极促进作用非但不应弱化，反而在某种程度上得到切实加强，这种加强必须是在进一步认识与尊重市场经济运行规律，并以有利于“社会和人的全面发展”为基本前提。(2) 满足政治与社会需要。近年来，税收不仅注重政治与社会属性，关注社会公众根本利益，也要注重市场机制基础性资源配置作用的完整发挥。(3) 实现“以人为本”基础上的职能协调。在促进经济发展、满足政治需要、实现社会稳定等多层次目标取向的共同要求下，如何正确处理它们之间的关系，以确保税收内在职能作用的完整发挥就成为了一个不容回避的现实问题。实现促进经济发展、满足政治需要、实现社会稳定之间的良性互动是税收坚持“科学发展观”的必然选择，税收工作应当按照人文主义的治国、执政理念，从“人的根本需要”出发，把人民群众根本利益认真贯彻到税收工作的方方面面，优化纳税服务，实现“以人为本”基础上的职能协调。

二、深化税制改革

在税制改革方面，全面落实“公平效率观”，在突出效率优先的同时，注重社会公平。既要适应市场经济基本规律与经济一体化浪潮的内在要求，不损害微观市场主体促进经济发展方面的能动作用，又要充分考虑国家履行“促进经济社会和人的全面发展”职能所必需的收入规模，从宏观和微观两个方面支持经济的进一步健康发展。在两者协调基础上，充分发挥税收在调节收入分配、满足社会福利、保护生态环境、维护国家权益等方面的积极作用。这就要求税制改革应在进一步完善“双主体税制模式”，协调货物与劳务税在组织收入与所得税在宏观调控方面的各自积极作用的大背景下，进一步简化税制，以降低社会税收遵从负担、提高税务机关执法水平；拓宽税基以确保税收规模持续稳定增长的财源基础；降低税率以增强微观市场主体运用市场机制力度；加强税收征管以实现既定税制横向公平与纵向公正。通过推进税收体制改革，统一各类企业税收制度，实行综合和分类相结合的个人所得税制度，调整扩大消费税税基，开征社会保障税、环保税，调整和完善资源税，实施燃油税，稳步推行物业税，赋予地方政府必要的税政管理权限等各项改革措施，为“统筹城乡发展、统筹区域发展、统筹经济社会发展、统筹人与自然和谐发展、统筹国内发展和对外开放”提供必要的制度支持。

三、优化纳税服务，加强税收征管

在税收实践方面，坚持“科学发展观”，应在“以人为本”思想指导下，正确处理好两个层面上的服务关系：第一，国家对税务部门的服务保障关系；第二，税务部门对社会和纳税人的服务管理关系。在第一个层面，虽然税务部门以直接服务于国家职能的顺利实现为其存在根本，但由于税务人员同样具有“社会性”的基本特征，既定社会经济环境对其行政行为必然要产生不同程度的影响。因此，国家有必要充分考虑税务人员实际需要，不但要在工资福利待遇、职位升迁、业务培训等方面建立健全必要的经济与政治激励机制，为激发税务人员工作热情，提高行政效率，释放人力资本效应疏通渠道、奠定基础，还要通过提高税收宣传效果、健全协调制度、确保司法保障等各种举措，获取和提高政府机关、相关职能部门与社会公众对税收工作的理解、支持，为税务机关履行职能营造良好的外部执法环境。在第二个层面，税务机关则必须从服务国家职能顺利实现的角度出发，彻底转变工作思路，提高创新能力，构建服务型税务。必须确立税收执法与服务并重的思想，由传统监督打击型向管理服务型转变。“以人为本”是提高税收征管效率的思想基础，即使是对待不遵从税法的违法行为人，也要以尊重纳税人为前提，从具体分析其不遵从行为的原因中寻求解决问题的途径和加强征管的办法。

小结

1. 市场失灵是市场经济自身所无法克服的固有的缺陷或不足。其主要表现是“宏观经济不稳定”、“微观经济无效率”、“社会分配不公平”。

2. 税收经济效率是指征税对经济运行效率的影响，宗旨是征税必须有利于促进经济效率提高，也就是有效地发挥税收的经济调节功能。税收作为一种重要的再分配工具，可以在促进资源配置合理化、刺激经济增长等方面发挥重要作用，但也可能扭曲资源配置格局，阻碍经济发展。税收效率体现在它对经济运行的影响和干预上。在当前经济转型期，如何有效运用税收政策，促进经济效率增长是一个重要的研究课题。

3. 收入差距拉大会给国家、社会带来了不少负面影响。一是影响国家安定团结。群体之间信任度明显降低；二是引发社会安全问题；三是富人过度奢侈消费会牺牲社会整体效率；四是严重影响人类健康。正是由于这样的原因，几乎所有国家都在寻找一种制度，将贫富差距控制在适当范围内。

4. 合理收入分配制度是社会公平的重要体现。要坚持和完善以按劳分配为主体、多种分配方式并存的分配制度，健全劳动、资本、技术、管理等生产要素按贡献参与分配的制度，初次分配和再分配都要处理好效率和公平的关系，再分配更加注重公平。

5. 为避免宏观经济出现失衡所导致的经济危机和社会动荡，世界各国均在想方设法采取措施，对总供给和总需求进行有效调节，这种调节活动就是宏观调控，其核心是稳定经济。

6. 坚持科学发展观，应完善税收政策目标选择。具体而言，应在“税收经济观”的基础上，以“科学发展观”为总体指导原则，推进依法治税、深化税制改革、加强税收征管。

综合练习

一、填空题

1. 在配置资源过程中存在下列特点：__________、__________、__________。
2. 税收效应主要包括以下四个方面：__________、__________、__________、__________。
3. 研究贫富差距首先应当有一个贫富差距的测量方法。国际上通用的测量方法是__________。
4. 就税收理论而言，之所以增加或减少税收可调节需求，关键原因是__________在起作用。
5. 市场失灵是市场经济自身所无法克服的固有的缺陷或不足。其主要表现是__________、__________、__________。

二、简述题

1. 简述税收与市场失灵的关系。
2. 宏观调控应当坚持的两个重要原则是什么？
3. 如何有效运用税收政策，促进经济效率增长？
4. 促进收入分配公平的税收政策的表现有哪些？

参考答案

一、填空题

1. 自发性　滞后性　不稳定性
2. 总量效应　结构效应　周期效应　关联效应
3. “基尼系数（Gini coefficient）”测量法
4. 税收乘数
5. 宏观经济不稳定　微观经济无效率　社会分配不公平

二、简述题（略）

模块四　依法治税

学习目标

一般掌握：依法治税的含义、税收法律关系以及税法的效力

重点掌握：依法治税的基本内容、现行税收法律体系和税法要素

基础知识

项目一　依法治税的含义及内容

一、依法治税的含义

（一）依法治税的基本内涵

依法治税，作为依法治国的有机组成部分，是指通过税收法制建设，使征税主体依法征税，纳税主体依法纳税，从而达到税收法治的状态。这一概念包含着以下丰富的内涵：

1. 明确了依法治税与依法治国之间的部分与整体、局部与全局的关系。依法治税只有在依法治国的大背景下，并作为依法治国整体系统工程中的一个子系统工程，在与其他包括国家事务、经济文化事务、社会事务等诸方面在内的法治子系统工程相互有机联系、互相促进的过程中才能切实开展并深入进行。正如国际货币基金组织法律事务部专家小组所指出的，“法治是一个超越税收的概念。依法治税取决于整个法律制度的发展，但税收这一领域足以显示法治的优越性和要求。”

2. 突出了依法治税的核心内容和主要手段，即税收法制建设。税收法制建设本身就是一个包括税法的立法、执法、司法和守法以及法律监督等在内的统一体，其内容亦极其广泛和丰富。

3. 指出依法治税所要达到的基本目标——“征税主体依法征税，纳税主体依法纳税”和根本目标——“税收法治”。

4. 将“征税主体依法征税”置于“纳税主体依法纳税”之前，突破了二者的传统排序，表明了依法治税的重点在于前者。过去片面强调“人民依法纳税”是有偏误的，从依

法治国的实质即依法治权和依法治吏来看，依法治税首先也应当是指“征税主体必须依法征税”。

5. 表明了依法治税和税收法治二者间的关系：前者是手段，后者是目的；前者是过程，后者是状态。当然不管是手段和目的，或是过程和状态，本身都是在不断变化运动中的，都是随着客观实际的发展变化而发展变化的，都表明了法治理念在部门法中的深入贯彻和体现。

（二）我国依法治税理念的形成

如果我们回顾改革开放以来我国税收法治的发展历程，不难发现，大体经历了三个阶段，依法治税各个阶段的内容和侧重点各有不同：

第一个阶段是从改革开放初期到1992年党的十四大。这一阶段依法治税的特点是肯定了税收调节分配关系的作用和地位，强调要依靠法律手段规范税收分配关系，并初步提出了“以法治税”的税收法治概念。

第二个阶段是从1992年党的十四大到1997年党的十五大。这一阶段依法治税的特点是强调税制建设，初步建立了适应社会主义市场经济的税收法律体系，也强调依法治税，但重在治人，重在依法打击税收违法犯罪活动。

第三个阶段是1997年党的十五大以后。党的十五大提出依法治国基本方略，标志着法治已经成为我国政治、经济和社会生活中的基本准则。

二、依法治税的基本内容

税务机关坚持依法治税思想的基本要求是，进一步贯彻依法治国基本方略和《全面推进依法行政实施纲要》，将依法治税作为税收工作的灵魂，促进税收收入快速增长和税收事业全面发展。

具体分析，应在更新工作理念、改进工作机制和工作方式、提高制度建设质量、严格税收执法、落实执法责任制等方面实现如下六个方面的根本转变：

1. 确立新时期依法治税思想，由“治民”向“治权”转变。
2. 加强税收制度建设，由注重维护部门权力向注重维护公民权益转变。围绕适应社会主义市场经济体制的要求，保障税收作用的充分发挥，不断加强税收制度建设。
3. 完善税收执法体制，由粗放型管理向科学化、精细化管理转变。
4. 健全内部执法监督机制，由“人管人”向“制度管人”转变。
5. 全面推行税收执法责任制，由权力本位向责任本位转变。
6. 重视税法宣传教育和培训，由注重形式向注重实效转变。

三、税法与税收

税法是国家制定的，用以调整国家征税机关与纳税义务人之间在征纳税方面的权利与义务关系的法律规范总称。它是国家与纳税义务人依法征税与纳税的行为准则。其目的是为了保障国家利益和纳税义务人的合法权益，维护正常的税收秩序。

税法与税收密不可分，税法是税收的法律表现形式，而税收则是税法所确定的具体内容。税收是国家为了实现其职能，凭借政治权力，参与一部分社会产品或国民收入分配与再分配所进行的一系列经济活动。税收的首要功能是为政府提供公共产品融资，即取得财政收入。由于公共产品与一般私人商品相区别的非竞争性和非排他性的特点，为了防止人们“搭便车”而导致“公地悲剧”的产生，因此，税收必须以税法的强制力和规范的固定性来予以充分保证，从而使税收具有强制性、无偿性和固定性的特征。

税收法律关系是税法所确认和调整的国家与纳税义务人之间在税收分配过程中形成的权利与义务关系。国家征税与纳税义务人纳税形式上表现为利益分配的关系，但经过法律明确双方的权利与义务后，这种关系便上升为特定的税收法律关系。

四、税法要素

税法要素又称课税要素是国家征税必不可少的要素，或者说是国家有效征税必须具备的条件，只有在符合课税要素的情况下，国家才可以征税。

（一）税收主体

税收主体包括征税主体与纳税主体。征税主体就是税收的征收机关，是享有征税权的国家机关，我国的征税主体包括税务机关、财政机关与海关，为了适应分税制的要求税务机关分为国家税务局与地方税务局，国家税务局主要负责征收中央税、中央与地方共享税，地方税务局主要负责征收地方税。

纳税主体简称纳税人，是税法中规定的直接负有纳税义务的单位和个人，也称“纳税义务人”。无论征收什么税，其税负由有关的纳税人来承担。每一种税都有关于纳税义务人的规定，通过规定纳税义务人落实税收任务和法律责任。纳税义务人一般分为自然人和法人两种。

实际纳税过程中与纳税义务人相关的概念：

负税人是实际负担税款的单位和个人。纳税人如果能够通过一定途径把税款转嫁或转移出去，纳税人就不再是负税人。否则，纳税人同时也是负税人。

代扣代缴义务人是指有义务从持有的纳税人收入中扣除其应纳税款并代为缴纳的企业、单位或个人。

代收代缴义务人是指有义务借助与纳税人的经济交往而向纳税人收取应纳税款并代为缴纳的单位。

代征代缴义务人是指因税法规定，受税务机关委托而代征税款的单位和个人。

（二）征税客体

征税客体又称课税对象、征税对象，是税法中规定的征税的标的物，解决对什么征税这一问题。课税对象是一种税区别于另一种税的最主要标志，体现着各种税的征税范围，其他要素的内容一般都是以课税对象为基础确定的。

（三）税目

税目是课税的具体项目，反映具体的征税范围。不是所有的税种都规定税目，有些税种的征税对象简单、明确，没有另行规定税目的必要，如房产税。

（四）计税依据

计税依据，又称税基，是指税法中规定的据以计算各种应征税款的依据或标准。不同税种的计税依据是不同的。我国营业税的计税依据一般是营业额；所得税的计税依据是企业和个人的所得额。

（五）税率

税率是征税对象的征收比例或征收额度，它体现征税的深度。税率不仅是计算应纳税额的尺度，也是衡量税负轻重与否的重要标志。税率的设计，直接反映着国家的有关经济政策，直接关系着国家的财政收入的多少和纳税人税收负担的高低，是税收制度的中心环节。

税率有名义税率和实际税率之分。名义税率是指税法规定的税率；实际税率是实际税收负担率，是指因计税标准、减免税等原因，造成的实纳税额与实际收入之间的比例。一般情况下，名义税率要高些。我国现行税率大致可分为三种：

1. 比例税率

比例税率即对同一征税对象不论数额大小，都按同一比例征税。采用这种税率，税额随着征税对象的量等比例增加，在一般情况下，其名义税率等于实际税率。比例税率在具体运用上可分为以下几种：

（1）行业比例税率。即按行业的不同规定不同的税率，同一行业采用同一税率，如我国建筑业和服务业的营业税率分别为3%和5%。

（2）产品比例税率。即按产品大类或品种分别设计不同税率，如消费税就是采用产品差别比例税率。实行产品差别比例税率有利于调节不同产品因价格等客观原因所形成的盈利，为企业创造平等的竞争条件。

（3）地区差别比例税率。即对同一征税对象按照其所在地区分别设计不同税率。地区差别比例税率具有调节地区之间级差收入的作用。城市维护建设税就实行地区差别比例税率。

（4）幅度比例税率。即税法中规定一个幅度税率，各地可以根据本地区实际情况，在税法规定的幅度内确定一个比例税率。如娱乐业的营业税率为5%～20%，在此幅度内，各省（市）、自治区、直辖市可根据自己的实际情况确定适当的税率。

比例税率计算简便，有利于税收的征收管理，且它对同一征税对象的不同纳税人只规定一个比率的税率，有利于纳税人在同等条件下开展竞争。

2. 定额税率

定额税率亦称“固定税额”，是税率的一种特殊形式。它不是按照征税对象规定征收比例，而是指按征税对象的一定计量单位直接规定固定税额的税率制度。目前采用定额税率的有资源税、城镇土地使用税、车船税等。定额税率一般适用于从量计征的税种，定额税率适合对那些价格稳定、质量和规格标准较为统一的产品课征。

定额税率的运用，可以按不同的标准，采用不同的差别定额税率，如地区差别定额税率、分类分项差别定额税率和幅度定额税率等。

3. 累进税率

累进税率即按征税对象数额的大小，划分若干等级，每个等级由低到高规定相应的税率，征税对象数额越大税率越高，数额越小税率越低。累进税率因计算方法和依据的不同，又分以下4种：全额累进税率、超额累进税率、全率累进税率、超率累进税率。

（1）全额累进税率

即对征税对象的全额按照与之相应等级的税率计算税额。在征税对象数额提高一个级距时，对征税对象全额都按提高一级的税率征税，因此它的名义税率与实际税率一般相等。全额累进税率在调节收入方面，较之比例税率要合理。但是采用全额累进税率，在两个级距的临界点处会出现税负增加超过应税所得额增加的税收负担不合理的情况，这会影响纳税人增加收入的积极性。具体税率见表4－1。

表4－1　全额累进税率表

月应税收入（元）	税率（%）
不超过1500	3
1500～4 500	10
4 500～9 000	20
9 000～35 000	25
35 000～55 000	30
55 000～80 000	35
超过80 000	45

习题示例

【例4－1】 某纳税人甲2011年6月的月收入为4 500元，适用税率10%，如实行全额累进税率，则甲2011年6月应纳税额为：应纳税额＝4 500 × 10% ＝450（元）

【例4－2】 某纳税人乙2011年6月的月收入为4 501元，适用税率20%，如实行全额累进税率，则乙2011年6月应纳税额为：

应纳税额＝4 501 ×20% ＝900.20（元）

从以上两个例子可以看出：甲应纳个人所得税额为450元，乙应纳个人所得税额为900.2元。虽然乙取得的收入只比甲多1元，但要比甲多纳税449.80元，这对于纳税人乙来说是极其不公平的。可见采用全额累进税率，在级距的临界点附近，税负呈跳跃式上升，纳税人往往收入增加不多，但税负却成倍增加。所以在现实生活中，几乎没有国家采用全额累进税率。这种情况，就要用超额累进税率来解决。

（2）超额累进税率

即把征税对象按数额的大小分为若干等级，每一等级规定一个税率，税率依次提高，但每一纳税人的征税对象则依所属等级同时适用几个税率分别计算，将计算结果相加后得出应纳税款的税率。目前采用这种税率的有个人所得税。

习题示例

【例4－3】 某纳税人甲2011年6月的月收入为4500元，如实行超额累进税率，则甲

2011 年 6 月应纳税额为：

应纳税额 =1500 ×3% +3 000 × 10% =345（元）

【例 4 -4】某纳税人乙 2011 年 6 月的月收入为 4501 元，如实行超额累进税率，则乙 2011 年 6 月应纳税额为：

应纳税额 =1500 ×3% +3 000 × 10% +1 ×20% =345.2（元）

［例 4 -3］与［例 4 -4］相比较，乙取得的收入比甲多 1 元，乙应纳个人所得税额也比甲多 0.2 元。这无论对于纳税人甲还是乙来说都是非常公平的。可见，超额累进税率弥补了全额累进税率的不足，累进幅度比较缓和，税收负担较为合理。所以目前实行累进税率的国家基本上都是采用超额累进税率。

在实际工作中，为了解决超额累进税率计算税款比较复杂的问题，采取了“速算扣除法”，即按全额累进的方法计算出税额，再从中减去一个“速算扣除数”，其差额即为超额累进的应纳税额。其计算公式为：

应纳税额 = 全额累进方法计算的税额 - 相应等级的速算扣除数

本级速算扣除数 = 上一级级距的上限 ×（本级税率 - 上一级税率）+ 上一级速算扣除数

根据表 4 - 1 计算出的速算扣除数见表 4 - 2。

表 4 -2　速算扣除数表

月应税收入（元）	税率（%）	速算扣除数
不超过 1500	3	0
1500 ~4 500	10	1500 ×（10% -3%）+0 =105
4 500 ~9 000	20	4 500 ×（20% -10%）+105 =555
9 000 ~35 000	25	9 000 ×（25% -20%）+555 =1005

习题示例

【例 4 -5】某纳税人甲 2011 年 6 月的月收入为 4 500 元，如实行超额累进税率，采用速算扣除法计算，则甲 2011 年 6 月应纳税额为：应纳税额 =4 500 × 10% - 105 = 345（元）

【例 4 -6】某纳税人乙 2011 年 6 月的月收入为 4 501 元，如实行超额累进税率，则乙 2011 年 6 月应纳税额为：应纳税额 =4 501 ×20% -555 =345.2（元）

从上述计算可以看出，［例 4 -5］、［例 4 -6］与［例 4 -3］与［例 4 -4］计算的结果是完全相同的，但是使用速算扣除法大大节省了时间和精力，因此在实际工作中，计算超额累进税率普遍使用速算扣除法。例如个人所得税的税率表中就给出了速算扣除数，方便人们使用。

（3）全率累进税率

它与全额累进税率的原理相同，只是税率累进的依据不同，全率累进税率的对象是某种比率，如销售利润率、资金利润率等。

（4）超率累进税率

它与超额累进税率的原理相同，只是税率累进的依据不是征税对象的数额，而是征税对象的某种比率。即以征税对象数额的相对率划分若干级距，分别规定相应的差别税率，相对率每超过一个级距的，对超过的部分就按高一级的税率计算征税。目前土地增值税采用四级超率累进税率计算方法。

（六）纳税环节

纳税环节主要指税法规定的征税对象在从生产到消费的流转过程中应当缴纳税款的环节。纳税环节有广义和狭义之分。广义的纳税环节指全部征税对象在生产中的分布，如消费税分布在生产和进口环节，所得税分布在分配环节等。广义的纳税环节制约着税制结构，对取得财政收入和调节经济有重大影响。狭义的纳税环节指应税商品在流转过程中应纳税的环节。我们在此谈到的主要是狭义的纳税环节。

任何一种税都要确定纳税环节，有的税种纳税环节比较明确、固定，有的税种则需要在许多流转环节中选择和确定适当的纳税环节。按照纳税环节的多少，可将税收课征制度划分为两类，即一次课征制度和多次课征制度。一次课征制度是指一种税收在各个流通环节只征收一次税。一次课征制度税源集中，可以避免重复征税，如消费税只在生产或进口环节征收，对以后其他环节不再重征。多次课征制度是指一种税收在各个流通环节选择两个或两个以上的环节征收，如增值税。

确定纳税环节关系到税制结构和税种的布局，关系到税款能否及时足额入库，关系到地区间税收收入的分配，同时也关系到企业的经济核算和是否便利纳税人交纳税款等问题。

（七）纳税期限和地点

1. 纳税期限

纳税期限是指纳税人按照税法规定缴纳税款的期限。每一具体的税种都必须规定相应的纳税期限，这是税收固定性的一种体现。纳税人必须在规定的纳税期限内缴纳税款，否则，将要受到税法规定的相应处罚。因此，纳税期限也是税收强制性的一种体现。

纳税期限的确立，有利于保证财政收入、加强监督管理和给纳税人以适当便利。我国现行税制的纳税期限有两种形式：

按期纳税，即以纳税人发生纳税义务的一定时期（如 1 天、3 天、5 天、10 天、15 天、1 个月、1 年等）作为纳税期限。纳税人的具体纳税期限，可以由主管税务机关根据纳税人应纳税额的大小分别核定。

按次纳税，即以纳税人发生纳税义务的次数作为纳税期限。按次纳税适用于不能按期纳税的纳税人。

2. 纳税地点

纳税地点主要是指根据各个税种纳税对象的纳税环节和有利于对税款的源泉控制而规定的纳税人（包括代征、代扣、代缴义务人）的具体纳税地点。它说明纳税人应当向哪里的征税机关申报纳税，以及哪里的征税机关有权进行税收管辖的问题。我国税法规定的纳税地点主要是机构所在地、经济业务发生地、财产所在地、报关地等。

（八）减税免税

减税免税主要是对某些纳税人和征税对象采取减少征税或者免予征税的特殊规定。减税是对应纳税额减征部分税款，如减低税率征税等；免税是对应纳税额全部免征。减税免税是税收制度中对某些纳税人和征税对象给予鼓励和照顾的一种规定。

减税免税包括法定减免、特定减免和临时减免三种情况。法定减免是根据国家的政策需要所作的统一的减免税规定，这类减免，税法上有明确的范围和期限，通常是列举项目，统一实行；特定减免即在税收的基本法规之外，由权力机关（如国务院、财政部、国家税务总局等）特别规定的减税和免税规定；临时减免是指为照顾纳税人生产、生活以及其他特殊困难（如遭受自然灾害或不可抗拒的意外损失等）而临时批准给予的减税和免税。后两类减税免税规定多属于统一减税免税规定所不能解决的特殊问题，不宜在税法中作出具体规定或统一规定，而且随着客观情况的发展变化，需要及时作出调整和补充，以保证减税免税的机动性和灵活性。

项目二　我国的税制体系

一、中国现行税制结构

我国现行税制结构是以流转税和所得税并重为双主体，其他税种配合发挥作用的税制体系。流转税是我国现行税制中的主体税种之一。作为流转税制四大支柱的增值税、消费税、营业税和关税，占税收总收入的65%左右，它们对于保证国家财政收入可靠、及时、稳定地获得具有重要的作用。流转税可以通过税目、税率设计，从经济利益上引导生产和消费，因此在调节经济方面有着独特的作用。

所得税也是我国现行税制中的主体税种之一。我国所得税收入占税收总收入的25%左右。所得税有利于以法律形式处理国家与企业、个人的分配关系，有利于体现公平税负的原则，调节各种经济成分的收入水平。所得税为吸引外资，贯彻对内搞活、对外开放政策发挥了积极的作用。

其他辅助税种包括特定行为税、资源税和财产税，这些税种的收入不大。但是，这些税种在整个税制体系中的辅助作用还是很重要的，特别是一些特定行为类的税种，是国家为了达到某一目的而设置的税种，可以直接体现国家的政策，实现国家的宏观控制。这些税种在发挥调节积累和消费的比例关系，指导社会消费，调节财力、物力和人力的流向方面都有较为突出的作用。

我国现行税制设立的税种已经深入社会再生产过程的各个环节，各税种互相配合，对生产、交换、分配和消费发挥调节作用，通过对微观诱导的方法达到宏观调节作用。根据不同的征税对象及其实现收入和缴纳税款的先后次序，大体上可分为以下五个层次：

第一个层次是对生产和流通阶段形成收入的过程进行调节，如增值税、消费税、营业税等流转税。这是对生产经营企业与个人的收入进行的第一次普遍调节，具有事前调节的作用。主要通过调节产品或企业的盈利水平来指导生产、流通和消费。

第二个层次是在利润形成阶段对生产经营者的各种级差收入进行调节，如资源税、城镇土地使用税等。这主要是通过调节各种级差收益，消除因客观因素造成的盈利水平过分悬殊的问题，给生产经营者创造一个平等的外部条件，有利于他们能在同一水平上展开竞争。

第三个层次是在分配阶段对生产经营者实现的利润进行调节，如企业所得税。通过所得税的征收，使各种生产经营者有一个均衡适度、相对合理的留利水平，税后利润由自己安排使用，实现自负盈亏。

第四个层次是对企业税后留利进行调节，如固定资产投资方向调节税等，以此来促使企业基金更加合理地安排使用，有利于国家在宏观上控制基本建设的规模和产业结构的合理调整。

第五个层次是对个人财产和收入进行调节，如房产税、契税、个人所得税等，以此来调节社会成员的财产收入水平，缩小社会成员之间的收入差距。我国现行生产经营环节涉及的主要税费如表 4－3 所示。

表 4－3 我国现行主要税费在生产经营环节的分布

环节 税费	投资创建	生产经营					终止清算
		购进	生产	销售	费用结算	利润结算	
增值税		*		*			*
消费税			*	*			*
营业税				*			*
关税		*		*			
城市维护建设税				*			*
教育费附加				*			*
资源税				*			
企业所得税						*	*
个人所得税						*	
土地增值税				*			
城镇土地使用税	*				*		
房产税	*				*		
车船税	*				*		
印花税	*	*	*	*	*		

二、我国的税法体系

我国税法体系基本上由以下六个层次构成：

（一）全国人民代表大会和全国人大常务委员会制定的税收法律

我国税收法律的立法权由全国人民代表大会及其常务委员会行使，其他任何机关都没有制定税收法律的权力。在现行税法中，如《企业所得税法》、《个人所得税法》、《税收征收管理法》等都是税收法律。

（二）全国人民代表大会及其常委会授权立法

授权立法是指全国人民代表大会及其常务委员会根据需要授权国务院制定某些具有法律效力的暂行规定或者条例。国务院经授权立法所制定的规定或条例等，具有国家法律的性质和地位，它的法律效力高于行政法规，在立法程序上还需要报全国人大常委会备案。国务院从 1994 年 1 月 1 日起实施工商税制改革，制定实施了增值税、营业税、消费税、资源税、土地增值税五个暂行条例。

（三）国务院制定的税收行政法规

国务院作为最高权力机关的执行机关，是最高的国家行政机关，拥有广泛的行政立法权。行政法规作为一种法律形式，在中国法律形式中处于低于宪法、法律和高于地方法规、部门规章、地方规章的地位，也是在全国范围内普遍适用的。国务院发布的《企业所得税实施细则》、《税收征收管理法实施细则》等，都是税收行政法规。

（四）地方人民代表大会及其常委会制定的税收地方性法规

根据《地方各级人民代表大会和地方各级人民政府组织法》的规定，省、自治区、直辖市的人民代表大会以及省、自治区的人民政府所在地的市和经国务院批准的较大的市的人民代表大会有制定地方性法规的权力。由于我国在税收立法上坚持的是“统一税法”的原则，因而地方权力机关制定税收地方法规不是无限制的，而是要严格按照税收法律的授权行事。目前，除了海南省、民族自治地区按照全国人大的授权立法规定，在遵循宪法、法律和行政法规的原则基础上，可以制定有关税收的地方性法规外，其他省、市、自治区、直辖市都无权制定税收地方性法规。

（五）国务院税务主管部门制定的税收部门规章

有权制定税收部门规章的税务主管机关是财政部、国家税务总局。其制定规章的范围包括以有关税收法律、法规来解释税收征收管理的具体规定、办法等，税收部门规章在全国范围内具有普遍适用效力，但不得与税收法律、行政法规相抵触。例如，财政部颁发的《增值税暂行条例实施细则》、国家税务总局颁发的《税务代理试行办法》等都属于税收部门规章。

（六）地方政府制定的税收地方规章

地方政府制定税收规章，都必须在税收法律、法规明确授权的前提下进行，并且不得与税收法律、行政法规相抵触。没有税收法律、法规的授权，地方政府是无权制定税收规章的，凡越权制定的税收规章没有法律效力。例如，国务院发布实施的城市维护建设税、车船使用税、房产税等地方税种暂行条例，都规定省、自治区、直辖市人民政府可根据条例制定实施细则。

习题示例

【**例 4－7**】判断：国务院经授权立法制定的《中华人民共和国增值税暂行条例》具有国家法律的性质和地位。（　　）

【答案】√

【解析】国务院经授权立法所制定的规定或条例等，具有国家法律的性质和地位，它的法律效力高于行政法规，在立法程序上还需报全国人大常委会备案。

【例4－8】判断：地方性税收的立法权可经省级立法机关或经省级立法机关授权的下级政府行使。（ ）

【答案】×

【解析】地方性税收的立法权应只限于省级立法机关或经省级立法机关授权同级政府，不能层层下放。

三、税收法律关系

税收法律关系是国家与纳税人之间，在税法所调整的税收活动中所发生的权利义务关系，它是国家政治权力介入私人经济生活的税收关系在法律上的反应和体现。

（一）税收法律关系的主体

税收法律关系的主体是指在税收法律关系中依法享有权利和承担义务的当事人。税收法律关系的主体又称为税法主体，主要包括征税主体和纳税主体。

（二）税收法律关系的客体

税收法律关系的客体是指税收法律关系主体双方的权利和义务所共同指向的对象。税收法律关系的客体包括税收权力（利益）、物和行为。税收宪法性法律关系和税收权限法律关系的客体是税收权力，国际税收权益分配法律关系的客体是税收权益，税收征纳法律关系的客体是按照税率计算出来的税款，税收救济法律关系的客体是行为，即税务机关在税收征管活动中做出的相应行为。

（三）税收法律关系的内容

税收法律关系的内容是指税收法律关系主体双方依据税法享有的权利和承担的义务。税收法律关系的内容决定了税收法律关系的实质。

1. 征税主体的权利与义务

（1）税务机关的权利

第一，征税权。征税权是税务机关最基本的权利。

第二，税法解释权。这里的税法解释是指税法的行政解释。

第三，估税权。在某些特定情况下，如纳税义务人未设置账簿，或账目混乱，或资料不全，或经责令逾期仍不申报，或避税，或课税对象不易把握等，使纳税义务人的税基难以准确核定时，税务机关有权按照一定的方法估算其税基，或直接估算其税额。

第四，委托代征权。税务机关根据税法的授权，可以委托没有征税权的机关或单位代征税款，以简化税收征管，降低税收成本。

第五，税收保全权。税务机关有权为确保税收收入，依法在规定的纳税期之前采取限制纳税义务人处理或转移商品、货物或其他财产等措施，包括扣押、查封财产和暂停支付银行存款等。

第六，强制执行权。税务机关有权对不履行纳税义务的单位和个人，依法采取强制性措施收缴税款。

第七，税务行政处罚权。行政处罚权是税务机关的一项重要权限，是实施税法的有力保障。

第八，税收检查权。我国税法赋予税务机关的检查权包括：检查纳税义务人的账簿、记账凭证、报表和有关资料；检查扣缴义务人代扣代缴、代收代缴税款账簿、记账凭证和有关资料；到纳税义务人的生产经营场所和货物存放地检查纳税义务人应纳税的商品、货物或其他财产；到车站、码头、机场、邮政企业及其分支机构检查纳税义务人托运、邮寄应纳税商品、货物或其他财产的有关单据、凭证和有关资料；经批准核查从事生产经营的纳税义务人的存款账户和储蓄存款。

第九，税款追征权。对纳税义务人因各种原因而未缴或少缴的税款，在法定期限内，税务机关有权将其追回。我国税法关于税款追缴时效的规定有三种情况：①一般情况下追缴期为 3 年；②漏缴税款超过 10 万元的，追缴期为 10 年；③纳税义务人因偷税、骗税少缴的税款，税务机关有权无限期追缴。

（2）税务机关的义务

第一，依法办理税务登记，开具完税凭证的义务。

第二，依法征税的义务。税务机关应当按照法律、行政法规的规定征收税款，不得违反税收法律、行政法规的规定开征、停征、多征、少征、提前征收、延缓征收或摊派税款。

第三，多征税款依法返还的义务。

第四，保密的义务。税务机关进行征税和税务检查时，有为纳税义务人保守秘密的义务；对检举违反税法行为的检举人，税务机关应为其保密。

第五，实施税收保全过程中的义务。税务机关实施税收保全措施不当，或者纳税义务人在限期内已缴纳税款，应立即解除税收保全措施；税务机关扣押商品、货物或其他财产时，必须开付收据；查封商品、货物或其他财产时，必须开付清单。

第六，依法解决税务争议过程中应履行的义务。即在税务行政复议中依法受理复议，并在规定的期限内做出复议决定；在税务行政诉讼案件中承担举证责任。

第七，回避的义务。税务人员在征收税款和查处税收违法案件中，与纳税人、扣缴义务人或税收违法案件有利害关系的，应当回避。

2. 纳税主体的权利与义务

（1）纳税主体的权利

第一，延期申报和延期纳税权。纳税人不能按期办理纳税申报的，经税务机关核准，可以延期申报。纳税义务人因为特殊困难，不能按期缴纳税款的，经县以上税务局（分局）批准，可以延期纳税，但最长不得超过 3 个月。

第二，申请减免税权。纳税义务人可以依照法律、法规的有关规定，向税务机关申请减税、免税，经批准后生效。

第三，多缴税款申请退还权。纳税义务人自结算缴纳税款之日起 3 年内发现多缴税款的，可以要求税务机关退还，税务机关查实后应立即退还。

第四，委托税务代理权。纳税义务人、扣缴义务人可以委托有资格的税务代理人代办纳税事宜。

第五，要求税务机关承担赔偿责任权。税务机关在税收保全、强制执行等税务行政执法中措施不当，给纳税义务人造成损失的，纳税义务人有权要求税务机关予以赔偿。

第六，申请复议和提起诉讼权。纳税义务人、扣缴义务人、纳税担保人同税务机关在纳税上发生争议，或对税务机关的行政处罚决定、强制执行措施、税收保全措施不服的，有权按照规定的期限和程序向上一级税务机关申请复议或向人民法院提起行政诉讼。

第七，陈述申辩权。纳税人对税务机关所做出的决定，享有陈述权和申辩权。

第八，税收秘密权。纳税人有权要求税务机关对其有关情况保密。

第九，控告检举权。纳税人有权控告、检举税务机关、税务人员的违法违纪行为。

第十，拒绝检查权。税务机关派出的人员进行税务检查时，未出示《税务检查通知书》的，被检查人有权拒绝检查。

（2）纳税主体的义务

第一，依法按期办理税务登记、变更登记或重新登记。

第二，依法设置账簿，合法、正确地使用有关凭证。

第三，按规定定期向主管税务机关报送纳税申报表、财务报表和其他有关资料。

第四，按期进行纳税申报，及时、足额地缴纳税款。

第五，主动接受和配合税务机关的纳税检查，如实报告其生产经营和纳税情况，并提供有关资料。

第六，违反税法规定的纳税义务人，应按规定缴纳滞纳金、罚款，并接受其他法定处罚。

四、税法的效力

（一）税法的效力表现

税法的效力表现为空间效力、时间效力和对人的效力。

1. 税法的空间效力

税法的空间效力是指税法的法律强制力所能达到的地域范围。由一个主权国家制定的税法，必然适用于其主权管辖的全部领域。通常，主权国家政府由中央（或联邦）和各级地方政府所组成，由中央（或联邦）政府和地方政府所制定的税法，其适用的空间范围是不同的。因此，税法的空间效力可以分为中央税法的空间效力和地方税法的空间效力。

2. 税法的时间效力

税法的时间效力是指税法何时开始生效、何时终止效力和有无溯及力的问题。

（1）税法的生效和实施。在我国，税法的实施时间主要有三种类型：一是税法公布一段时间后开始实施。我国大部分税法的实施时间都属于这种情况。如 2007 年 3 月通过并颁发的《企业所得税法》，其实施时间为自 2008 年 1 月 1 日起。实施时间晚于公布时间，可以为征收机关和纳税主体掌握税法提供便利，有助于税法的有效实施。二是税法自公布之日起实施。如《个人所得税法》（2005 年修订版）第十五条规定，本法自公布之日起施行。三是税法公布后授权地方政府自行确定其实施日期。

（2）税法的失效。税法的失效表明其法律约束力的终止，其失效通常有三种类型：一是客观废止，即旧的税法规范由于失去存在的客观条件而当然废止。比如，2005 年 12 月全国人大常委会通过决议，规定自 2006 年 1 月 1 日起废止《农业税条例》。二是规定废止，即新税法明文规定在新法生效之日，旧税法自行废止。如《企业所得税法》（2007 年版）第六十条规定："本法自 2008 年 1 月 1 日起施行。1991 年 4 月 9 日第七届全国人民代表大会第四次会议通过的《中华人民共和国外商投资企业和外国企业所得税法》和 1993 年 12 月 13 日国务院发布的《中华人民共和国企业所得税暂行条例》同时废止"。三是代替废止，即根据新法优于旧法效力原则，新税法或修改过的税法实施之日，旧税法自行废止，而不在新法条文中明确规定旧法的无效。比如，《个人所得税法》（2005 年修订版）规定自公布之日起施行，而新法实施后旧法就自动废止。四是抵触废止，即新税法确认与其相抵触的部分税法规范被废止。如《土地增值税暂行条例》第十五条规定："本条例自 1994 年 1 月 1 日起施行。各地区的土地增值费征收办法与本条例抵触的同时终止执行。"五是暂停执行，我国的税法实践有暂停执行的制度，比如，财税字［1999］第 299 号规定："自 2000 年 1 月 1 日起在全国范围内暂停征收固定资产投资方向调节税。"

（3）税法的溯及力问题。税法的溯及力是税法时间效力中非常重要的方面。各国法律溯及力的规定较为复杂，概括起来包括从旧原则、从新原则、从旧兼从轻原则、从新兼从轻原则等四大原则。

3. 税法对人的效力

税法对人的效力是指受税法规范和约束的纳税人的范围，包括纳税个人和纳税单位。税法对人的效力涉及国家的税收管辖权问题。一般而言，主权国家主要参照下列原则来确定本国的税收管辖权。

（1）属地原则。属地原则是指主权国家以地域的概念作为其行使征税权力所遵循的指导原则。依照属地原则，国家对其所属领土内的一切人和物或发生的事情，有权按照法律实行管辖。在税法领域，属地原则亦可称为来源地原则，按此原则确定的税收管辖权称为税收地域管辖权或收入来源地管辖权。它将征税对象是否发生在本国领域内作为征税的标准。

（2）属人原则。属人原则是指主权国家以人的概念作为其行使征税权力所遵循的指导原则。依照属人原则，国家可以对本国公民或居民按照本国的法律实行管辖。公民是指具有本国国籍的人；居民则是指居住在本国境内享有一定权利并承担一定义务的人。在税法领域，按此原则确立的税收管辖权称为居民税收管辖权或公民税收管辖权。它依据纳税人与本国政治法律的关系以及居住的关系来确定纳税义务。

（3）折中原则。折中原则是指兼顾属地原则和属人原则的一种结合性原则。我国税法以及世界上大多数国家均采用这一原则。折中原则使本国的税收管辖权得到最大限度的行使，保证本国财政收入的实现。

小结

1. 依法治税，作为依法治国的有机组成部分，是指通过税收法制建设，使征税主体依法征税，纳税主体依法纳税，从而达到税收法治的状态。

2. 税法是调整税收关系的法律规范的总称，其调整对象是国家税收活动中所发生的税收关系。

3. 税收法律关系是指国家和纳税人之间，在税法所调整的税收活动中所发生的权利和义务关系，它是国家政治权力介入私人经济生活的税收关系在法律上的反映和体现。

综合练习

一、单项选择题

1. （　　）是国家以法律形式规定的各种税收法律、法规的总称。

A. 税法　　B. 税收制度　　C. 税则　　D. 税收体制

2. 下列不属于税制基本要素的是（　　）。

A. 纳税义务人　　B. 征税对象　　C. 税率　　D. 纳税期限

3. 税收的实际负担者，在经济学上被称为（　　）。

A. 纳税人　　B. 代理人　　C. 负税人　　D. 扣缴义务人

4. 我国确定纳税人采用的原则是（　　）。

A. 属地原则　　B. 属人原则

C. 实质重于形式的原则　　D. 属地兼属人原则

5. 下列选项中不是按照税收对象的性质分类的是（　　）。

A. 流转额　　B. 行为　　C. 资源　　D. 所得额

6. 税制要素中，区分税种的根本标志是（　　）。

A. 税率　　B. 税源　　C. 税基　　D. 税目

7. 下列各项中，不属于构成税法三个最基本要素的是（　　）。

A. 纳税义务人　　B. 征税人　　C. 征税对象　　D. 税率

8. 对于税收法律关系纳税主体的确定，我国采取（　　）。

A. 国籍原则　　B. 属地原则

C. 属人原则　　D. 属地兼属人原则

9. 在适用同一层次的法律过程中，就其适用性和法律效力而言，（　　）。

A. 普通法优于特别法　　B. 特别法优于普通法

C. 普通法等于特别法　　D. 视其规定内容而作具体划分

10. 下列关于从价税的说法不正确的有（　　）。

A. 我国大部分税种都采用从价税的形式

B. 有利于保证财政收入

C. 发生通货膨胀时税额变化不会很大

D. 与价格直接相关

11. 下列关于从量税的说法不正确的有（　　）。

A. 我国大部分税种都采用从量税的形式

B. 税负容易失衡

C. 发生通货膨胀时税额变化不会很大

D. 适用于征税对象较单一的情况

12. （　　）是从价计税时按照计税依据计算应纳税额的法定比例，通常采用固定百分比的形式。

A. 比例税率　B. 定额税率　C. 累进税率　D. 幅度税率

13. 下列税种中属于中央税的有（　　）。

A. 关税　B. 营业税　C. 房产税　D. 增值税

14. （　　）是征税的具体根据，规定了征税对象的具体范围。

A. 税目　B. 计税依据　C. 税率　D. 纳税环节

15. 在税制要素中，对纳税对象总额中的一部分数额免予征税，只对减除后的剩余部分计征税款，被免予征税的这部分数额是（　　）。

A. 计税依据　B. 免征额办法　C. 税基　D. 起征点

16. 根据规定，有权制定税收法律的是（　　）。

A. 全国人民代表大会及其常委会　B. 国务院

C. 财政部　D. 国家税务总局

17. 在我国税法构成要素中，（　　）是税法中具体规定应当征税的项目，是征税对象的具体化。

A. 税率　B. 税目　C. 征税对象　D. 纳税期限

18. 下列各项中，属于税收特征的是（　　）。

A. 稳定性　B. 及时性　C. 合法性　D. 无偿性

19. 税收权利主体是指（　　）。

A. 征税方　B. 纳税方　C. 征纳双方　D. 中央政府

20. 在法学上被称为纳税客体的，也就是税法上的（　　），主要指税收法律关系中征纳双方权利义务所指向的物或行为，是区分不同税种的主要标志。

A. 税目　B. 税率　C. 征税对象　D. 纳税义务人

21. 引起税收法律关系的前提条件是（　　）。

A. 权利主体　B. 税法　C. 权利客体　D. 税收法律事实

22. 下列税种中，采用定额税率的是（　　）。

A. 营业税　B. 车船税　C. 企业所得税　D. 土地增值税

23. 下列有关税法概念的说法正确的是（　　）。

A. 税法是国家制定的用来调整纳税人之间权利与义务关系的法律规范的总称

B. 制定税法的目的是为了保障国家利益和纳税人的合法权益

C. 税法的特征是强制性、无偿性和固定性

D. 税法是国家凭借其权利，利用税收工具参与社会产品和国民收入分配的法律规范的总称

24. 税收法律关系的核心和灵魂是（　　）。

A. 征税主体　B. 税收法律关系的对象

C. 纳税主体　D. 税收法律关系的内容

25. 税收在征收和缴纳过程中耗费成本应力求最小，这是税收的（　　）。

A. 公平原则　B. 效率原则　C. 财政原则　D. 调控经济原则

26. 累进税率的显著优点是（　　）。

A. 实现了横向公平　　B. 实现了纵向公平
C. 便于征收和管理　　D. 计算比较简便

27. 区别不同类型税种的主要标志是（　　）。
A. 税率　　B. 纳税人　　C. 征税对象　　D. 纳税期限

二、多项选择题

1. 下列各项中属于税法构成要素的有（　　）。
A. 总则、罚则、附则　　B. 纳税义务人
C. 税目、税率　　D. 纳税期限、纳税地点

2. 从法律角度划分，纳税义务人包括（　　）。
A. 法人　　B. 个人　　C. 自然人　　D. 企业

3. 对于纳税人与负税人概念的理解，正确的有（　　）。
A. 纳税人是直接向税务机关交税的单位和个人
B. 纳税人和负税人是一致的
C. 个人所得税的纳税人本身就是负税人
D. 增值税的纳税人本身就是负税人

4. 下列可能作为扣缴义务人的有（　　）。
A. 机关　　B. 社会团体　　C. 学校　　D. 合伙经营者

5. 我国现行税率大致分为（　　）。
A. 比例税率　　B. 定额税率　　C. 累进税率　　D. 差别税率

6. 我国现行税制的纳税期限有（　　）。
A. 按期纳税　　B. 按次纳税　　C. 预约纳税　　D. 固定期限纳税

7. 下列关于流转税的说法正确的有（　　）。
A. 流转税一般具有间接税的性质
B. 以纳税人销售商品、提供劳务的流转额为征税对象
C. 不容易被纳税人接受
D. 征税范围比较广泛

8. 下列关于所得税的说法正确的有（　　）。
A. 纳税人和实际负担人通常是一致的
B. 与其他税类相比较易被纳税人接受
C. 便于贯彻区别对待、合理负担的税收原则
D. 税负不易转嫁

9. 按计税标准分类，税收可以分为（　　）。
A. 从价税　　B. 定额税　　C. 从量税　　D. 比例税

10. 下列关于从量税的说法正确的是（　　）。
A. 以征税对象的体积、面积、数量等实物量为标准计征
B. 我国的车船使用税属于从量税的范畴
C. 可以与从价税同时适用于同一税种
D. 不受征税对象价格变动的影响

11. 下列各项中，属于税收法律关系客体的是（　　）。

A. 征税人　　B. 课税对象　　C. 纳税人　　D. 纳税义务

12. 下列税种中其税收收入归地方政府支配的有（　　）。

A. 关税　　B. 营业税　　C. 房产税　　D. 契税

13. 下列税种中属于中央与地方共享税的有（　　）。

A. 个人所得税　　B. 资源税　　C. 企业所得税　　D. 增值税

14. 下列关于直接税和间接税的说法正确的是（　　）。

A. 直接税的纳税人与负税人是一致的　　B. 间接税的纳税人与负税人不一致

C. 个人所得税属于直接税　　D. 消费税属于直接税

15. 下列关于价内税的判断正确的是（　　）。

A. 消费税属于价内税　　B. 营业税属于价内税

C. 增值税属于价内税　　D. 价内税主要针对流转税而言

16. 下列税种中属于我国征收的特定税范畴的有（　　）。

A. 城建税　　B. 资源税　　C. 遗产税　　D. 增值税

17. 下列关于价外税的说法正确的有（　　）。

A. 能够更好地反映企业的经营成果　　B. 与企业的成本、利润没有直接的联系

C. 只是价格的一个附加或附加比例　　D. 增值税就是价外税

18. 影响税收负担的主要因素有（　　）。

A. 社会经济发展水平　　B. 国家宏观经济政策

C. 国家财政收支状况　　D. 人民生活水平

三、填空题

1. 税收制度的核心是________。
2. 计税依据可以分为从价计征和________两种类型。
3. 征税对象是征纳双方权利和义务所指向的________。
4. 按税收与价格的关系，可以把税收分为________和________。
5. 累进税率根据计算方法和依据的不同，可以分为________、________、全率累进税率和超率累进税率四种。
6. 按照税收管理权限和税收收入的归属分类，税收可以分为中央税、________和________三种。
7. 按税收负担是否能够转嫁分类，税收可以分为________和________。
8. 按税收收入的用途分类，税收可以分为________和________。
9. 税收效率原则是指政府征税，包括________、________和________，都应讲求效率，遵循效率原则。
10. 微观税收负担是指纳税人________占________的比重。
11. 税收公平原则包括________和________两个层次的内容。
12. 国内生产总值税负率的计算公式为________，国民收入税负率的计算公式为________。
13. 纳税地点主要是指根据各个税种________的纳税环节和有利于对________的源泉控制

而规定的纳税人的具体纳税地点。

14. 税负转嫁主要有前转嫁、________、散转嫁和________等几种形式。

四、判断题

1. 纳税人和负税人是一致的。(　　)
2. 各税税法规定了一个国家的税种设置和每个税种的精神。(　　)
3. 税目、征税对象和税率构成税制的基本要素。(　　)
4. 从法律角度划分，纳税义务人包括法人和自然人。(　　)
5. 扣缴义务人是直接向税务机关交税的单位和个人。(　　)
6. 税务代理人无权享受民法通则中关于代理人的各项权利。(　　)
7. 扣缴义务人必须严格履行扣缴义务，否则也应负法律责任。(　　)
8. 不是所有的税种都需要规定税目。(　　)
9. 全额累进税率不会影响纳税人增加收入的积极性。(　　)
10. 纳税环节是指实际应当缴纳税款的环节，它是固定单一的。(　　)

参考答案

一、单项选择题

1. B　2. D　3. C　4. D　5. C　6. C　7. B　8. D　9. B　10. C
11. A　12. A　13. A　14. A　15. B　16. A　17. B　18. D　19. C　20. C
21. B　22. B　23. D　24. D　25. B　26. B　27. C

二、多项选择题

1. ABCD　2. AC　3. AC　4. ABCD　5. ABC
6. AB　7. ABD　8. ACD　9. AC　10. ABCD
11. B　12. BCD　13. ABCD　14. ABC　15. ABD
16. AB　17. ABCD　18. ABC

三、填空题

1. 税法　2. 从量计征　3. 目的物或行为　4. 价内税　价外税　5. 全额累进税率　超额累进税率　6. 地方税　中央与地方共享税　7. 直接税　间接税　8. 一般税　特定税　9. 税制的建立　税收政策的运用　整个税收管理　10. 实纳税额　可支配产品　11. 横向公平　纵向公平　12. 税收总额/国内生产总值　税收总额/国民收入　13. 纳税对象　税款　14. 后转嫁　税收资本化

四、判断题

1. ×　2. ×　3. ×　4. √　5. ×　6. ×　7. √　8. √　9. ×　10. ×

模块五　税种讲解（上）
——流转税

学习目标

一般掌握：本章所述各税的基本原理与基本制度
重点掌握：本章各税的基本特点与计算方法

基础知识

项目一　增值税

一、增值税的性质与类型

（一）增值税的性质

增值税是对各种商品按其在生产经营过程中的增值额征收的一种税。增值额可以从两个角度来理解：

第一，从某一生产经营过程来看，增值额是商品的某一生产经营者在生产经营过程中新增加的价值。用减法表示，它相当于产出减去投入后的余额。用加法表示，它相当于工资加盈利之和。在现实生活中，产出表现为销售收入额或经营收入额，投入表现为外购商品和劳务的支付金额；盈利具体表现为租金、利息、利润等。因此，用减法表示的增值额具体表现为销售收入额或经营收入额减去外购商品和劳务支付金额后的余额，用加法表示的增值额具体表现为工资与租金、利息、利润之和。即：

增值额 = 产出 - 投入 = 销售收入额或经营收入额 - 外购商品和劳务的支付金额

或增值额 = 工资 + 盈利 = 工资 + 租金 + 利息 + 利润

第二，从某一商品来看，增值额是商品在生产经营过程中新增加的价值。它等于商品在各个生产和经营环节新增加价值的总和，同时等于商品进入最终消费时的销售价格。假定 A 商品的生产经营包括原材料、零配件、产成品、批发、零售五个环节，各环节的销售收入额或经营收入额分别为 300 元、500 元、800 元、900 元、1 000 元，其中，1 000 元是该商品进入最终消费时的销售收入额或经营收入额，各环节的增值额及其与商品销售收入额或经营收入额的关系见表5－1。

表5－1　各环节增值额及其与商品销售收入额或经营收入额的关系　　（单位：元）

生产经营环节	销售收入额或经营收入额	增值额
原材料	300	300－0＝300
零配件	500	500－300＝200
产成品	800	800－500＝300
批发	900	900－800＝100
零售	1 000	1 000－900＝100
合计		1 000

（二）增值税的基本类型

1. 特定商品增值税与一般商品增值税

特定商品增值税是指在生产与流通的某个、某些环节或只对货物与服务中的某类、某些货物或服务征收增值税。一般商品增值税是指在生产与流通的各个环节对所有的货物与服务普遍征收增值税。

2. 生产型增值税、收入型增值税与消费型增值税

以税基的价值构成为标准，可将增值税划分为生产型增值税、收入型增值税和消费型增值税三种类型。生产型增值税的税基大体上相当于国民生产总值。用减法计算，税基等于从产出中只扣除外购原材料、燃料、动力的价值，不扣除固定资产或其折旧的价值。用加法计算，构成税基的盈利不仅包括租金、利息、利润，而且包括固定资产折旧；收入型增值税的税基大体上相当于国民收入。用减法计算，税基等于从产出中扣除外购原材料、燃料、动力的价值，同时扣除固定资产折旧的价值，但不扣除未提折旧的部分。用加法计算，构成税基的盈利包括租金、利息、利润，不包括固定资产折旧；消费型增值税的税基大体上相当于消费品的价值，不包括资本品的价值。用减法计算，税基等于从产出中扣除外购原材料、燃料、动力的价值，同时扣除新增固定资产的价值。用加法计算，从构成税基的盈利中，要减去用于新增固定资产的投资。目前，世界典型国家的增值税基本上属于消费型增值税。2009年以前，中国实行的是生产型增值税，现行增值税则属于消费型增值税。

二、增值税的原理与特殊作用

（一）增值税的原理

增值税的基本原理是：商品的最终销售收入额等于商品在各个生产经营环节的增值额；对商品最终销售收入额征的税等于对商品在各个生产经营环节的增值额征的税。假定A商品增值税税率为17%，按最终销售收入额征税与按各生产经营环节增值额征税的关系见表5－2。

表5-2　按最终销售收入额征税与按各生产经营环节增值额征税的关系　　单位：元

生产经营环节	最终销售额	销售税额	增值额	增值税税额
原材料	300	51	300	51
零配件	500	85	200	34
产成品	800	136	300	51
批发	900	153	100	17
零售	1 000	170	100	17
合计			1 000	170

（二）增值税的特殊作用

增值税是一种中性税，主要承担取得收入的职能。所谓中性税是指税收的经济效应是中性的。在增值税实行单一税率的条件下，无论生产者选择何种方式生产货物或提供服务，只要商品的最终销售收入额或营业收入额相同，所缴纳的增值税的税额就是相同的。这种中性效应，使得增值税既不会对生产者的生产决策和消费者的消费抉择产生扭曲效应，也不会对经济活动产生调节作用。因此，增值税的职能主要是为政府取得税收收入。

三、增值税的征税对象

增值税的征税对象是中华人民共和国境内销售货物或者提供加工、修理修配劳务以及进口货物的增值额。所称在我国境内销售货物，是指销售货物的起运地或所在地在我国境内；所称在我国境内提供应税劳务，是指提供的应税劳务发生在我国境内。

在我国境内销售货物或提供加工、修理修配劳务以及进口货物都属于增值税的征税范围。

1. 销售货物。销售货物是指有偿转让各种有形动产的所有权，能从购买方取得货款、货物和其他经济利益的行为。这里的货物，包括电力、热力、气体在内的有形动产（除土地、房屋以外的有形动产），不包括无形资产和不动产。

2. 提供应税劳务。目前，我国增值税只对加工和修理修配两种劳务征收增值税。加工是指纳税人受托加工货物，即由委托方提供原料和主要材料，受托方按照委托方的要求制造货物并收取加工费的业务。修理修配是指受托对损伤或丧失功能的货物进行修复，使其恢复原状和功能的业务。纳税人在我国境内提供加工和修理修配劳务的，不论是以货币形式收取加工费，还是从委托方取得货物或其他经济利益，都应视为有偿提供应税劳务，征收增值税。

3. 进口货物。进口货物是指将货物从我国境外移送到我国境内的行为。税法规定，凡进入我国国境或关境的货物（除免税的以外），进口者在报关进口时，必须向海关缴纳增值税。

四、增值税的纳税人

（一）纳税人的范围

增值税的纳税人为在我国境内销售货物或提供加工、修理修配劳务以及进口货物的单位和个人。单位包括国有企业、集体企业、私有企业、股份制企业、外商投资企业、外国企业、其他企业和行政单位、事业单位、社会团体及其他单位。个人是指个体经营者及个人。

（二）一般纳税人和小规模纳税人的划分

按照增值税纳税人的生产经营规模及财会核算健全程度，增值税的纳税人可分为一般纳税人和小规模纳税人两种。一般纳税人和小规模纳税人具体认定标准如下：

认定标准 / 纳税人	生产货物或提供应税劳务的纳税人，或以其为主，并兼营货物批发或零售的纳税人	批发或零售货物的纳税人
小规模纳税人	年应税销售额在50万元以下	年应税销售额在80万元以下
一般纳税人	年应税销售额在50万元以上	年应税销售额在80万元以上

年应税销售额超过小规模纳税人标准的其他个人（除个体工商户以外的其他个人）小规模纳税人纳税；非企业性单位、不经常发生应税行为的企业可选择按小规模纳税人纳税。

凡增值税一般纳税人（以下简称一般纳税人），均应依法向其企业所在地主管税务机关申请办理一般纳税人认定手续。一般纳税人总分支机构不在同一县（市）的，应分别向其机构所在地主管税务机关申请办理一般纳税人认定手续。

五、增值税的申报与缴纳

（一）增值税的起征点

对小规模纳税人（仅限个人）销售额未达到财政部规定的起征点的，免征增值税。具体幅度范围规定如下：

1. 销售货物的起征点为月销售额2 000～5 000元。
2. 销售应税劳务的起征点为月销售额1 500～3 000元。
3. 按次纳税的起征点为每次（日）销售额150～200元。

各地起征点的具体标准由各省、自治区、直辖市财政厅（局）和国家税务局根据本地区的实际情况在上述规定的幅度内确定。

（二）增值税的纳税义务发生时间

增值税纳税义务发生时间是指增值税纳税义务人发生应税行为应承担纳税义务的起始时间。我国《增值税暂行条例》明确规定了增值税纳税义务发生时间。

销售货物或者应税劳务，其纳税义务发生的时间，总的原则是为收讫销售货款或者取得索取销售额凭证的当天，根据销售结算方式的不同，具体规定如下：

1. 采用直接收款方式销售货物，不论货物是否发出，均为收到销售额或取得索取销售额凭据，并将提货单交给买方的当天。
2. 采取托收承付和委托银行收款方式销售货物，为发出货物并办妥托收手续的当天。
3. 采取赊销和分期收款方式销售货物，为按合同约定的收款日期的当天。
4. 采取预收货款方式销售货物，为货物发出的当天。

5. 委托其他纳税人代销货物，为收到代销单位的代销清单的当天。

6. 销售应税劳务，为提供劳务同时收取销售额或取得索取销售额凭据的当天。

7. 纳税人发生视同销售货物行为的，为货物移送的当天。

8. 进口货物，为报送进口的当天。

（三）增值税的纳税期限

增值税纳税期限分别为1日、3日、5日、10日、15日、1个月或者1个季度；不能按固定期限纳税的，可以按次纳税。

以1个月或者一个季度为一期的纳税人，于期满后15日内申报纳税；以1日、3日、5日、10日或15日为一期的纳税人，于纳税期满后5日内预缴税款，次月1日起15日内结算上月应纳税款并申报纳税。进口货物应当自海关填发专用缴款书之日起15日内缴纳税款。纳税人出口适用税率为零的货物，可以按月向税务机关申报办理该项出口货物的退税。

（四）增值税的纳税地点

纳税人申报缴纳增值税税款的地点，具体分为以下几种情况：

1. 固定业户应当向其机构所在地主管税务机关申报纳税。总机构和分支机构不在同一县（市）的，应当分别向各自所在地主管税务机关申报纳税；经国家税务总局或其授权的税务机关批准，可以由总机构汇总向机构所在地主管税务机关申报纳税。固定业户的总、分支机构不在同一县（市），但在同一省、自治区、直辖市范围内的，其分支机构应纳的增值税是否可以由总机构汇总缴纳，由省、自治区、直辖市税务局决定。

2. 固定业户到外县（市）销售货物的，应当向其机构所在地主管税务机关申请开具外出经营活动税收管理证明，向其机构所在地主管税务机关申报纳税。未持有机构所在地主管税务机关核发的外出经营活动税收管理证明，到外县（市）销售货物或者应税劳务的，应当向销售地主管税务机关申报纳税；未在销售地纳税的，应回其机构所在地补纳。

3. 非固定业户销售货物或者应税劳务，应当向销售地主管税务机关申报纳税；非固定业户到外县（市）销售货物或者应税劳务未向销售地主管税务机关申报纳税的，由其机构所在地或者居住地主管税务机关补征税款。

4. 进口货物，应当由进口人或其代理人向报关地海关申报纳税。

（五）增值税的征收机关

增值税由国家税务局系统所属征收管理机关征收，进口货物的增值税由海关代征。

（六）增值税专用发票管理

增值税专用发票是增值税一般纳税人销售货物或者提供应税劳务开具的发票，是购买方支付增值税额并可按照增值税有关规定据以抵扣增值税进项税额的凭证。

一般纳税人凭《发票领购簿》、IC卡和经办人身份证明领购专用发票，并通过增值税防伪税控系统领购、开具、缴销、认证纸质专用发票及相应的数据电文。

一般纳税人销售货物或者提供应税劳务可汇总开具专用发票，并加盖财务专用章或者发票专用章。

商业企业一般纳税人零售的烟、酒、食品、服装、鞋帽（不包括劳保专用部分）、化妆品等消费品不得开具专用发票。

增值税小规模纳税人需要开具专用发票的，可向主管税务机关申请代开。

销售免税货物不得开具专用发票，法律、法规及国家税务总局另有规定的除外。

专用发票实行最高开票限额管理（指单份专用发票开具的销售额合计数不得达到的上限额度）。最高开票限额为十万元及以下的，由区县级税务机关审批；最高开票限额为一百万元的，由地市级税务机关审批；最高开票限额为一千万元及以上的，由省级税务机关审批。

自2007年9月1日起，原省、地市税务机关的增值税一般纳税人专用发票最高开票限额审批权限下放至区县税务机关。

一般纳税人在开具专用发票当月，发生销货退回、开票有误等情形，收到退回的发票联、抵扣联符合作废条件的，按作废处理；开具时发现有误的，可即时作废。

六、增值税一般纳税人应纳税额的计算

我国现行增值税一般纳税人适用的计税方法为规范的购进扣税法，其应纳增值税为销项税额抵扣进项税额的余额。其计算公式为：

当期应纳税额 = 当期销项税额 − 当期进项税额

销项税额是指纳税人销售货物或者提供应税劳务，按照应税销售额和规定税率计算的并向购买方收取的增值税额。进项税额是指纳税人购进货物或接受应税劳务所支付或者负担的增值税额。由于纳税人销售与购进存在时间上的差异，上述公式的计算结果可能大于0，也可能小于0。计算结果如果大于0，就是当期应纳的增值税额。计算结果如果小于0，说明当期进项税额尚未抵扣完，可结转下期继续抵扣，但不能退税（特殊情况除外）。

（一）销项税额的计算

其计算公式为：

销项税额 = 销售额 × 税率

1. 销售额的一般规定

销售额为纳税人销售货物或应税劳务向购买方收取的全部价款和价外费用。

（1）销售货物或应税劳务向购买方收取的全部价款。

（2）向购买方收取的各种价外费用包括：手续费、补贴、基金、集资费、返还利润、奖励费、违约金（延期付款利息）、包装费、包装物租金、储备费、运输装卸费、代收款项、代垫款项及其他各种性质的价外收费。上述价外费用无论其会计制度如何核算，都应并入销售额计税。

上述价外费用不包括：向购买方收取的销项税额；受托加工应征消费税的货物，而由受托方向委托方代收代缴的消费税；同时符合以下两个条件的代垫运费：承运部门的运费发票开具给购货方，并且由纳税人将该项发票转交给了购货方的。

2. 混合销售的销售额

对属于征收增值税的混合销售，其销售额为货物销售额和非应税劳务销售额的合计数。

3. 兼营非应税劳务的销售额

对兼营应一并征收增值税的非应税劳务的，其销售额为货物和非应税劳务销售额的合计数，既包括货物销售额，又包括非应税劳务的销售额。

4. 价款和税款合并收取情况下的销售额

一般纳税人销售货物或者提供应税劳务，采用销售额和销项税额合并定价方法的，其销售额为含增值税销项税额的含税销售额，这时应把含税销售额换算成不含税销售额计税。其计算公式为：

$$不含税销售额=\frac{含税销售额}{1+适用税率}$$

习题示例

【例5-1】 某一般纳税人本期销售电视机，取得不含税销售额1 000元，则销项税额计算如下：

1 000 × 17% =170（元）

【例5-2】 某一般纳税人本期销售电视机，取得含税销售额1 170元，则销项税额计算如下：

1 170 ÷（1+17%）× 17% =170（元）

5. 核定销售额

纳税人销售货物或应税劳务的价格明显偏低且无正当理由的，或者是纳税人发生了视同销售货物的行为而无销售额的，主管税务机关有权核定其销售额。其确定顺序及方法如下：

（1）按纳税人最近时期同类货物的平均销售价格确定。

（2）按其他纳税人最近时期销售同类货物的平均销售价格确定。

（3）若纳税人当月、近期均未有同类货物的销售价格，用以上两种方法均不能确定其销售额的情况下，可按组成计税价格确定销售额。其计算公式为：

$$组成计税价格=成本\times（1+成本利润率）$$

属于应征消费税的货物，其组成计税价格应加计消费税税额。其计算公式为：

$$组成计税价格=成本\times（1+成本利润率）+消费税税额$$

$$组成计税价格=\frac{成本\times（1+成本利润率）}{1-消费税额}$$

在上式中，“成本”分为两种情况：属于销售自产货物的为实际生产成本；属于销售外购货物的为实际采购成本。成本利润率为10%。但属于应从价定率征收消费税的货物，其成本利润率为《消费税若干具体问题的规定》中规定的成本利润率。

习题示例

【例5-3】 某电视机厂将本期研制生产的新型号电视机3台用于职工集体福利。由于是新产品，无同类电视机的销售价格。3台电视机的总成本8 000元，则组成计税价格计算如下：

8 000 ×（1+10%）=8 800（元）

【例5-4】某化妆品厂将本期研制生产的一批新型化妆品用于职工集体福利。由于是新产品，无同类化妆品的销售价格。该批化妆品的总成本15 000元，适用的消费税税率为30%，成本利润率为5%，则组成计税价格计算如下：

15 000 ×（1+5%）÷（1-30%）=22 500（元）

（二）进项税额的计算

进项税额是指纳税人购进货物或接受应税劳务所支付或者负担的增值税额。由于进项税额在计税时可以抵扣，进项税额计算的正确与否，直接影响应纳税额的正确与否，影响税收收入。因此，正确计算准予扣除的进项税额是计算应纳增值税额的重要环节。

纳税人购进货物或接受应税劳务所支付或者负担的增值税额，一般在其取得的增值税专用发票上注明，如果是这样，就不需要重新计算。但由于增值税征税范围、税收优惠、增值税专用发票使用等方面的原因，使得纳税人购进货物或接受应税劳务所支付或者负担的增值税额不能全部在增值税专用发票上反映出来，有时还需要通过所支付的购货金额和扣除率计算求得。

1. 准予从销项税额中抵扣的进项税额

（1）从销售方取得的增值税专用发票上注明的增值税额。

（2）从海关取得的专用缴款书上注明的增值税额。

（3）增值税一般纳税人购进农产品，按照农产品收购或销售发票上注明的买价和13%的扣除率计算进项税额，从当期销项税额中扣除。其计算公式为：

准予抵扣的进项税额=买价×扣除率

对烟叶税纳税人按规定缴纳的烟叶税不准予并入烟叶产品的买价计算增值税的进项税额，并在计算缴纳增值税时予以抵扣。烟叶收购金额包括纳税人支付给烟叶销售者的烟叶收购价款和价外补贴，价外补贴统一暂按烟叶收购价款的10%计算，即烟叶收购金额=烟叶收购价款×（1+10%）。

（4）一般纳税人外购或销售货物以及在生产经营中所支付的运输费用（代垫运费除外），根据运费结算单据（普通发票）所列运费金额，以7%的扣除率计算进项税额准予扣除。

货物运输金额是指在运输单位开具的货票上注明的运费、建设基金，不包括随同运费支付的装卸费、保险费等其他杂费。

习题示例

【例5-5】某企业购进一批原材料，取得的专用发票注明价款10 000元，增值税1 700元，同时支付运输费用200元，其中包括保险费20元。该企业可以抵扣的进项税额计算如下：

原材料的进项税额=1 700（元）

运输费用的进项税额=（200-20）×7%=12.60（元）

进项税额合计=1 700+12.60=1 712.60（元）

（5）混合销售行为和兼营的非应税劳务，按规定应当征收增值税的，该混合销售行为所涉及的非应税劳务和兼营的非应税劳务所用购进货物的进项税额，凡符合上述规定的，准予从销项税额中抵扣。

2. 不准予从销项税额中抵扣的进项税额

（1）纳税人购进货物或应税劳务，未按规定取得并保存增值税扣税凭证，或者增值税扣税凭证上未按规定注明增值税额及其他有关事项的，其进项税额不得从销项税额中抵扣。

【注意】我国实行的是生产型增值税（规定地区的特殊行业除外）。

（2）用于非应税项目的购进货物或应税劳务的进项税额不得抵扣。

（3）用于免税项目的购进货物或应税劳务的进项税额不得抵扣。

（4）用于集体福利或个人消费的购进货物或应税劳务的进项税额不得抵扣。

（5）非正常损失的购进货物及相关的应税劳务的进项税额不得抵扣。

（6）非正常损失的在产品、产成品所耗用的购进货物或应税劳务的进项税额不得抵扣。非正常损失是指生产经营过程中，因管理不善造成货物被盗窃、发生霉烂变质的损失。

【注意】纳税人外购的货物或应税劳务，凡是没有用于应税项目的，其负担的进项税额都不得抵扣。

3. 特殊情况下进项税额的处理

（1）因进货退出或折让而收回的增值税额，应从发生进货退出或折让当期的进项税额中扣减。

（2）已抵扣进项税额的购进货物或应税劳务用于不得抵扣进项税额的项目时，应将该项购进货物或应税劳务的进项税额从当期发生的进项税额中扣减。

（3）纳税人兼营免税项目或非应税项目，无法准确划分不得抵扣的进项税额时，应按下列公式计算不得抵扣的进项税额：

$$\text{不得抵扣的进项税额}=\text{当月全部进项税额}\times\frac{\text{当月免税项目销售额}+\text{非应税项目营业额}}{\text{当月全部销售额}+\text{营业额}}$$

习题示例

【例5-6】某企业生产甲、乙两种产品，其中甲产品免税，乙产品征税，税率17%。该企业当月进项税总额2 000元。当月甲产品销售收入10 000元，乙产品销售收入40 000元，则当月不得抵扣的进项税额计算如下：

2 000×10000 ÷（10000+40000）=400（元）

4. 进项税额抵扣时限

（1）防伪税控系统开具的增值税专用发票进项税额抵扣时限。自2010年1月1日起，一般纳税人取得防伪税控系统开具的增值税专用发票所列明的购进货物或应税劳务的进项税的抵扣时限，按下列规定执行：必须自该专用发票开具之日起180日内到税务机关认证，否则不予抵扣进项税额；税务机关认证通过的防伪税控系统开具的增值税专用发票，应在认证通过的当月按照增值税有关规定核算当期进项税额并申报抵扣，否则不予抵扣进项税额。

（2）运输发票进项税额抵扣时限。一般纳税人取得的公路内货物运输业统一运输发票，应当自开票之日起180日内到主管国家税务局申报抵扣；其他类型的运输发票为90日。

（3）海关完税凭证进项税额抵扣时限。一般纳税人进口货物，取得的2010年1月1日以后开具的海关增值税专用缴款书，应当在开具之日起180日后的第一个纳税申报期结束之前，向主管税务机关申报抵扣，逾期不得抵扣。

（三）应纳税额计算的基本思路及计算举例

1. 应纳税额计算的基本思路

第一步：计算销项税额。其计算公式为：

销项税额＝应税销售额×税率

这个公式主要是确定销售额。注意销售额的内涵、含税价、不含税价、不同销售方式销售额的确定、视同销售情况下销售额的确定顺序。

第二步：计算允许抵扣的进项税额。注意进项税额抵扣的条件、哪些进项税额可以抵扣、哪些进项税额不可以抵扣、进项税额抵扣的时间界定。

第三步：计算应纳税额。其计算公式为：

当期应纳税额＝当期销项税额－当期允许抵扣的进项税额

习题示例

【例5－7】某纺织厂（一般纳税人）主要生产棉纱、棉坯布和印染布。2007年4月份涉税业务如下：

（1）外购染料价款52 000元，专用发票注明增值税税额8 840元。

（2）从供销社棉麻公司购进棉花一批，增值税专用发票注明税额25 570元。

（3）从农业生产者手中购进棉花价款40 000元，开具专用收购发票。

（4）从“小规模纳税人”购进修理用配件，普通发票注明价税合计7 000元。

（5）外购燃料、动力、低值易耗品等增值税专用发票注明税额3 170元。

（6）购纺纱机一台，价款50 000元，增值税专用发票注明税额8 500元。

（7）销售棉坯布取得不含税销售收入280 000元。

（8）销售棉纱取得不含税销售收入17 580元。

（9）销售印染布一批，其中销售给“一般纳税人”取得销售收入80 000元，销售给“小规模纳税人”价税混合收取计46 800元。

根据上述资料，计算该厂本月份应纳增值税。（假定有关票据当月均已通过税务机关的认证。）

第一，计算销项税额。

（1）销售给一般纳税人的货物：

销项税额＝（280000＋17580＋80000）×17%＝64 188.6（元）

（2）销售给小规模纳税人的货物：

销项税额＝46 800 ÷（1＋17%）× 17%＝6 800（元）

（3）销项税额合计＝64 188.6＋6 800＝70 988.6（元）

第二，计算进项税额。

（1）购进货物专用发票上注明的增值税税额：外购染料 8 840 元，外购棉花 25 570 元，外购燃料、动力、低值易耗品等 3 170 元，合计 37 580 元。

（2）购进农业产品按 13% 的税率计算进项税额。该厂本月从农业生产者手中购进棉花，按价款 40 000 元计算应抵扣的进项税额为：

进项税额 =40 000 × 13% =5 200（元）

（3）该厂本月从"小规模纳税人"企业中购进的配件因没有取得增值税专用发票，其进项税额不得抵扣。

（4）该厂本月购进的纺纱机，虽然取了增值税专用发票，但属于购入的固定资产，所以进项税额也不得抵扣。

（5）该厂本月进项税额合计为：

允许抵扣的进项税额合计 =37 580 +5 200 =42 780（元）

第三，计算应纳税额。

应纳税额 =70 988.6 −42 780 =28 208.6（元）

七、增值税小规模纳税人应纳税额的计算

按照税法规定，小规模纳税人销售货物和提供应税劳务按照简易方法计算增值税，一般纳税人销售特定货物也可以按照简易方法计算增值税。其计算公式为：

$$应纳税额 = 销售额 \times 征收率$$

销售额的确定方法同一般纳税人。

若纳税人销售货物或提供应税劳务采用价税合并定价方法的，应将含税销售额换算为不含税销售额。其计算公式为：

$$销售额 = \frac{含税销售额}{1 + 征收率}$$

实行简易计算方法后，纳税人不得抵扣货物和劳务的进项税额。

习题示例

【例 5 −8】 某工业企业（小规模纳税人）2010 年 3 月份销售货物取得含税销售额 29 680 元，则该企业本月应纳增值税计算如下：

销售额 =29 680 ÷（1 +3%） =28 815.5（元）

应纳税额 =28 000 ×3% =864.5（元）

八、进口货物应纳税额的计算

税法规定：纳税人进口货物，按照组成计税价格和税法规定的税率计算应纳税额，不得抵扣进项税额。

组成计税价格和应纳税额的计算公式为：

$$应纳税额 = 组成计税价格 \times 税率$$

$$组成计税价格 = 关税完税价格 + 关税 + 消费税$$

$$或 = \frac{关税完税价格 \times （1 + 关税税率）}{1 - 消费税税率}$$

进口货物的增值税由海关代征，并负责向进口人开具进口增值税完税凭证。

【注意】一般纳税人和小规模纳税人进口货物应纳增值税的计算方法相同。

习题示例

【例5－9】某企业进口一批汽车轮胎，海关核定的关税完税价格为600万元，已纳关税390万元，消费税率10%，该企业应纳增值税计算如下：

组成计税价格＝（600＋390）÷（1－10%）＝1 100（万元）

应纳税额＝1 100 × 17%＝187（万元）

项目二　消费税

一、消费税的概念

消费税是以特定消费品为课税对象所征收的一种税，属于流转税的范畴。目前，世界上已有一百多个国家开征了这一税种或类似税种。具体地说，是对我国境内从事生产、委托加工和进口应税消费品的单位和个人就其应税消费品的销售额或销售数量征收的一种税。

阅读资料

增值税与消费税的联系和区别

增值税与消费税两者的联系：

1. 都属于流转税类：税负易转嫁；
2. 在从价计征时计税依据相同：不含税销售额；
3. 都有出口退税。

增值税与消费税两者的区别：增值税与消费税两者的区别见表5－3。

表5－3　增值税与消费税的区别

	增值税	消费税
纳税人	一般纳税人、小规模纳税人	无
征税范围	全部货物和应税劳务（营业税除外）	其中的14类货物
征税环节	多环节征收销售、加工、进口	一次性征收 生产、委托加工、进口、零售
与价格关系	价外	价内
税率	比例	比例、定额
计算方法	销项税额－进项税额 当期购进货物税款抵扣	销售额×税率 当期生产领用货物税款扣除
出口退税	不完全退税 生产企业免并退	完全退税 生产企业免不退

二、消费税纳税人、税目及税率

（一）消费税纳税义务人

根据《中华人民共和国消费税暂行条例》的规定，在中华人民共和国境内生产、委托加工和进口规定的应税消费品的单位和个人，为消费税的纳税义务人。这里的“在中华人民共和国境内”是指生产、委托加工和进口属于应征消费税的消费品的起运地或所在地在境内；这里的“单位”包括不同经济性质的企业，包括国有企业、集体企业、私营企业、股份制企业、外商投资企业、外国企业、其他企业和行政单位、事业单位、社会团体、军事单位及其他单位。这里的个人包括个体经营者及其他个人。

按照国家规定，消费税的具体纳税人如下：

1. 生产销售（包括自用）应税消费品的，生产销售的单位和个人是消费税的纳税人，税款由生产者直接缴纳。

2. 委托加工应税消费品的，委托加工的单位和个人是纳税人，受托方是代收代缴义务人，受托方是个体经营者的除外。纳税人委托个体经营者加工应税消费品的，一律于委托方收回后在委托方所在地缴纳。

3. 进口应税消费品的，进口消费品的单位和个人或进口消费品的代理人是纳税人，由海关代征。

（二）消费税税目

我国实行的是有选择性的有限型消费税，目前消费税的征税范围还比较狭窄。我国确定消费税的征税范围时主要基于两点考虑：一是因 1994 年税制改革，由征收产品税而改征增值税的产品其税负大幅下降，需要新的消费税予以配合；二是对于一些消费品需要发挥消费税的特殊调节功能予以限制。

（三）消费税税率

消费税税率形式的选择，主要是根据课税对象的具体情况来确定的。对一些供求基本平衡，价格差异不大，计量单位规范的消费品选择计税便易的定额税率。对一些供求矛盾突出，价格差异较大，计量单位不规范的消费品，选择税价联动的比例税率。我国现行消费税税率分别采用比例税率、定额税率和复合税率三种税率形式，根据不同税目或子目确定相应的税率或单位税额。

1. 比例税率

比例税率主要适用于那些价格差异较大、计量单位难以规范的应税消费品，包括烟（除卷烟）、酒（除白酒、黄酒和啤酒）、化妆品、鞭炮焰火、贵重首饰及珠宝玉石、高尔夫球及球具、高档手表、实本地板、一次性木筷、游艇、汽车轮胎、摩托车、小汽车等。

2. 定额税率

定额税率适用于供求基本平衡并且价格差异较小、计量单位规范的应税消费品，包括黄酒、啤酒、成品油三个税目。

3. 复合税率

卷烟、白酒（包括粮食白酒和薯类白酒）实行从价比例和从量定额复合税率。

2008 年 11 月 5 日，国务院修订出台了《消费税暂行条例》；2008 年 12 月 18 日，国务院实施成品油价格和税费改革，并发布《国务院关于实施成品油价格和税费改革的通知》（国发［2008］37号），在取消公路养路费、航道养护费、公路运输管理费、公路客货运附加费、水路运输管理费、水运客货运附加费等六项收费的基础上，提高成品油消费税单位税额。形成了现行消费税税目税率，如下所示。

一、烟

1. 甲类卷烟　　税率：56%

　包括进口卷烟、白包卷烟和手工卷烟。

　比例税率：每标准条（200支，下同）调拨价在70元（含70元，不含增值税）以上

　定额税率：每标准箱（5 000支，下同）150元

2. 乙类卷烟　　税率：36%

　比例税率：每标准条（200支，下同）调拨价在70元（含70元，不含增值税）

　定额税率：每标准箱（5 000支，下同）150元

3. 雪茄烟　　税率：36%

　包括各种规格、型号的雪茄烟。

4. 烟丝　　税率：30%

　包括以烟叶为原料加工生产的不经卷制的散装烟。

5. 卷烟批发环节　　5%

二、酒及酒精

1. 粮食白酒　　税率：20%

　定额税率为0.5元/斤（500克）或0.5元/500毫升

2. 薯类白酒　　税率：20%

　用甜菜酿制的白酒，比照薯类白酒征税。

　定额税率为0.5元/斤（500克）或0.5元/500毫升

3. 黄酒　　240元/吨

　包括各种原料酿制的黄酒和酒度超过12度（含12度）的土甜酒。

4. 啤酒　　220元/吨

　包括包装和散装的啤酒。

　无醇啤酒比照啤酒征税。每吨出厂价（含包装物及包装物押金）在3 000元（含3 000元，不含增值税）以上的，单位税额250元/吨；在3 000元以下的，单位税额220元/吨

5. 其他酒　　税率：10%

　包括糠麸白酒，其他原料白酒、土甜酒、复制酒、果木酒、汽酒、药酒，用稗子酿制的白酒比照糠麸酒征收。

6. 酒精　　税率：5%

　包括用蒸馏法和合成方法生产的各种工业酒精、医药酒精、食用酒精。

三、化妆品

　税率：30%

　包括成套化妆品。

四、贵重首饰及珠宝玉石

1. 金银首饰　　税率：5%

　仅限于金、银和金基、银基合金首饰，以及金银和金基、银基合金的镶嵌首饰。

　在零售环节征收消费税。

2. 非金银首饰　　　　　　　税率：10%

包括各种珠宝首饰和经采掘、打磨、加工的各种珠宝玉石。

在生产环节销售环节征收消费税。

五、鞭炮、焰火　　　　　　税率：15%

包括各种鞭炮、焰火。

体育上用的发令纸、鞭炮药引线，不按本税目征收。

六、高尔夫球及球具　　　　税率：10%

七、高档手表　　　　　　　税率：20%

八、游艇　　　　　　　　　税率：10%

九、木制一次性筷子　　　　税率：5%

十、实木地板　　　　　　　税率：5%

十一、成品油

取消汽油、柴油税目，改为成品油税目下的子目（税率不变）。

1. 汽油

含铅汽油按　　　　　　　1.4 元/升

无铅汽油按　　　　　　　1.0 元/升

2. 柴油　　　　　　　　　0.8 元/升

3. 石脑油　　　　　　　　1.0 元/升

1 吨 =1 385 升，暂按应纳税额的 30% 征收消费税

4. 溶剂油　　　　　　　　1.0 元/升

1 吨 =1 282 升，暂按应纳税额的 30% 征收消费税

5. 润滑油　　　　　　　　1.0 元/升

1 吨 =1 126 升，暂按应纳税额的 30% 征收消费税

6. 燃料油　　　　　　　　0.8 元/升

1 吨 =1 015 升，暂按应纳税额的 30% 征收消费税

7. 航空煤油　　　　　　　0.8 元/升

1 吨 =1 246 升

十二、小汽车

取消小汽车税目下的小轿车、越野车、小客车子目。

1. 乘用车　　　　　　税率 3% ~20%

（1）气缸容量（排气量，下同）在 1.5 升（含）以下的，税率为 3%

（2）气缸容量在 1.5 升以上至 2.0 升（含）的，税率为 5%

（3）气缸容量在 2.0 升以上至 2.5 升（含）的，税率为 9%

（4）气缸容量在 2.5 升以上至 3.0 升（含）的，税率为 12%

（5）气缸容量在 3.0 升以上至 4.0 升（含）的，税率为 15%

（6）气缸容量在 4.0 升以上的，税率为 20%

2. 中轻型商用客车税率：5%

十三、摩托车　　　　税率 3% ~10%

将摩托车税率改为按排量分档设置：

1. 气缸容量在 250 毫升（含）以下的，税率为 3%

2. 气缸容量在 250 毫升以上的，税率为 10%

十四、汽车轮胎　　　税率 3%

三、消费税的申报与缴纳

（一）纳税义务发生时间

纳税人生产的应税消费品于销售时纳税，进口消费品应当于应税消费品报关进口环节纳税，但金银首饰、钻石及钻石饰品在零售环节纳税。消费税纳税义务的发生时间，按照货款结算方式或行为发生时间分别确定。

1. 纳税人销售的应税消费品，其纳税义务的发生时间为：

（1）纳税人采取赊销和分期收款结算方式的，其纳税义务的发生时间，为销售合同规定的收款日期的当天；

（2）纳税人采取预收货款结算方式的，其纳税义务的发生时间，为发出应税消费品的当天；

（3）纳税人采取托收承付和委托银行收款方式销售的应税消费品，其纳税义务的发生时间，为发出应税消费品并办妥托收手续的当天；

（4）纳税人采取其他结算方式的，其纳税义务的发生时间，为收讫销售款或者取得索取销售款的凭据的当天。

2. 纳税人自产自用的应税消费品，其纳税义务的发生时间，为移送使用的当天。

3. 纳税人委托加工的应税消费品，其纳税义务的发生时间，为纳税人提货的当天。

4. 纳税人进口的应税消费品，其纳税义务的发生时间，为报关进口的当天。

（二）纳税期限和地点

1. 纳税期限

按照《消费税暂行条例》的规定，消费税的纳税期限分别为 1 日、3 日、5 日、10 日、15 日、1 个月或者 1 个季度。纳税人的具体纳税期限，由主管税务机关根据纳税人应纳税额的大小分别核定；不能按照固定期限纳税的，可以按次纳税。

纳税人以 1 个月或 1 个季度为一期纳税的，自期满之日起 15 日内申报纳税；以 1 日、3 日、5 日、10 日或者 15 日为一期纳税的，自期满之日起 5 日内预缴税款，于次月 1 日起至 15 日内申报纳税并结清上月应纳税款。

纳税人进口应税消费品，应当自海关填发税款缴款书之日起 15 日内缴纳税款。

2. 纳税地点

（1）纳税人销售的应税消费品，以及自产自用的应税消费品，除国家另有规定外，应当向纳税人核算地主管税务机关申报纳税。

（2）委托加工的应税消费品，除受托方为个体经营者外，由受托方向所在地主管税务机关代收代缴消费税税款。

（3）进口的应税消费品，由进口人或者其代理人向报关地海关申报纳税。

（4）纳税人到外县（市）销售或委托外县（市）代销自产应税消费品的，于应税消费品销售后，回纳税人核算地或所在地缴纳消费税。

（5）纳税人的总机构与分支机构不在同一县（市）的，应在生产应税消费品的分支机构所在地缴纳消费税。但经国家税务总局及所属省国家税务局批准，纳税人分支机构应纳消费税税款也可由总机构汇总向总机构所在地主管税务机关缴纳。根据国家税务总局颁发的《消费税若干具体问题的规定》，对纳税人的总机构与分支机构不在同一省、自治区、直辖市的，如需改由总机构汇总在总机构所在地纳税的，须经国家税务总局批准；对纳税人的总机构与分支机构在同一省（自治区、直辖市）内，而不在同一县（市）的，如需改由总机构汇总在总机构所在地纳税的，须经省级国家税务局批准。

（6）纳税人销售的应税消费品，如因质量等原因由购买者退回时，经所在地主管税务机关审核批准后，可退还已征收的消费税税款，但不能自行直接抵减应纳税款。

四、消费税的计算

在14类应税消费品中，黄酒、啤酒、成品油这三种应税消费品实行从量定额计税办法；卷烟和白酒实行复合计税办法；其他的应税消费品实行从价定率的计税办法。

（一）从价定率计征消费税的计算方法

在从价定率计征办法下，纳税人生产销售应税消费品的，以应税消费品的销售额为计税依据。

1. 销售额的确定

销售额是指纳税人销售应税消费品向购买方收取的全部价款和价外费用。销售是指有偿转让应税消费品所有权的行为，即以从受让方取得货币、货物、劳务或其他经济利益为条件转让应税消费品所有权的行为。价外费用是指价外收取的基金、集资费、返还利润、补贴、违约金（延期付款利息）和手续费、包装费、储备费、优质费、运输装卸费、代收款项、代垫款项以及其他各种性质的价外费用。但承运部门的运费发票开给购货方的，纳税人将该项发票转交给购货方的以及向购货方收取的增值税税款不包括在内。其他价外费用，无论是否属于纳税人的收入，均应并入销售额中计算纳税。

2. 含税销售额的换算

应税消费品在缴纳消费税的同时，与一般货物一样，还应缴纳增值税。按规定，应税消费品的销售额不包括向购货方收取的增值税税款。如果纳税人应税消费品的销售额中未扣除增值税税款，或者因不得开具增值税专用发票而发生价款和增值税税款合并收取的，在计算消费税时，应将含增值税的销售额换算为不含增值税税款的销售额。其换算公式为：

应税消费品的销售额 = 含增值税的销售额 ÷（1 + 增值税的税率或征收率）

3. 应税消费品连同包装物销售计税的规定

应税消费品连同包装物销售的，无论包装物是否单独计价，也不论在会计上如何核算，均应并入应税消费品的销售额中征收消费税。如果包装物不作价随同产品销售，而是收取押金，且单独核算又未过期的，此项押金则不应并入应税消费品的销售额中征税。对因逾期未收回包装物不再退还的和已收取1年以上的押金，应并入应税消费品的销售额，按照应税消费品的适用税率征收消费税。但是，对酒类产品生产企业销售酒类产品（黄酒、啤酒除外）而收取的包装物押金，无论押金是否返还以及会计上如何核算，均应并入酒类产品销售额中，依酒类产品的适用税率征税。

对包装物既作价随同应税消费品销售，又另外收取押金的，凡纳税人在规定的期限内不予退还的，均应并入应税消费品的销售额，按照应税消费品的适用税率征收消费税。

包装物押金一般为含税收入，因此，在将包装物押金并入销售额征税时，应将这部分押金换算为不含增值税的收入。

4. 销售额的其他规定

（1）纳税人销售的应税消费品，以外汇结算销售额的，其销售额应折合为人民币。其折合率可以选择结算当天或者选择当月 1 日的国家外汇牌价（原则上为中间价）。纳税人应事先确定采取何种折合率，确定后 1 年内不得变更；

（2）纳税人通过自设非独立核算门市部销售的自产应税消费品，应当按照门市部对外销售数量或者销售额计算征收消费税；

（3）纳税人用于换取生产资料和消费资料、投资入股和抵偿债务等方面的应税消费品，应当以纳税人同类应税消费品的最高销售价格作为计税依据，计算征收消费税；

（4）对消费者个人委托加工的珠宝玉石及金银首饰，可暂按加工费征收消费税；

（5）纳税人将自产的应税消费品与外购或自产的非应税消费品组成套装销售的，以套装产品的销售额（不含增值税）为计税依据。

5. 应纳税额的计算

从价定率计征消费税按应税消费品的销售额乘适用的比例税率计算征收。计算公式为：

$$应纳税额 = 销售额 \times 适用税率$$

习题示例

【例 5－10】 某企业 2010 年 3 月发生下列经济业务：

（1）从国外进口一批 A 类化妆品，关税完税价格为 820 000 元，已缴纳关税 230 000元。

（2）委托某工厂加工 B 类化妆品，提供的原材料价值 68 000 元，支付加工费 2 000 元，该批加工产品已收回（受托方没有 B 类化妆品同类货物价格）。

（3）销售本企业生产的 C 类护肤品，取得销售额 580 000 元（不含增值税）。

（4）“三八”妇女节，向全体女职工发放 C 类护肤品，计税价格 8 000 元（不含增值税）。

要求：计算该企业 3 月份应缴纳的消费税。

解：(1) 进口 A 类化妆品的组成计税价格 =（820 000 + 230 000）÷（1 − 30%）= 1 500 000（元）

进口 A 类化妆品应纳消费税 = 1 500 000 × 30% = 450 000（元）

(2) 委托加工 B 类化妆品的组成计税价格 =（68 000 + 2 000）÷（1 − 30%）= 100 000（元）

委托加工 B 类化妆品应代收代缴消费税 = 100 000 × 30% = 30 000（元）

（二）从量定额计征消费税的计算方法

在从量定额计征办法下，消费税以应税消费品的数量为计税依据。

1. 应税数量的确定

应税数量是指纳税人生产、加工和进口应税消费品的数量。具体规定为：

（1）销售应税消费品的，为应税消费品的销售数量；

（2）自产自用应税消费品的，为应税消费品的移送使用数量；

（3）委托加工应税消费品的，为纳税人收回的应税消费品数量；

（4）进口应税消费品的，为海关核定的应税消费品进口征税数量。

2. 计量单位的换算标准

按规定，黄酒、啤酒以吨为税额单位；成品油以升为税额单位。为了规范不同产品的计量单位，以准确计算应纳消费税税额，吨与升两个计量单位的换算标准为：啤酒1吨=988升；黄酒1吨=962升；汽油1吨=1 388升；柴油1吨=1 176升；石脑油1吨=1 385升；溶剂油1吨=1 282升；润滑油1吨=1 126升；燃料油1吨=1 015升；航空煤油1吨=1 246升。

3. 应纳税额的计算

从量定额计征消费税以应税消费品的销售数量乘以适用的单位税额计算征收。计算公式为：

应纳税额=应税消费品的销售数量×适用的单位税额

习题示例

【例5－11】某啤酒厂销售A型啤酒20吨给副食品公司，开具税控专用发票收取价款58 000元，收取包装物押金3 000元；销售B型啤酒10吨给宾馆，开具普通发票收取价款32 760元，收取包装物押金1 500元。

要求：计算该啤酒厂应缴纳的消费税。

解：A型啤酒的单位售价=（58 000+3 000）÷1.17÷20=3 028.21（元/吨），适用消费税率是250元/吨，应纳消费税额=20×250=5 000（元）

B型啤酒的单位售价=（32 760+1 500）÷1.17÷10=2 928.21（元/吨），适用消费税率是220元/吨，应纳消费税额=10×220=2 200（元）

该啤酒厂应缴纳的消费税=5 000+2 200=7 200（元）

（三）从价定率和从量定额复合计征消费税的计算办法

卷烟和白酒采用既从价又从量的复合计征办法计算消费税。计算公式为：

应纳税额=应税销售数量×定额税率+应税销售额×比例税率

习题示例

【例5－12】甲酒厂为增值税一般纳税人，2010年7月发生以下业务：

（1）从农业生产者手中收购粮食30吨，每吨收购价2 000元，共计支付收购价款60 000元。

（2）甲酒厂将收购的粮食从收购地直接运往异地的乙酒厂生产加工白酒，白酒加工完毕，企业收回白酒8吨，取得乙酒厂开具的防伪税控增值税专用发票，注明加工费25 000元，代垫辅料价值15 000元，加工的白酒当地无同类产品市场价格。

（3）本月内甲酒厂将收回的白酒批发售出7吨，每吨不含税销售额16 000元。

（4）甲酒厂另外支付给运输单位的销货运输费用12 000元，取得普通发票（白酒的消费税固定税额为每斤0.5元，比例税率为20%）。

要求：

（1）计算乙酒厂应代收代缴的消费税和应纳增值税；

（2）计算甲酒厂应纳消费税和增值税。

解：（1）乙酒厂：委托方提供的原材料成本为不含增值税的价格。

①代收代缴的消费税的组成计税价格 =（材料成本 + 加工费）÷（1 - 消费税税率）

=［30 ×2 000 ×（1 - 13%）+（25 000 + 15 000）］÷（1 - 20%）= 115 250（元）

应代收代缴的消费税 = 115 250 ×20% + 8 × 2 000 × 0.5 = 31 050（元）

②应纳增值税 =（25 000 + 15 000）×17% = 6 800（元）

（2）甲酒厂：

①销售委托加工收回的白酒不交消费税。

②应纳增值税：

销项税额 = 7 ×16 000 ×17% = 19 040（元）

进项税额 = 30 ×2 000 ×13% + 6 800 + 12 000 × 7% = 15 440（元）

应纳增值税 = 19 040 - 15 440 = 3 600（元）

（四）进口应税消费品的应纳消费税的计算

在从价定率计征办法下，纳税人进口应税消费品，一律以组成计税价格为计税依据计算进口环节应纳的消费税。计算公式为：

组成计税价格 =（关税完税价格 + 关税）÷（1 - 消费税税率）

公式中的关税完税价格，是指海关核定的关税计税价格，一般为进口货物的到岸价格。

自2004年3月1日起，进口卷烟的消费税税率进行了调整，其组成计税价格的计算办法如下：

组成计税价格 =（关税完税价格 + 关税 + 消费税定额税）÷（1 - 消费税适用比例税率）

$$\text{应纳消费税税额} = \frac{\text{进口卷烟消费税}}{\text{组成计税价格}} \times \frac{\text{进口卷烟消费税}}{\text{适用比例税率}} + \frac{\text{消费税}}{\text{定额税}}$$

其中，消费税定额税 = 海关核定的进口卷烟数量 × 消费税定额税率，消费税定额税率为每标准箱（5万支）150元。

习题示例

【例5 - 13】 某烟草进出口公司2010年9月进口卷烟300标准箱，进口完税价格为300万元，进口关税税率为20%。

要求：计算进口卷烟应缴纳的消费税。

解：首先，确定每标准条进口卷烟（200支）消费税适用比例税率的价格。

价格 =（3 000 000 + 3 000 000 × 20% + 0.6 ×250 ×300）÷（250 ×300）÷（1 - 30%）= 69.43（元）

注意：此时使用30%的税率，其目的不是为了计算消费税，而是为了计算“价格”。

其次，确定计算消费税适用的税率。

由于69.43元>50元，确定比例税率为45%。

最后，计算应缴纳的消费税。

组成计税价格＝（3 000 000＋3 000 000 ×20%＋0.6×250×300）÷（1－45%）＝6 627 272.73（元）

应缴纳的消费税＝6 627 272.73 ×45%＋0.6 ×250 ×300＝3 027 272.73（元）

注意卷烟换算关系：每标准箱＝250标准条，每标准条＝10包，每包＝20支。

（五）金银首饰应纳消费税的计算

改在零售环节计征消费税的金银首饰、钻石及钻石饰品以销售额为计税依据，应纳消费税税额的计算公式为：

应纳税额＝应税销售额×适用税率

金银首饰消费品的计税依据为纳税人销售金银首饰时向购买方收取的不含增值税的全部价款和价外费用。具体规定如下：

1. 纳税人采用以旧换新、翻新改制方式销售的金银首饰，计税依据为实际收取的不含增值税的全部价款，包括增加或添加的材料价格以及收取的加工费。

2. 纳税人连同包装物一同销售的金银首饰，无论包装物是否单独计价，也无论会计上如何核算，均应并入金银首饰的销售额中计征消费税。

3. 用于馈赠、赞助、集资、广告、样品、职工福利、奖励等方面的金银首饰，计税依据为纳税人销售同类金银首饰的销售价格；没有同类金银首饰销售价格的，计税依据为组成计税价格。计算公式为：

组成计税价格＝购进原价（或生产成本）×（1＋利润率）÷（金银首饰消费税税率）

公式中的购进原价是对商业企业而言的，生产成本是对生产企业而言的，利润率统一规定为6%。

4. 带料加工的金银首饰，计税依据为受托方同类金银首饰的销售价格；没有同类金银首饰销售价格的，计税依据为组成计税价格。计算公式为：

组成计税价格＝（材料成本＋加工费）÷（1－金银首饰消费税税率）

公式中的材料成本，是指委托方所提供加工材料的实际成本。委托方必须在委托加工合同上如实注明（或以其他方式提供）材料成本；凡未提供材料成本的，受托方所在地主管税务机关有权核定其材料成本。加工费，是指受托方加工金银首饰向委托方所收取的全部费用（包括代垫辅助材料的实际成本），但不包括收取的增值税。

5. 纳税人用已税珠宝玉石生产的金、银和金基、银基合金的镶嵌首饰，一律不得扣除购买或已纳的消费税税款。经营单位兼营生产、加工、批发、零售金银首饰业务的，应分别核算销售额，未分别核算或划分不清的，一律视同零售金银首饰征收消费税。

习题示例

【例5－14】某商业企业（增值税一般纳税人）2010年8月向消费者个人销售白金戒指取得收入58 950元，销售金银镶嵌项链取得收入35 780元，销售镀金耳环取得收入32 898元，销售镀金镶嵌手镯取得收入12 378元，取得修理清洗收入780元。

要求：计算该企业上述业务当期应纳消费税。

解：应纳消费税 = （58 950 + 35 780） ÷ 1.17 ×5% = 4 048.29（元）

（六）出口应税消费品退（免）消费税的计算

1. 出口应税消费品退（免）消费税政策

出口应税消费品退（免）消费税在政策上分为以下三种情况：

（1）出口免税并退税

出口免税并退税适用于有出口经营权的外贸企业购进应税消费品直接出口，以及外贸企业受其他外贸企业委托代理出口应税消费品。需要注意的是，外贸企业只有受其他外贸企业委托，代理出口应税消费品才可办理退税；外贸企业受其他企业（主要是非生产性的商贸企业）委托，代理出口应税消费品是不予退（免）税的。符合条件的纳税人在报关出口时退还其在生产环节或委托加工环节已征收的消费税税款。

（2）出口免税但不退税

出口免税但不退税适用于有出口经营权的生产性企业自营出口，或者生产企业委托外贸企业代理出口自产的应税消费品。依据其实际出口数量免征消费税，不予办理退还消费税。免征消费税，是指对生产性企业按其实际出口数量免征生产环节的消费税。不予办理退还消费税，是指因已免征生产环节的消费税，该应税消费品出口时，已不含有消费税，所以也无须再办理退还消费税。

（3）出口不免税也不退税

出口不免税也不退税适用于一般商贸企业委托外贸企业代理出口的应税消费品。按税法规定，纳税人在报关出口时一律不予退（免）税。

2. 出口退税率

出口应税消费品应退消费税的税率或单位税额就是该应税消费品所适用的消费税税率或单位税额。这与增值税的退税率和税率不一致有所不同。

办理出口退、免税的企业，应将出口的不同税率的应税消费品分开核算和申报，凡划分不清适用税率的，一律从低适用税率计算应退消费税税额。

3. 出口应税消费品退税额的计算

出口应税消费品应退税额的计算，分两种情况处理：

（1）实行从价定率计征消费税的应税消费品，应依照外贸企业从工厂购进货物时征收消费税的价格计算应退消费税税额。计算公式为：

应退消费税税额 = 出口应税消费品的工厂销售额 × 适用税率

上述公式中出口应税消费品的工厂销售额，为不含增值税的销售额。

习题示例

【例 5 – 15】 某外贸公司（增值税一般纳税人）2010 年 10 月从某摩托车厂购进摩托车1 000辆，直接报关离境出口。取得的增值税专用发票注明的单价是每辆 5 000 元，支付从摩托车厂到出境口岸的运费 160 000 元，装卸费 40 000 元，离岸价每辆 720 美元（美元与人民币汇率为 1：7.2）。

要求：计算该公司应退消费税税款（摩托车消费税税率为10%）。

解：应退消费税税款 = 5 000 × 1 000 × 10% = 500 000（元）

（2）实行从量定额计征消费税的应税消费品，应依照货物购进和报关出口的数量计算应退消费税税额。计算公式为：

应退消费税税额 = 出口数量 × 单位税额

习题示例

【例5－16】某酒业制造有限公司2010年11月28日委托某进出口公司向美国加利福尼亚州某企业出口黄酒400吨，按规定实行先征后退方法。

要求：计算该公司应退消费税税款（黄酒单位税额为240元/吨）。

解：应退税额 = 400 × 240 = 96 000（元）

出口应税消费品办理退税后，发生退关或者国外退货，进口时予以免税的，报关出口者必须及时向其所在地主管税务机关申报补缴已退的消费税税款。

纳税人直接出口的应税消费品办理免税后，发生退关或国外退货，进口时已予以免税的，经所在地主管税务机关批准，可暂不办理补税，待其转为国内销售时，再向其主管税务机关申报补缴消费税。

项目三　营业税

一、营业税的概念和特征

营业税是对在我国境内有偿提供应税劳务、转让无形资产和销售不动产的单位和个人，就其营业收入额征收的一种税。

营业税由国家税务局和地方税务局分别负责征收管理，所得收入由中央政府与地方政府共享。营业税是我国地方政府财政收入最主要的来源。

营业税的特征如下：

1. 征收范围广。
2. 税负公平、合理。
3. 收入的稳定性。
4. 计算简便，便于征管。

由于营业税一般以营业收入额全额为计税依据，实行比例税率，税款随营业收入额的实现而实现，因此，计征简便，有利于节省征纳费用。

阅读资料

营业税与增值税的区别

营业税与增值税同属对商品和劳务进行普遍课征的税种，它们均为流转税、间接税。1994年的税制改革分别确定了增值税与营业税的征收范围，两税平行征收，互不交叉。但是在具体课征内容和方法上，两者有很大区别。

（一）计税依据不同

营业税是对因有偿提供应税劳务、转让无形资产和销售不动产而取得的收入全额征税，而增值税是对商品和劳务销售过程中取得的增值额征收的，这也是增值税与营业税的最主要区别。

（二）征税范围的侧重点不同

营业税的课征范围侧重于提供劳务的行为，在销售商品方面，只限于销售无形资产和不动产两种。增值税的课税范围侧重于销售商品的行为，包括土地、房屋等不动产之外的有形动产、电力、热力和气体等商品，而提供劳务的行为只限于提供加工、修理、修配劳务。

（三）价税关系不同

营业税与消费税一样，也属于价内税，其税金是商品或劳务价格的组成部分。而增值税属价外税，其税金独立于价格之外。

二、营业税的纳税义务人和扣缴义务人

（一）营业税的纳税义务人

在中华人民共和国境内提供应税劳务、转让无形资产或者销售不动产的单位和个人，为营业税的纳税义务人。

在中华人民共和国境内是指税收行政管辖权的区域。具体规定如下：

1. 所提供的劳务发生在境内。
2. 在境内载运旅客或货物出境。
3. 在境内组织旅客出境旅游。
4. 转让的无形资产在境内使用。
5. 所销售的不动产在境内。
6. 在境内提供保险劳务。

上述应税劳务是指属于交通运输业、建筑业、金融保险业、邮电通信业、文化体育业、娱乐业、服务业税目征收范围的劳务。加工和修理修配劳务属于增值税的征税范围，因此不属于营业税的应税劳务。单位或个体经营者聘用的员工为本单位或雇主提供的劳务，也不属于营业税的应税劳务。

提供应税劳务、转让无形资产或者销售不动产是指有偿提供应税劳务、有偿转让无形资产或者有偿销售不动产的行为，有偿是指通过提供、转让或销售行为取得货币、货物或其他经济利益。

（二）营业税的扣缴义务人

扣缴义务人是指法律、行政法规规定负有代扣代缴、代收代缴税款义务的单位和个人。在现实生活中，有些具体情况下难以确定纳税人，因此税法规定了扣缴义务人。营业税的扣缴义务人主要有以下几种：

1. 委托金融机构发放贷款的，其应纳税款以受托发放贷款的金融机构为扣缴义务人。

金融机构接受其他单位或个人的委托，为其办理委托贷款业务时，如果将委托方的资金转给经办机构，由经办机构将资金贷给使用单位或个人，由最终将贷款发放给使用单位

或个人并取得贷款利息的经办机构代扣委托方应纳的营业税。

2. 建筑业工程实行总承包、分包方式的。

3. 境外单位或者个人在境内发生应税行为而在境内未设有机构的，其应纳税款以代理人为扣缴义务人；没有代理人的，以受让者或者购买者为扣缴义务人。

4. 单位或者个人进行演出，由他人售票的，其应纳税款以售票者为扣缴义务人；演出经纪人为个人的，其办理演出业务的应纳税款也以售票者为扣缴义务人。

5. 分保险业务，其应纳税款以初保人为扣缴义务人。

6. 个人转让专利权、非专利技术、商标权、著作权、商誉的，其应纳税款以受让者为扣缴义务人。

7. 财政部规定的其他扣缴义务人。

二、营业税税目与税率

营业税的税目按行业、类别共设置了 9 个，税率也实行行业比例税率。见表 5 –4。

表 5 –4 营业税税目与税率

税目	征收范围	税率
交通运输业	陆路运输、水路运输、航空运输、管道运输、装卸搬运	3%
建筑业	建筑、安装、修缮、装饰及其他工程作业	3%
金融保险业		5%
邮电通信业		3%
文化体育业		3%
娱乐业	歌厅、舞厅、卡拉 OK 歌舞厅、音乐茶座、台球、高尔夫球、保龄球、游艺	5% ~20%
服务业	代理业、旅店业、饮食业、旅游业、仓储业、租赁业、广告业及其他服务业	5%
转让无形资产	转让土地使用权、专利权、非专利技术、商标权、著作权、商誉 2003 年 1 月 1 日起，以无形资产投资入股，共担投资风险的，不征营业税；在投资期内转让其股权的也不征营业税	5%
销售不动产	销售建筑物及其他土地附着物。2003 年 1 月 1 日起，以不动产投资入股，共担投资风险的，不征营业税；在投资期内转让其股权的也不征营业税	5%

三、营业税的计税依据和应纳税额的计算

（一）营业税计税依据的一般规定

营业税税款的计算比较简单。纳税人提供应税劳务、转让无形资产或者销售不动产，按照营业额和规定的适用税率计算应纳税额。其计算公式为：

应纳税额 = 营业额 × 适用税率

营业税的计税依据是营业额，营业额为纳税人提供应税劳务、转让无形资产或者销售不动产向对方收取的全部价款和价外费用。

价外费用包括向对方收取的手续费、基金、集资费、代收款项、代垫款项及其他各种性质的价外收费。

（二）营业税计税依据的具体规定及计算

1. 运输企业

（1）运输企业自中华人民共和国境内运输旅客或者货物出境，在境外改由其他运输企业承运旅客或者货物，以全程运费减去付给该承运企业的运费后的余额为营业额；

（2）运输企业从事联运业务，以实际取得的营业额为计税依据。联运业务是指两个以上的运输企业完成旅客或货物从发送地点至到达地点所进行的运输业务，联运的特点是一次购买、一次收费、一票到底。

习题示例

【例5－17】某运输公司某月运营售票收入总额为600万元，从中支付联运业务的金额为100万元，请计算该运输公司应缴纳的营业税税额。

应纳税额＝（售票收入总额－联运业务支出）×适用税率＝（600－100）×3%＝15（万元）

2. 建筑业

（1）建筑业的总承包人将工程分包或者转包给他人，以工程的全部承包额减去付给分包人或者转包人的价款后的余额为营业额；

（2）纳税人自建自用的房屋不纳税；如纳税人（不包括个人自建自用住房销售）将自建的房屋对外销售，其自建行为应按建筑业缴纳营业税，再按销售不动产征收营业税。

习题示例

【例5－18】某房地产开发公司有自己的施工队（非独立核算），2010年10月销售自建商品住宅楼1栋，取得销售收入1 800万元，其中工程成本460万元，成本利润率10%，请计算该笔销售应纳的营业税额。

销售自建商品住宅应缴纳建筑业营业税额＝460×（1＋10%）÷（1－3%）×3%＝15.65（万元）

销售自建商品住宅应缴纳销售不动产营业税额＝1 800×5%＝90（万元）

该公司销售自建商品住宅应纳营业税额＝15.65＋90＝105.65（万元）

3. 金融保险业

（1）外汇转贷业务以贷款利息减去借款利息后的余额为营业额；

（2）金融企业（包括银行和非银行金融机构）从事股票、债券买卖业务，以股票、债券的卖出价减去买入价后的余额为营业额；

（3）金融经纪业务和其他金融业务（中间业务）营业额为手续费（佣金）类的全部收入；

（4）金融企业从事受托收款业务，如代收电话费、水电煤气费、信息费、学杂费、寻呼费、社保统筹费、交通违章罚款、税款等，以全部收入减去支付给委托方价款后的余额为营业额；

习题示例

【例5-19】某金融企业从事债券买卖业务2010年1月购入A债券，购入价为50万元，当月又将债券卖出，A债券售出价为55万元，金融业营业税为5%，请计算该金融企业当月应纳营业税额。

应纳营业税额 =（55-50）×5% =0.25（万元）

（5）保险企业办理初保业务的，营业额为纳税人经营保险业务向对方收取的全部价款，即向被保险人收取的全部保险费；

（6）保险企业开展无赔偿奖励业务的，以向投保人实际收取的保费为营业额；

（7）中华人民共和国境内的保险人将其承保的以境内标的物为保险标的的保险业务向境外再保险人办理分保的，以全部保费收入减去分保保费后的余额为营业额。

4. 邮电通信业

电信部门以集中受理方式为集团客户提供跨省的出租电路业务，由受理地区的电信部门按取得的全部价款减去分割给参与提供跨省电信业务的电信部门的价款后的差额为营业额计征营业税；对参与提供跨省电信业务的电信部门，按各自取得的全部价款为营业额计征营业税。

习题示例

【例5-20】某邮局某月直接取得报刊发行收入20万元，邮寄业务收入10万元，其他邮政业务收入20万元。已知邮电通信业适用税率为3%，请计算其应纳营业税额。

该邮局当月应纳营业税额 =（20+10+20）×3% =1.5（万元）

5. 文化体育业

单位或个人进行演出，以全部票价收入或者包场收入减去付给提供演出场所的单位、演出公司或者经纪人的费用后的余额为营业额。

6. 娱乐业

经营娱乐业以向顾客收取的各项费用为营业额，包括门票收费、台位费、点歌费、烟酒和饮料收费及其他收费。

习题示例

【例5-21】某娱乐中心2010年1月取得门票收入5万元，点歌费收入5万元，台球室取得营业收入5万元，保龄球馆取得营业收入10万元。已知娱乐业税率为20%，保龄球、台球税率为5%，请计算该娱乐中心当月应纳营业税额。

该娱乐中心当月应纳营业税额 =（5+5）×20% +（10+5）×5% =2.75（万元）

7. 服务业

（1）代理业以纳税人从事代理业务向委托方实际收取的报酬为营业额；

（2）电脑福利彩票投注点代销福利彩票取得的任何形式的手续费收入，应照章征收营业税；

（3）广告代理业的营业额为代理者向委托方收取的全部价款和价外费用减去付给广告发布者的广告发布费后的余额；

习题示例

【例5－22】 某广告公司当月取得广告业务收入500万元，付给有关单位广告制作费80万元，支付给电视台广告发布费60万元。已知服务业税率为5%，请计算该广告公司当月应纳营业税额。

该广告公司应纳营业税额＝（500－60）×5%＝22（万元）

（4）对拍卖行向委托方收取的手续费应征收营业税；

（5）旅游企业组织旅游团到中华人民共和国境外旅游，在境外改由其他旅游企业接团，以全程旅游费减去付给该接团企业的旅游费后的余额为营业额；

（6）旅游企业组织旅游团在中国境内旅游的，以收取的旅游费减去替旅游者支付给其他单位的房费、餐费、交通费、门票费和其他代付费用后的余额为营业额，改由其他旅游企业接团的，按照境外旅游的办法确定营业额；

习题示例

【例5－23】 某旅游公司组织20人到九寨沟旅游，每人收取旅游费2 000元，旅游中由公司支付每人房费150元，餐费100元，交通费100元，门票等费用50元，请计算该旅游公司这次旅游业务应纳营业税额。

该旅游公司应纳营业税额＝（2 000－150－100－100－50）×20 ×5% ＝1 600（元）

（7）对经过国家版权局注册登记，在销售时一并转让著作权、所有权的计算机软件征收营业税；

（8）境内单位派出本单位的员工赴境外，为境外企业提供劳务服务，不属于在境内提供应税劳务，对境内企业外派本单位员工赴境外从事劳务服务取得的各项收入，不征营业税；

（9）从事物业管理的单位，以与物业管理有关的全部收入减去代业主支付的水、电、燃气以及代承租者支付的水、电、燃气、房屋租金的价款后的余额为营业额。

8. 销售不动产

单位和个人销售或转让其购置的不动产或受让的土地使用权，以全部收入减去不动产或土地使用权的购置或受让原价后的余额为营业额。

单位和个人销售或转让抵债所得的不动产、土地使用权的，以全部收入减去抵债时该项不动产或土地使用权作价后的余额为营业额。

9. 没有营业额或营业额明显偏低时

对于纳税人提供劳务、转让无形资产或销售不动产价格明显偏低而无正当理由的，税务机关按下列顺序核定其营业额：

（1）按纳税人当月提供的同类应税劳务或者销售的同类不动产的平均价格核定；

（2）按纳税人最近时期提供的同类应税劳务或者销售的同类不动产的平均价格核定；

（3）按公式核定计税价格。

组成计税价格＝计税营业成本或工程成本×（1＋成本利润率）÷（1－营业税税率）

成本利润率由省市、自治区、直辖市人民政府所属地方税务机关确定。

习题示例

【**例5－24**】某宾馆2010年1月营业额明显偏低，税务机关对其采用核定征收的方法征税，其1月份的营业成本为7.6万元，同行业的成本利润率为25%，请计算其2007年1月应纳营业税额。

组成计税价格＝7.6 ×（1＋25%）÷（1－5%）＝10（万元）

该酒店1月应纳营业税额＝10 ×5%＝0.5（万元）

项目四　城市维护建设税与教育费附加

一、城市维护建设税

（一）概述

城市维护建设税（简称“城建税”）是国家对缴纳增值税、消费税、营业税的单位和个人就其实际缴纳的“三税”税额为计税依据而征收的一种税。

城市维护建设税从性质看，具有附加税性质。城建税以纳税人实际缴纳的“三税”税额为计税依据，附加于“三税”税额，其本身并没有特定的、独立的征税对象；从其收入用途看，属于特定目的税范畴。城建税是一种具有受益性质的特定目的税，其税款专款专用于城市的公用事业和公共设施的维护和建设。

现行城市维护建设税的基本规范是1985年2月8日国务院正式颁布的《中华人民共和国城市维护建设税暂行条例》，并于1985年度起在全国范围内施行。

（二）纳税义务人

城市维护建设税的纳税义务人是缴纳消费税、增值税、营业税的单位和个人。无论是国有企业、集体企业、私营企业、个体工商户，还是其他单位、个人，只要缴纳了消费税、增值税、营业税中的任何一种税，都必须同时缴纳城市维护建设税。

自2010年12月1日起，外商投资企业和外国企业也缴纳城市维护建设税。

（三）税率

城市维护建设税设置了三档地区差别比例税率：①纳税人所在地在市区的，税率为7%；②纳税人所在地在县城、镇的，税率为5%；③纳税人所在地不在市区、县城或镇的，税率为1%。

城市维护建设税的适用税率，一般规定按纳税人所在地的适用税率执行。但对下列两种情况，可按缴纳“三税”所在地的规定税率就地缴纳城建税：①由受托方代扣代缴、代收代缴“三税”的单位和个人，其代扣代缴、代收代缴的城建税按受托方所在地适用税率执行；②流动经营等无固定纳税地点的单位和个人，在经营地缴纳“三税”的，其城建税的缴纳按经营地适用税率执行。

（四）应纳税额的计算

1. 计税依据

城市维护建设税以纳税人实际缴纳的消费税、增值税、营业税税额为计税依据，分别与消费税、增值税、营业税同时缴纳。纳税人违反“三税”有关税法规定而被加收的滞纳金和罚款，不作为城建税的计税依据。但纳税人在被查补“三税”和被处以罚款时，应同时对其偷漏的城建税进行补税、征收滞纳金和罚款。

对出口产品退还增值税、消费税的，不退还已缴纳的城建税。

2. 应纳税额的计算

应纳税额 =（实际缴纳的增值税 + 消费税 + 营业税税额）×适用税率

习题示例

【例7－1】 注册于县城的某化妆品生产企业本月应缴纳增值税10万元，消费税30万元，补交上月增值税2万元，当月取得出口退还增值税5万元。计算该企业本月应缴的城建税。

该企业应缴纳城建税 =（10 + 30 + 2）× 5% = 2.1（万元）

（五）减免税

城建税是以“三税”税额为计税依据并与“三税”同时征收的，其作为附加税，原则上不单独减免，当主税发生减免时，城建税相应进行税收减免。具体减免税规定如下：

（1）海关对进口产品代征增值税、消费税的，不征收城市维护建设税；

（2）城建税按减免后实际缴纳的“三税”税额计征，即随“三税”的减免而减免；

（3）对于因减免税而需要进行“三税”退库的，可同时退库城市维护建设税。

（六）征收管理

城市维护建设税以纳税人实际缴纳的消费税、增值税、营业税税额为计税依据，具有附加税的性质，具体征收办法比照消费税、增值税、营业税的有关规定办理。

二、教育费附加

（一）教育费附加的概念

教育费附加是对缴纳增值税、消费税、营业税的单位和个人的单位和个人，就其实际缴纳的税额为计算依据征收的一种附加费。

（二）教育费附加的基本要素

1. 教育费附加的征收范围及计税依据

教育费附加对缴纳“三税”的单位和个人征收，并以其实际缴纳的“三税”税额为计税依据，分别与“三税”同时缴纳。

2. 教育费附加的计征比率

现行教育费附加征收比率为3%。

3. 教育费附加的减免规定

（1）对海关进口的产品征收的增值税、消费税，不征收教育费附加；

（2）对由于减免增值税、消费税和营业税而发生退税的，可同时退还已征收的教育费附加。但对出口产品退还增值税、消费税的，不退还已征的教育费附加。

（三）教育费附加的计算

应纳教育费附加 =（实际缴纳的增值税 + 消费税 + 营业税）×征收比率

设立在A县城的永泰运输公司2010年取得运输收入120万元、装卸收入20万元，计算该公司2010年应缴纳的教育费附加。

应缴纳教育费附加 =（120 + 20）×3% ×3% = 0.126（万元）

项目五　关税

一、关税的概念

关税是由海关根据国家制定的有关法律，以进出关境的货物和物品为征税对象而征收的一种商品税。

二、关税纳税义务人

关税纳税人为进口货物收货人，出口货物发货人，进出境物品的所有人。进出境物品的所有人包括该物品的所有人和推定所有人。一般情况下，对于携带进境的物品，推定其携带人为所有人；对分离运输的行李，推定相应的进出境旅客为所有人；对以邮递方式进境的物品，推定其收件人为所有人；以邮递或其他运输方式出境的物品，推定其寄件人或托运人为所有人。

三、关税的征税对象

关税的征税对象是准许进出境的货物和物品。货物是指贸易性商品；物品指入境旅客随身携带的行李物品、个人邮递物品、各种运输工具上的服务人员携带进口的自用物品、馈赠物品以及其他方式进境的个人物品。

四、关税的税率

（一）进口关税税率

我国现行进口关税税率包括四种形式：

1. 普通税率。适用对原产于与我国未订有关税互惠协议的国家或者地区的进口货物。

2. 最惠国税率。适用原产于与我国共同适用最惠国待遇条款的世界贸易组织成员国或地区的进口货物，或原产于与我国签订有相互给予最惠国待遇条款的双边贸易协定的国家或地区进口的货物，以及原产于我国境内的进口货物。

3. 协定税率。适用原产于我国参加的含有关税优惠条款的区域性贸易协定的有关缔约方的进口货物。目前对原产于韩国、斯里兰卡和孟加拉三个曼谷协定成员的739个税目进口商品实行协定税率（即曼谷协定税率）。

4. 特惠税率。适用原产于与我国签订有特殊优惠关税协定的国家或地区的进口货物。

目前对原产于孟加拉的 18 个税目进口商品实行特惠税率（即曼谷协定特惠税率）。普通税率适用于原产于上述国家或地区以外的其他国家或地区的进口货物，以及原产地不明的进口货物。按照普通税率征税的进口货物，经国务院关税税则委员会特别批准，可以适用最惠国税率。适用最惠国税率、协定税率、特惠税率的国家或者地区名单，由国务院关税税则委员会决定。

（二）出口关税税率

我国出口关税税率只有一种形式。为了整体鼓励出口，我国对绝大多数货物都免于征收出口关税，仅对少数资源性产品及易于竞相杀价、盲目进口、需要规范出口秩序的半制成品征收出口关税。目前我国真正征收出口关税的商品只是 20 种，税率也较低。

五、关税的减免税

1. 关税税额在人民币 50 元以下的一票货物，可免征关税。
2. 无商业价值的广告品和货样，可免征关税。
3. 外国政府、国际组织无偿赠送的物资，可免征关税。
4. 进出境运输工具装载的途中必需的燃料、物料和饮食用品，可予免税。
5. 在海关放行前损失的货物。
6. 法律规定减征、免征的其他货物。

六、关税应纳税额的计算

（一）从价税应纳税额的计算

关税税额 = 应税进（出）口货物数量 × 单位完税价格 × 税率

1. 进口货物的完税价格

进口货物的完税价格由海关以货物的成交价格为基础审查确定，并应当包括该货物运抵中华人民共和国境内输入地点起卸前的运输及其相关费用、保险费。

进口货物的成交价格，是指卖方向中华人民共和国境内销售该货物时，买方为进口该货物向卖方实付、应付的并按照规定调整后的价款总额。

2. 出口货物的完税价格

出口货物的完税价格由海关以该货物的成交价格为基础审查确定，并应当包括货物运至中华人民共和国境内输出地点装载前的运输及其相关费用、保险费。

（二）从量税应纳税额的计算

关税税额 = 应税进（出）口货物数量 × 单位货物税额

（三）复合税应纳税额的计算

我国目前实行的复合税都是先计征从量税，再计征从价税：

$$\text{关税税额}=\frac{\text{应税进（出）口}}{\text{货物数量}}\times\frac{\text{单位货物}}{\text{税额}}+\frac{\text{应税进（出）口}}{\text{货物数量}}\times\text{单位完税价格}\times\text{税率}$$

（四）滑准税应纳税额的计算

关税税额 = 应税进（出）口货物数量 × 单位完税价格 × 滑准税税率

七、关税纳税时间

（一）关税的申报时间

进口货物自运输工具申报进境之日起 14 日内，出口货物在货物运抵海关监管区后装货的 24 小时以前，应由进出口货物的纳税义务人向货物进（出）境地海关申报。

（二）纳税期限

纳税义务人应当自海关填发税款缴款书之日起 15 日内，向指定银行缴纳税款。如关税缴纳期限的最后 1 日是周末或法定节假日，则关税缴纳期限顺延至周末或法定节假日过后的第 1 个工作日。

八、关税的纳税地点

经申请且海关同意，进（出）口货物的纳税义务人可以在设有海关的指运地（启运地）办理海关申报、纳税手续。

小结

1. 增值税是对增值额的征税，但在具体如何计算增值额和增值税上，却可以有不同选择。

2. 在税收实践中，根据抵扣范围不同，增值税通常可分为“消费型增值税”、“生产型增值税”和“收入型增值税”三种，我国自 2009 年起实行消费型增值税。

3. 对增值税一般纳税人而言，计算增值税并不需要计算出增值额，而只需要计算出进项税额和销项税额，两者相抵，便可计算出当期应纳税额。增值税销项税额就是纳税人销售货物或者应税劳务，按销售额和规定税率计算并向购买方收取的增值税额。增值税进项税额是纳税人购进货物或接受应税劳务所支付的或负担的增值税额。

4. 小规模纳税人销售货物或者应税劳务，实行按照销售额和征收率计算应纳税额的简易办法，并不得抵扣进项税额。小规模纳税人增值税征收率为 3%。

5. 在市场经济条件下，开征消费税具有很重要的财政意义。

6. 消费税是价内税，所以计税依据与营业税税基相同。

7. 凡提供规定的应税劳务、转让无形资产或销售不动产的单位与个人，都应当缴纳营业税。

8. 关税是由海关根据国家制定的有关法律，以进出关境的货物和物品为征税对象而征收的一种商品税。

综合练习

一、单项选择题

1. 下列行为不需要缴纳增值税的是（　　）。

A. 销售货物　　B. 提供加工、修理修配劳务

C. 进口货物　　D. 提供服务性劳务

2. 增值税是以（　　）为依据计算征收的。

A. 销售货物的销售额　　B. 销售货物的增值额

C. 购进货物的成本　　D. 提供服务的全部收费

3. 下列对增值税的说法不正确的是（　　）。

A. 增值税以货物实现的增值额为征税对象

B. 增值税是一种价外税

C. 增值税能完全排除传统的商品课税所存在的重复征税的弊端

D. 增值税是一种直接税

4. 企业承包给他人的，以（　　）为增值税纳税义务人。

A. 承包人　　B. 发包人　　C. 中介人　　D. 代理人

5. 从事货物生产或提供应税劳务的纳税人，以及以从事货物生产或提供应税劳务为主，并兼营货物批发或零售的纳税人，年应税销售额在（　　）时，可以确定其为增值税小规模纳税人。

A. 100 万元以下　　B. 180 万元以上

C. 100 万元以上　　D. 180 万元以下

6. 从事货物批发或零售的纳税人，年应税销售额在（　　）时，可以确定其为增值税小规模纳税人。

A. 100 万元以下　　B. 180 万元以上　　C. 100 万元以上　　D. 180 万元以下

7. 销售下列货物，需要缴纳增值税的是（　　）。

A. 土地　　B. 房屋　　C. 无形资产　　D. 电力

8. 下列选项，需要缴纳增值税的是（　　）。

A. 修理修配劳务　　B. 运输劳务　　C. 文艺演出　　D. 建筑工程

9. 出售粮食适用的增值税税率为（　　）。

A. 17%　　B. 6%　　C. 13%　　D. 4%

10. 下列不属于适用增值税低税率的是（　　）。

A. 粮食、食用植物油、鲜奶　　B. 暖气、冷气、热水、煤气

C. 自来水、盐　　D. 原油、农机零件

11. 商业企业属于小规模纳税人的，其适用的征收率为（　　）。

A. 17%　　B. 6%　　C. 13%　　D. 4%

12. 商业企业以外的其他企业属于小规模纳税人的，其适用的征收率为（　　）。

A. 17%　　B. 6%　　C. 13%　　D. 3%

13. 下列在计算缴纳增值税时适用的是基本税率的是（　　）。

A. 居民用煤炭制品　　B. 印刷厂印刷图书

C. 蔬果公司批发蔬果　　D. 农民出售自产农产品

14. 某单位下列已取得增值税专用发票的项目中，可以作为进项税额抵扣的有（　　）

A. 库存意外损失的材料　　B. 用于经营管理的办公用品

C. 当期购入的机器设备　　D. 取得普通发票的运输费用

15. 下列不属于增值税免税项目的是（　　）。

A. 化肥厂销售化肥农药

B. 由残疾人组织直接进口供残疾人专用的物品

C. 外国政府、国际组织无偿援助的进口物资和设备

D. 个人销售自己使用过的家具

16. 下列关于增值税起征点幅度的说法不正确的有（　　）。

A. 销售货物的起征点为月销售额 600 ~ 2 000 元

B. 销售应税劳务的起征点为月销售额 200 ~ 800 元

C. 按次纳税的起征点为每次（日）销售额 50 ~ 100 元

D. 按次纳税的起征点为每次（日）销售额 50 ~ 80 元

17. 下列关于增值税专用发票开具时限不正确的有（　　）。

A. 采用预收货款、托收承付、委托银行收款结算方式的，为货物发出的当天

B. 采用赊销、分期收款结算方式的，为实际收到货款的当天

C. 将货物交付他人代销，为收到受托人送交的代销清单的当天

D. 采用交款提货结算方式的，为收到货款的当天

18. 下列行为属于视同销售货物，应征收增值税的有（　　）。

A. 销售代销货物　　B. 将外购材料用于个人消费

C. 外购材料用于基建工程　　D. 将自产货物用于应税项目

19. 纳税人进口货物，应当自海关填发税款缴纳书之日起（　　）内缴纳税款。

A. 1 日　　B. 15 日　　C. 10 日　　D. 30 日

20. 现行消费税主要采取在（　　）环节计算征收。

A. 流通　　B. 消费　　C. 出厂销售或进口　　D. 出口

21. 纳税人将自产自用应税消费品用于连续生产应税消费品时（　　）。

A. 视同销售纳税　　B. 于移送使用时纳税

C. 按组成计税价格纳税　　D. 不纳税

22. 消费税的纳税义务人不包括（　　）。

A. 生产应税消费品的单位和个人

B. 委托加工应税消费品的单位和个人

C. 流通环节拥有应税消费品的单位和个人

D. 进口应税消费品的单位和个人

23. 我国对消费品实行（　　）课征。

A. 单一环节　　B. 双环节

C. 多个环节　　D. 多环节与双环节混合

24. 下列税种中，不属于流转税的是（　　）。

A. 关税　　B. 营业税　　C. 增值税　　D. 土地增值税

25. 消费税纳税人采取预收货款结算方式的，其纳税义务发生时间为（　　）。

A. 收到货款的当天　　B. 合同约定日期

C. 发出应税消费品的当天　　D. 收到交付清单的当天

26. 消费税纳税人委托加工应税消费品的，其纳税义务发生时间为（　　）。

A. 收到货款的当天　　B. 合同约定日期

C. 收到交付清单的当天　　D. 纳税人提货的当天

27. 下列不属于消费税纳税期限的是（　　）。

A. 1 日　　B. 3 日　　C. 5 日　　D. 20 日

28. 高尔夫球及球具税目的税率为（　　）。

A. 45%　　B. 15%　　C. 30%　　D. 10%

29. 手表单价为（　　）时即被认定为高档手表，征收消费税。

A. 1.5 万元以上　　B. 1 万元以上　　C. 2 万元以上　　D. 10 万元以上

30. 进口消费品的消费税由（　　）代征。

A. 税务机关　　B. 海关　　C. 工商局　　D. 邮政部门

31. 下列不属于消费税纳税环节的是（　　）。

A. 生产环节　　B. 进口环节　　C. 分配环节　　D. 零售环节

32. 现行税法对粮食类白酒和薯类白酒征收的消费税比例税率为（　　）。

A. 粮食白酒 25%、薯类白酒 15%　　B. 粮食白酒 15%、薯类白酒 25%

C. 统一为 25%　　D. 统一为 20%

33. 下列经营者中，属于营业税纳税人的是（　　）。

A. 从事修理修配业的个人

B. 销售货物并负责运输所售货物的运输单位

C. 将饭店承包给他人经营的发包人

D. 将不动产无偿赠送他人的行政单位

34. 将土地使用权转让给农业生产者，用于农业生产所取得的收入，（　　）征营业税。

A. 免　　B. 减半　　C. 减 20%　　D. 减 30%

35. 下列费用中，应征收营业税的是（　　）。

A. 法院按规定标准收取的诉讼费　　B. 注册会计师协会收取的会员费

C. 急救中心收取的治疗费　　D. 搬家公司收取的搬家费

36. 税法规定的营业税起征点，按次纳税的起征点（除另有规定外）为每次（日）营业额（　　）元。

A. 100　　B. 80　　C. 50　　D. 200

37. 邮电部门出售手提电话并为用户提供无线通信服务所得收入应（　　）。

A. 按服务业征税　　B. 按邮电通信业征税

C. 视为混合销售征收增值税　　D. 视为兼营业务计征营业税、增值税

38. 下列金融业务以收入全额作为计税依据的有（　　）。

A. 金融经纪业务　　B. 外汇转贷业务

C. 股票转让业务　　D. 委托收款业务

39. 交通运输业的营业税税率为（　　）。

A. 3%　　B. 5%　　C. 8%　　D. 20%

40. 下列不是按照文化体育业税目进行征税的行为是（　　）。

A. 讲演、报告会　　B. 举办培训活动

C. 租赁体育比赛场所　　D. 经营游览场所

41. 2004 年 7 月 1 日起，对台球减按（　　）的税率征收营业税。

A. 3%　　B. 5%　　C. 8%　　D. 7%

42. 对于自建自售建筑物的行为，现行营业税政策规定的处理为（　　）。

A. 不征税

B. 按建筑业税目征税

C. 按销售不动产税目征税

D. 其自建行为应按建筑业缴纳营业税，再按销售不动产征收营业税

43. 下列收入中免征营业税的是（　　）。

A. 植物园收取的门票收入

B. 文化馆开办的少儿美术班收取的培训费用

C. 寺庙出售的纪念品收入

D. 农科院为农民举办的农作物病虫害防治培训班收取的培训费

44. 下列经营活动中应按服务业税目缴纳营业税的是（　　）。

A. 航空地面服务业务　　B. 电脑维修服务

C. 建筑工程设计劳务　　D. 体育馆为体育比赛提供场所业务

45. 纳税人兼营不同税目应交营业税的行为，须分别核算不同税目的营业额、转让额和销售额，未分别核算的需（　　）。

A. 从高适用税率　　B. 从低适用税率

C. 适用平均税率　　D. 适用增值税税率

46. 按照行业、类别的不同，现行营业税共设置了（　　）个税目。

A. 8　　B. 9　　C. 10　　D. 14

47. 对娱乐业税目所适用的税率为（　　）。

A. 20% 的比例税率　　B. 10% 的比例税率

C. 累进税率　　D. 幅度税率

48. 从事货物的生产、批发或零售的企业、企业性单位及个体经营者的混合销售行为，（　　）。

A. 分别计算征收增值税和营业税　　B. 只征收营业税

C. 视为销售货物，不征收营业税　　D. 与税务机关协商确定

49. 纳税人转让土地使用权或销售不动产，采取预收款方式的，其纳税的时间为（　　）。

A. 所有权转移的当天　　B. 收到预收款的当天

C. 收到全部价款的当天　　D. 所有权转移并收到全部款项的当天

50. 纳税人从事运输业务，向（　　）主管税务机关申报纳税。

A. 起运地　B. 目的地　C. 机构所在地　D. 转运地

二、多项选择题

1. 增值税的征税范围是（　　）。

A. 销售货物的单位和个人　B. 提供加工、修理修配劳务的单位和个人

C. 进口货物的单位和个人　D. 提供服务性劳务的单位和个人

2. 我国现行增值税与其他流转税相比具有（　　）特点。

A. 实行道道征税，避免重复征税　B. 同产品同税负

C. 一种价内税　D. 凭发票抵扣

3. 增值税按销售额大小和会计核算健全与否，将纳税人划分为（　　）。

A. 一般纳税人　B. 小规模纳税人

C. 直接纳税人　D. 扣缴义务人

4. 下列可以被认定为增值税小规模纳税人的有（　　）。

A. 从事货物生产或提供应税劳务的纳税人，以及以从事货物生产或提供应税劳务为主，并兼营货物批发或零售的纳税人，年应税销售额在100万元以下的

B. 从事货物批发或零售的纳税人，年应税销售额在180万元以下的

C. 年应税销售额超过小规模纳税人标准的个人、非企业性单位、不经常发生应税行为的企业，视同小规模纳税人纳税

D. 从事货物批发或零售的纳税人，年应税销售额在100万元以下的

5. 下列选项中，不属于一般纳税人的是（　　）。

A. 年应税销售额未超过小规模纳税人标准的企业

B. 不经常发生增值税应税行为的企业

C. 外商投资企业和外国企业

D. 非企业性单位

6. 下列属于视同销售行为的有（　　）。

A. 将自产、委托加工或购买的货物作为投资，提供给其他单位或个体经营者

B. 将自产、委托加工或购买的货物分配给股东或投资者

C. 将自产、委托加工的货物用于集体福利或个人消费

D. 将自产或委托加工的货物用于非应税项目

7. 下列混合销售行为中，应当缴纳增值税的有（　　）。

A. 汽车公司销售汽车并提供洗车服务

B. 电信部门销售移动电话并提供有偿电信服务

C. 饭店提供餐饮服务并销售酒水

D. 企业生产铝合金门窗并负责安装

8. 关于兼营非应税劳务行为，下列说法正确的有（　　）。

A. 增值税的纳税人在从事货物销售或提供应税劳务的同时还从事非应税劳务

B. 增值税纳税人兼营非应税劳务的，应该分别核算货物或增值税应税劳务的销售额和非增值税应税劳务的营业额

C. 如果不分别核算或者不能准确核算货物或增值税应税劳务的销售额和非增值税应税劳务的营业额，其非应税劳务应与货物或应税劳务一并征收增值税

D. 兼营非应税劳务行为只有在增值税范畴内存在

9. 适用13%的增值税税率的有（　　）。

A. 化肥、农药　　B. 金属矿采选产品

C. 废旧物资　　D. 音像制品和电子出版物

10. 根据《增值税暂行条例》的规定，下列对兼营不同税率的货物或应税劳务行为处理方法正确的有（　　）。

A. 纳税人兼营不同税率的货物或应税劳务，应分别核算不同税率货物或应税劳务的销售额

B. 未分别核算或不能准确核算销售额的，从高适用税率

C. 纳税人销售不同税率的货物或应税劳务，并兼营应属一并征收增值税的非应税劳务的，其非应税劳务应从高适用税率

D. 纳税人销售不同税率的货物或应税劳务，并兼营应属一并征收增值税的非应税劳务的，其非应税劳务应从低适用税率

11. 下列属于增值税税率范畴的有（　　）。

A. 基本税率　　B. 低税率　　C. 核定征税率　　D. 征收率

12. 下列关于消费税的说法正确的有（　　）。

A. 征收环节具有单一性　　B. 征收方法具有灵活性

C. 税负具有转嫁性　　D. 税率制定具有特殊性

13. 下列属于消费税纳税义务人的有（　　）。

A. 加工金银首饰的企业　　B. 委托加工钻石饰品的企业

C. 零售金银首饰的企业　　D. 零售钻石饰品的企业

14. 下列选项中需要缴纳消费税的有（　　）

A. 保健食品　　B. 高级手表

C. 汽车轮胎　　D. 洗发水

15. 消费税与增值税的区别在于（　　）。

A. 增值税是流转税　　B. 消费税是价内税

C. 消费税可从量计征　　D. 增值税可从量计征

16. 下列属于消费税从量和从价混合计税办法的征税范围的是（　　）。

A. 粮食白酒　　B. 薯类白酒　　C. 甲类卷烟　　D. 烟丝

17. 应税消费品的销售额包括（　　）。

A. 全部价款　　B. 价外费用　　C. 代垫运费　　D. 返还利润

18. 下列对包装物的核算正确的有（　　）。

A. 包装连同消费品销售的，无论包装是否单独计价，也不论在会计上如何核算，均应并入应税消费品的销售额中征收消费税

B. 包装物不随同产品销售，而是收取押金（收取酒类产品的包装物押金除外），且单独核算又未过期的，此项押金则不应并入应税消费品的销售额中征税

C. 对因逾期未收回的包装物不再退还的和已收取1年以上的押金，应并入应税消费品的销售额，按照应税消费品的适用税率征收消费税

D. 对酒类产品生产企业销售酒类产品（黄酒、啤酒除外）而收取的包装物押金，无论押金是否返还与会计上如何核算，均需并入酒类产品销售额中，依酒类产品的适用税率征收消费税

19. 消费税税率包括（　　）。

A. 比例税率　　B. 定额税率　　C. 累进税率　　D. 差别税率

20. 2006年财政部、国家税务总局发出通知，对消费税税目、税率及相关政策进行了调整，其调整原因可以表述为（　　）。

A. 消费税促进资源节约和环境保护的作用有待加强

B. 有些应税税目的税率结构与国内产业结构、消费水平和消费结构的变化不相适应

C. 原来确定的某些属于高档消费品的产品，这些年已经逐渐具有大众消费的特征

D. 原有征税范围偏窄

21. 纳税人在计算消费税时，需要将含增值税的销售额换算为不含增值税税款的销售额时，其计算公式应为（　　）。

A. 应税消费品的销售额＝含增值税的销售额/（1＋增值税税率）

B. 应税消费品的销售额＝含增值税的销售额/（1－增值税税率）

C. 应税消费品的销售额＝含增值税的销售额/（1＋增值税征收率）

D. 应税消费品的销售额＝含增值税的销售额/（1－增值税征收率）

22. 下列对于销售数量的确定，正确的有（　　）。

A. 销售应税消费品的，为应税消费品的销售数量

B. 自产自用应税消费品的，为应税消费品的移送使用数量

C. 委托加工应税消费品的，为纳税人约定的应税消费品数量

D. 进口的应税消费品，为海关核定的应税消费品进口征税数量

23. 下列项目中属于自产自用应税消费品的是（　　）。

A. 企业用自产的烟丝生产卷烟

B. 企业将自产产品发放给本厂职工作为福利

C. 企业将自产产品用于对外投资

D. 企业将自产产品用于在建工程

24. 下列对营业税的表述正确的有（　　）。

A. 是我国现行课征范围较广的税种

B. 计算简便，便于征管

C. 计税依据为营业额全额，税额不受成本、费用高低影响

D. 对经营不同业务的纳税人适用不同的税率

25. 营业税与增值税的区别包括（　　）。

A. 计税依据不同　　B. 征税范围的侧重点不同

C. 价税关系不同　　D. 计征标准不同

26. 下列经营项目属于营业税应税劳务的有（　　）。

A. 从事建筑安装工程作业　　B. 从事加工、修理修配业务
C. 从事运输业务　　D. 从事商品零售业务

27. 下列关于营业税扣缴义务人的说法正确的有（　　）。
A. 分保险业务，其应纳税款以初保人为扣缴义务人
B. 建筑业工程实行总承包、分包方式的，其应纳税款以总承包人为扣缴义务人
C. 委托金融机构发放贷款的，其应纳税款以受托发放贷款的金融机构为扣缴义务人
D. 境外单位或者个人在境内发生应税行为而在境内未设有机构的，其应纳税款以代理人为扣缴义务人

28. 下列各项保险收入，需缴纳营业税的是（　　）。
A. 境内保险公司为境内财产提供的保险
B. 境外保险公司为境内财产提供的保险
C. 境内保险公司为出口货物提供的保险
D. 境内保险公司开展的一年期以上的返还性人身保险

29. 下列业务按金融保险业税目计算营业税的有（　　）。
A. 金融机构转让金融商品　　B. 非金融机构转让金融商品
C. 融资租赁　　D. 金融经纪业务

30. 下列业务属于邮电通信业税目征税范围的有（　　）。
A. 传递函件或包件　　B. 邮务物品销售
C. 电信物品销售　　D. 电话机安装

31. 下列税目中适用的营业税税率为3%的是（　　）。
A. 邮电通信业　　B. 文化体育业　　C. 服务业　　D. 交通运输业

32. 下列税目适用5%的营业税税率的有（　　）。
A. 金融保险业　　B. 保龄球、台球　　C. 销售不动产　　D. 交通运输业

33. 根据关税法律制度的规定，下列各项中，属于关税纳税人的有（　　）。
A. 进口货物的收货人　　B. 出口货物的发货人
C. 携带物品进境的入境人员　　D. 进境邮递物品的代理人

34. 我国《海关进出口税则》规定的关税进口税率包括（　　）。
A. 最惠国税率　　B. 普通税率　　C. 特惠税率　　D. 协定税率

三、填空题

1. 小规模纳税人是指年销售额在规定标准以下，并且________，不能按规定报送有关税务资料的增值税纳税人。
2. 从1998年7月1日起，凡年应税销售额在________万元以下的小规模商业企业、企业性单位，以及以从事货物________为主，并兼营货物生产或________的企业、企业性单位，无论财务核算是否健全，一律________认定为增值税一般纳税人。
3. 进口货物是指申报进入中国国境或关境内的货物（有形动产），在________环节，除了依法缴纳关税之外，还必须缴纳增值税。
4. 一般情况下，对货物征收增值税是以货物的所有权________转让为前提的。
5. 增值税一般纳税人销售或者进口货物，提供加工、修理修配劳务，除另有规定外，税

率一律为________。

6. 我国税法规定，纳税人采取折扣方式销售时，如果销售额和折扣额在________，可按折扣后的余额作为销售额计算增值税；如果________，不论其在财务上如何处理，均不得从销售额中减除折扣额。
7. 纳税人为销售货物而出租出借包装物收取的押金，________，时间在 1 年以内，________，不并入销售额征税；但对因逾期未收回包装，不再退还的押金，应按所包装货物的适用税率计算销项税额，但应视同________，征税时换算为不含税收入再并入销售额。
8. 增值税一般纳税人购进农业生产者销售的农业产品，或者向小规模纳税人购买的农产品，从 2002 年 1 月 1 日起，准予按照________和________的扣除率计算进项税额，从________销项税额中扣除。
9. 生产企业一般纳税人购入废旧物资回收经营单位销售的免税废旧物资，可按照废旧物资回收经营单位开具的由税务机关监制的普通发票上注明的金额，按________计算抵扣进项税额。
10. 纳税人兼营免税、减税项目时，________免税、减税项目的销售额，即可获得免税、减税。
11. 消费税是对在我国境内从事________、________和进口某些特定消费品（简称应税消费品）的单位和个人征收的一种税。
12. 为了避免重复征税，对用外购已税的消费品作为原材料继续生产消费品销售的，以及委托加工消费品已被扣缴消费税后又继续生产消费品销售的，一般都采取________的办法。
13. 金银首饰、钻石及钻石饰品消费税的纳税人，是指在我国境内从事________的单位和个人，委托加工、委托代销金银首饰、钻石及钻石饰品的，________是纳税人。
14. 对烟征收消费税时，其税目包括________、雪茄烟和________三个子税目。
15. 金银首饰、钻石及钻石饰品的消费税在________环节征收。
16. 自 2001 年 1 月 1 日起，子午线轮胎________消费税，其中翻新轮胎________消费税。
17. 2006 年 4 月 1 日起，小汽车税目将分为________和________两个子目，对乘用车按排量大小分别适用________档税率，对中轻型商用客车统一适用________税率。
18. 销售额为纳税人销售应税消费品向购买方收取的全部价款和________，但不包括收取的________。
19. 在从量定额计算方法下，应纳税额的计算取决于应税消费品的________和________两个因素。
20. 在确定销售数量时，委托加工应税消费品的，为________的应税消费品数量。
21. 纳税人销售的应税消费品，如因质量等原因由购买者退回时，经所在地主管税务机关审核批准后，________已征收的消费税税款，但不能自行________。
22. 纳税人销售的应税消费品，以及自产自用的应税消费品，除国家另有规定的外，应当向纳税人________主管税务机关申报纳税。
23. 营业税由________和________分别负责征收管理，所得收入由________共享。

24. 营业税的税目是________的具体体现。
25. 营业税的课征范围侧重于提供劳务的行为，在销售商品方面，只限于销售________和________两种。
26. 建筑业工程实行总承包、分包方式的，其应纳税款以________为扣缴义务人。
27. 单位或者个人进行演出，由他人售票的，其应纳税款以________为扣缴义务人；演出经纪人为个人的，其办理演出业务的应纳税款以________为扣缴义务人。
28. 交通运输业税目的征收范围包括陆路运输、________、________、管道运输和________。
29. 运输企业自中华人民共和国境内运输旅客或者货物出境，在境外改由其他运输企业承运旅客或者货物，以________减去________后的余额为营业额。
30. 纳税人经营娱乐业以向顾客收取的________为营业额。
31. 纳税人的销售行为是否属于混合销售行为，由________确定。
32. 纳税人兼营免税、减税项目的，应当________免税、减税项目的营业额，未单独核算营业额的________________。
33. 单位将不动产无偿赠与他人，其纳税义务发生时间为不动产所有权转移的________。
34. 营业税的纳税地点原则上采取________的方法，即纳税人在________缴纳应纳税款。

四、判断题

1. 增值税实行道道征税的方式，可以有效避免重复征税。（　）
2. 一般纳税人和小规模纳税人的划分是按照年销售额的大小划分的。（　）
3. 企业承租或承包给他人经营的，增值税纳税义务人还是企业本身。（　）
4. 销售不动产的行为属于销售货物范畴，应当缴纳增值税。（　）
5. 纳税人销售代销货物不必缴纳增值税。（　）
6. 企业将自产、委托加工的货物作为投资，提供给其他单位或个体经营者，视作视同销售行为，需要缴纳增值税。（　）
7. 纳税人兼营非应税劳务的，应该分别核算货物或增值税应税劳务的销售额和非增值税应税劳务的营业额，分别计算缴纳增值税和营业税。（　）
8. 包装物押金核算过程中，“逾期”是指按合同约定实际逾期或以1年为期限，对收取1年以上的押金，均视作逾期计算缴纳增值税。（　）
9. 返还利润也属于价外费用，需计算缴纳增值税。（　）
10. 视同销售行为没有相应销售额时，按纳税人当月同类货物的平均销售价格确定其销售价格，计算缴纳增值税。（　）
11. 小规模纳税人取得的普通发票经税务机关认定可以抵扣进项税额。（　）
12. 一般纳税人向消费者销售免税项目时不得开具专用发票。（　）
13. 非固定业户销售货物或者提供应税劳务，应向销售地主管税务机关申报缴纳增值税，未向销售地主管税务机关申报纳税的，可由其机构所在地或者居住地主管税务机关补征税款。（　）
14. 企业将自产产品无偿分配给投资者，不应视作视同销售行为。（　）
15. 金属矿采选产品、非金属矿采选产品属于矿产资源，其适用增值税税率为17%。（　）

16. 消费税是对各种消费品统一征收的一种税。（　　）
17. 消费税对不同的征税项目税负差异较大，对需要限制消费的消费品规定较高的税率，体现了特殊的调节目的。（　　）
18. 酒吧举办啤酒节利用啤酒生产设备生产的啤酒，不必缴纳消费税。（　　）
19. 免税商店销售的金银首饰同样征收消费税。（　　）
20. 摩托车税目适用的消费税税率统一为 10%。（　　）
21. 对啤酒是采用比例税率和定额税率混合计算征收消费税的。（　　）
22. 生产企业销售酒类产品（黄酒、啤酒除外）而收取的包装物押金，无论押金是否返还与会计上如何核算，均需并入酒类产品销售额中，依酒类产品的适用税率征收消费税。（　　）
23. 我国现行消费税的征税范围中，只有卷烟、粮食白酒、薯类白酒三种应税消费品采用混合计算办法征收消费税。（　　）
24. 委托加工应税消费品计算加工费时应当把增值税税额计算在内。（　　）
25. 纳税人进口的应税消费品，其纳税义务发生时间为报关进口的当天。（　　）
26. 营业税属传统商品劳务税，计税依据为营业额全额，税额不受成本、费用高低影响，对于保证财政收入的稳定具有十分重要的作用。（　　）
27. 营业税属于流转税、间接税、价外税。（　　）
28. 营业税在销售商品方面，只限于销售无形资产和不动产两种，增值税的课税范围中提供劳务的行为只限于提供加工、修理、修配劳务。（　　）
29. 单位或个体经营者聘用的员工为本单位或雇主提供的劳务，也属于营业税的应税劳务。（　　）
30. 货物是非贸易性商品，物品是贸易性商品。（　　）
31. 关税的征税对象为中华人民共和国准许进出境的货物及物品。（　　）
32. 我国对一切货物都征收出口关税。（　　）

五、计算题

1. 某生产企业为增值税一般纳税人，现购进原材料一批，取得增值税专用发票上注明税款为 6.8 万元，加工成产成品后销售，取得含税销售收入 117 万元。请计算该项经济业务应纳增值税税额。
2. 某商业零售企业为增值税小规模纳税人，2006 年 12 月取得零售收入总额 31.2 万元，该企业适用的税率为 4%，请计算该企业 2006 年 12 月应纳增值税税额。
3. 某公司从国外进口原材料一批，关税完税价格为 10 万元，关税 2 万元，消费税 3 万元，已知适用的进口增值税税率为 17%，请计算该项业务增值税进项税额。
4. 某生产企业属于增值税一般纳税人，2007 年 1 月取得含税销售收入 234 万元，请计算这笔业务的销项税额。
5. 某企业为增值税一般纳税人，将一批包装物出借给其他企业，已逾期 2 年，已知收取的包装物押金为 117 万元，请计算这笔业务的应纳增值税销项税额。
6. 某卷烟厂生产并销售卷烟一批，共 100 箱（每箱 50 000 支），已知这批卷烟每标准条（200 支）的调拨价格为 100 元，请计算这笔经济业务应纳消费税税额。
7. 某酒厂 2007 年 9 月将新研制的一批粮食白酒 0.5 吨作为福利发放给职工，该种白酒无同类产品出厂价，生产成本为每吨 10 000 元，成本利润率为 10%，请计算该厂当月应纳消费税税额。

8. 某卷烟厂将成本为 30 000 元的烟叶运往烟丝厂加工成烟丝，取得烟丝厂开具的增值税专用发票，注明支付加工费 5 000 元，增值税 640 元，请计算这项业务中该烟丝厂应代扣代缴的消费税税额。

9. 某公司从国外进口一批应税消费品，已知该批应税消费品的关税完税价格为 80 万元，按规定应缴纳关税 10 万元，该消费品适用的消费税税率为 25%，请计算该公司进口环节应缴纳的消费税税额。

10. 某娱乐中心 2007 年 1 月取得如下收入：台球室取得营业收入 4 万元，保龄球馆取得营业收入 6 万元，点歌费收入 5 万元，烟酒费收入 10 万元。请计算该娱乐中心当月应纳营业税税额。

11. 某照相馆 2007 年 8 月共取得营业收入 40 000 元，其中 10 000 元是在拍艺术照时，附带提供相框、相册等取得的收入，请判断该照相馆应纳税种并计算其应纳税额。

参考答案

一、单项选择题

1. D	2. B	3. D	4. A	5. A	6. D	7. D	8. A	9. C	10. D
11. D	12. D	13. C	14. D	15. A	16. C	17. B	18. A	19. B	20. C
21. D	22. C	23. A	24. D	25. C	26. D	27. D	28. D	29. B	30. B
31. C	32. D	33. D	34. A	35. D	36. C	37. B	38. A	39. A	40. C
41. B	42. D	43. D	44. B	45. A	46. B	47. D	48. C	49. B	50. C

二、多项选择题

1. ABC	2. ABD	3. AB	4. ABC	5. ABD
6. ABCD	7. AD	8. ABC	9. ABD	10. ABC
11. ABD	12. ABCD	13. BCD	14. BC	15. BC
16. ABC	17. ABD	18. ABCD	19. AB	20. ABCD
21. AC	22. ABD	23. ABCD	24. ABCD	25. ABC
26. AC	27. ABCD	28. AB	29. ACD	30. ABCD
31. ABD	32. ABC	33. ABC	34. ABCD	

三、填空题

1. 会计核算不健全

2. 180　批发或零售　提供应税劳务　不得

3. 报关进口

4. 有偿

5. 17%

6. 同一张发票上分别注明的　将折扣额另开发票

7. 单独记账核算的　又未过期的　含税收入

8. 买价　13%　当期
9. 10%
10. 单独核算
11. 生产　委托加工
12. 扣除已纳（扣）税额
13. 商业零售金银首饰　委托方
14. 烟丝　卷烟
15. 零售
16. 免征　停止征收
17. 乘用车　中轻型商用客车　6　5%
18. 价外费用　增值税
19. 销售数量　单位税额
20. 纳税人收回
21. 可退还　直接抵减应纳税款
22. 核算地
23. 国家税务局　地方税务局　中央政府与地方政府
24. 征税范围
25. 无形资产　不动产
26. 总承包人
27. 售票者　售票者
28. 水路运输　航空运输　装卸搬运
29. 全程运费　付给该承运企业的运费
30. 各项费用
31. 国家税务总局所属征收机关
32. 单独核算，不得免税　减税
33. 当天
34. 属地征收、经营行为发生地

四、判断题

1. √	2. ×	3. ×	4. ×	5. ×	6. √	7. √	8. √	9. √	10. ×
11. ×	12. √	13. √	14. ×	15. ×	16. ×	17. √	18. ×	19. √	20. ×
21. ×	22. √	23. √	24. ×	25. √	26. √	27. ×	28. √	29. ×	30. ×
31. √	32. ×								

五、计算题

1. 答：应纳增值税税额 = 117 ÷（1 + 17%）× 17% − 6.8 = 10.2（万元）
2. 答：应纳增值税税额 = 31.2 ÷（1 + 4%）× 4% = 1.2（万元）
3. 答：增值税进项税额 =（10 + 2 + 3）× 17% = 2.55（万元）
4. 答：应纳增值税销项税额 = 234 ÷（1 + 17%）× 17% = 34（万元）
5. 答：应纳增值税销项税额 = 117 ÷（1 + 17%）× 17% = 17（万元）

6. 答：应纳消费税税额 = 100 × 150 + 50 000 ÷ 200 × 100 × 45% = 26 250（元）

7. 答：组成计税价格 = 10 000 ×（1 + 10%）÷（1 − 20%）= 13 750（元）

应纳消费税税额 = 0.5 × 2 000 × 0.5 + 13 750 × 0.5 × 20% = 1 875（元）

8. 答：烟丝厂应代扣代缴的消费税税额 =（30 000 + 5 000）÷（1 − 30%）× 30% = 15 000（元）

9. 答：组成计税价格 =（80 + 10）÷（1 − 25%）= 120（万元）

应纳消费税税额 = 120 × 25% = 30（万元）

10. 答：该娱乐中心当月应纳营业税税额 =（10 + 5）× 20% +（4 + 6）× 5% = 3.5（万元）

11. 答：该照相馆附带销售相框、相册属于混合销售行为，应征收营业税，不征增值税。

该照相馆应纳税额 = 40 000 × 5% = 2 000（元）

模块六　税种讲解（中）
——　所得税

学习目标

一般掌握： 所得税的计算方法

重点掌握： 现行企业所得税与个人所得税的基本特点与立法意图

基础知识

项目一　企业所得税

一、所得税制类型

所得税依据纳税人的不同特点，可划分为企业所得税和个人所得税，以及资本利得税。

（一）企业所得税

企业所得税是以企业所得为课税对象征收的所得税，但由于企业组织形式多种多样，企业所得税在课征范围上可能会有不同的选择，从而形成不同类型的所得税。按课税范围，可划分为企业所得税和公司所得税两种类型。

（二）个人所得税

个人所得税是以个人所得为课税对象征收的所得税。由于个人所得形式多种多样，个人所得税在课征方式上可能会有不同的选择，从而形成不同类型的所得税。

（三）资本利得税

资本利得在税收上是指资本商品，如股票、债券、房产、土地或土地使用权等，在出售或交易时发生收入大于支出而取得的收益，即资产增值。资本利得税是对资本利得所征的税。资本利得作为所得的一种特定形式同其他所得一样，增加了资本所有者的所得，同样也增强了资本所有者的负担能力。

二、企业所得税纳税人、征税对象及税率

（一）企业所得税的纳税人

1. 纳税人

在中华人民共和国境内，企业和其他取得收入的组织（以下统称企业）为企业所得税的纳税人，依照本法的规定缴纳企业所得税。但不包括个人独资企业、合伙企业。

企业分为居民企业和非居民企业。居民企业，是指依法在中国境内成立，或者依照外国（地区）法律成立但实际管理机构在中国境内的企业；非居民企业，是指依照外国（地区）法律成立且实际管理机构不在中国境内，但在中国境内设立机构、场所的，或者在中国境内未设立机构、场所，但有来源于中国境内所得的企业。

2. 扣缴义务人

（1）对在中国境内未设立机构、场所的，或者虽设立机构、场所但取得的所得与其所设机构、场所没有实际联系的非居民企业，应当就其来源于中国境内的所得缴纳企业所得税。其应缴纳的所得税，实行源泉扣缴，以支付人为扣缴义务人。

（2）对非居民企业在中国境内取得工程作业和劳务所得应缴纳的所得税，税务机关可以指定工程价款或者劳务费的支付人为扣缴义务人。

（二）企业所得税的征税范围

居民企业应当就其来源于中国境内、境外的所得缴纳企业所得税。

非居民企业在中国境内设立机构、场所的，应当就其所设机构、场所取得的来源于中国境内的所得，以及发生在中国境外但与其所设机构、场所有实际联系的所得，缴纳企业所得税。

非居民企业在中国境内未设立机构、场所的，或者虽设立机构、场所但取得的所得与其所设机构、场所没有实际联系的，应当就其来源于中国境内的所得缴纳企业所得税。

（三）企业所得税的税率

企业所得税的税率为25%。

对在中国境内未设立机构、场所的，或者虽设立机构、场所但取得的所得与其所设机构、场所没有实际联系的非居民企业，来源于中国境内的所得适用20%的税率。

（四）企业所得税的税收优惠

企业所得税的税收优惠，是指国家根据经济和社会发展的需要，在一定的期限内对特定地区、行业和企业的纳税人应缴纳的企业所得税，给予减征或者免征的一种照顾和鼓励措施。正确制定并运用税收优惠措施，可以更好地发挥税收的调节功能，促进国民经济健康发展。

新的企业所得税法对下列情况实行税收优惠政策：

（1）国家对重点扶持和鼓励发展的产业和项目，给予企业所得税优惠。

（2）企业的下列收入为免税收入：

①国债利息收入；

②符合条件的居民企业之间的股息、红利等权益性投资收益；

③在中国境内设立机构、场所的非居民企业从居民企业取得与该机构、场所有实际联系的股息、红利等权益性投资收益；

④符合条件的非营利组织的收入。

（3）企业的下列所得，可以免征、减征企业所得税：

①从事农、林、牧、渔业项目的所得；

②从事国家重点扶持的公共基础设施项目投资经营的所得；

③从事符合条件的环境保护、节能节水项目的所得；

④符合条件的技术转让所得；

⑤对在中国境内未设立机构、场所的，或者虽设立机构、场所但取得的所得与其所设机构、场所没有实际联系的非居民企业，取得的来源于中国境内的所得。

（4）符合条件的小型微利企业，减按 20% 的税率征收企业所得税；国家需要重点扶持的高新技术企业，减按 15% 的税率征收企业所得税。

（5）民族自治地方的自治机关对本民族自治地方的企业应缴纳的企业所得税中属于地方分享的部分，可以决定减征或者免征。自治州、自治县决定减征或者免征的，须报省、自治区、直辖市人民政府批准。

（6）企业的下列支出，可以在计算应纳税所得额时加计扣除：

①开发新技术、新产品、新工艺发生的研究开发费用；

②安置残疾人员及国家鼓励安置的其他就业人员所支付的工资。

（7）创业投资企业从事国家需要重点扶持和鼓励的创业投资，可以按投资额的一定比例抵扣应纳税所得额。

（8）企业的固定资产由于技术进步等原因，确需加速折旧的，可以缩短折旧年限或者采取加速折旧的方法。

（9）企业综合利用资源，生产符合国家产业政策规定的产品所取得的收入，可以在计算应纳税所得额时减计收入。

（10）企业购置用于环境保护、节能节水、安全生产等专用设备的投资额，可以按一定比例实行税额抵免。

（11）本法规定的税收优惠的具体办法，由国务院规定。

（12）根据国民经济和社会发展的需要，或者由于突发事件等原因对企业经营活动产生重大影响的，国务院可以制定企业所得税专项优惠政策，报全国人民代表大会常务委员会备案。

另外，新税法关于税收优惠的过渡性措施规定如下：

第一，在新税法公布前已经批准设立的企业，依照当时的税收法律、行政法规规定，享受低税率优惠的，按照国务院规定，可以在本法施行后五年内，逐步过渡到本法规定的税率；享受定期减免税优惠的，按照国务院规定，可以在本法施行后继续享受到期满为止，但因未获利而尚未享受优惠的，优惠期限从本法施行年度起计算。

第二，法律设置的发展对外经济合作和技术交流的特定地区内，以及国务院已规定执行上述地区特殊政策的地区内新设立的国家需要重点扶持的高新技术企业，可以享受过渡性税收优惠，具体办法由国务院规定。

第三，国家已确定的其他鼓励类企业，可以按照国务院规定享受减免税优惠。

三、企业所得税的征收管理

（一）纳税地点

1. 除税收法律、行政法规另有规定外，居民企业以企业登记注册地为纳税地点；但登记注册地在境外的，以实际管理机构所在地为纳税地点。

居民企业在中国境内设立不具有法人资格的营业机构的，应当汇总计算并缴纳企业所得税。

2. 非居民企业在中国境内设立机构、场所的，应当就其所设机构、场所取得的来源于中国境内的所得，以及发生在中国境外但与其所设机构、场所有实际联系的所得，缴纳企业所得税，以机构、场所所在地为纳税地点。非居民企业在中国境内设立两个或者两个以上机构、场所的，经税务机关审核批准，可以选择由其主要机构、场所汇总缴纳企业所得税。

对在中国境内未设立机构、场所的，或者虽设立机构、场所但取得的所得与其所设机构、场所没有实际联系的非居民企业，应当就其来源于中国境内的所得缴纳企业所得税，以扣缴义务人所在地为纳税地点。

3. 除国务院另有规定外，企业之间不得合并缴纳企业所得税。

（二）征收方法

1. 企业所得税按纳税年度计算。纳税年度自公历 1 月 1 日起至 12 月 31 日止。企业在一个纳税年度中间开业，或者终止经营活动，使该纳税年度的实际经营期不足 12 个月的，应当以其实际经营期为一个纳税年度。企业依法清算时，应当以清算期间作为一个纳税年度。

2. 企业所得税分月或者分季预缴。企业应当自月份或者季度终了之日起 15 日内，向税务机关报送预缴企业所得税纳税申报表，预缴税款。

企业应当自年度终了之日起 5 个月内，向税务机关报送年度企业所得税纳税申报表，并汇算清缴，结清应缴应退税款。

企业在报送企业所得税纳税申报表时，应当按照规定附送财务会计报告和其他有关资料。

3. 企业在年度中间终止经营活动的，应当自实际经营终止之日起 60 日内，向税务机关办理当期企业所得税汇算清缴企业应当在办理注销登记前，就其清算所得向税务机关申报并依法缴纳企业所得税。

4. 企业所得税实行源泉扣缴。对在中国境内未设立机构、场所的，或者虽设立机构、场所但取得的所得与其所设机构、场所没有实际联系的非居民企业，应当就其来源于中国境内的所得缴纳企业所得税。其应缴纳的所得税，实行源泉扣缴，以支付人为扣缴义务人。税款由扣缴义务人在每次支付或者到期应支付时，从支付或者到期应支付的款项中扣缴。

对非居民企业在中国境内取得工程作业和劳务所得应缴纳的所得税，税务机关可以指定工程价款或者劳务费的支付人为扣缴义务人。

扣缴义务人未依法扣缴或者无法履行扣缴义务的，由纳税人在所得发生地缴纳。纳税人未依法缴纳的，税务机关可以从该纳税人在中国境内其他收入项目的支付人应付的款项中，追缴该纳税人的应纳税款。

扣缴义务人每次代扣的税款，应当自代扣之日起 7 日内缴入国库，并向所在地的税务机关报送扣缴企业所得税报告表。

（三）结算单位

企业所得税以人民币计算。所得以人民币以外的货币计算的，应当折合成人民币计算并缴纳税款。

我国政府同外国政府订立的有关税收的协定与本法有不同规定的，依照协定的规定办理。

四、企业所得税的计算

（一）应纳税所得额的计算

企业所得税法规定，企业每一纳税年度的收入总额，减除不征税收入、免税收入、各项扣除以及允许弥补的以前年度亏损后的余额，为应纳税所得额。用公式表示为：

应纳税所得额 = 收入总额 − 不征税收入 − 免税收入 − 各项扣除 − 允许弥补的以前年度亏损

其中，收入总额是指企业以货币形式和非货币形式从各种来源取得的收入；不征税收入包括财政拨款、行政事业性收费、政府性基金以及国务院规定的其他不征税收入；免税收入是指国债利息收入、权益性投资收益、非营利性组织的收入；各项扣除是指新税法及其实施条例具体规定的各项准予税前扣除的部分；允许弥补的以前年度亏损，是指企业将每一纳税年度的收入总额减除不征税收入、免税收入和各项扣除后小于零的数额。

（二）亏损的结转

新税法规定企业发生的年度亏损予以结转，主要是基于纳税主体的持续经营假设。由于纳税人除了法律规定应当终止外，其生产、经营活动是在规定经营期限内的一个循环过程，它的收入、成本、费用及利润也应当按此经营期限来确定，这样才能全面、真实地反映纳税人全部经营期内的最终经营成果和财务状况。但为了保障税收收入的及时入库，税法规定，纳税人必须以一个公历年度作为纳税年度，因此，它的经营核算也被人为地划分为一年一段，某纳税年度内的收入、成本、费用及利润核算也是不完全的。因此，税法规定了企业纳税年度发生的亏损，可以用以后 5 个年度的所得弥补。

一般而言，企业所得税亏损结转的基本方式，可以分为向以前年度结转和向以后年度结转两种，也有的将两种结合起来的，称为混合结转。从国际上看，各国一般采取两种基本方式中的一种，很少有将两种方式结合起来用的。据了解，全世界开征企业所得税的 159 个国家（地区）中，仅有美国、法国、加拿大、荷兰、关岛、文莱和北马里亚纳群岛等 7 个国家（地区）采用混合结转的方式。从理论上讲，这两种基本方式并不存在明显的优劣之分，而选择其中一种方式并在税法中将其固定下来，则有利于统一各类企业在所得税亏损弥补上的处理，有利于保证税制的确定性。从实际工作来看，一些企业由于初始投资成本较大，在初创时期往往盈利较少而发生亏损的可能性更大，因此向以后年度结转亏损对企业更为有利。同时，如果向以前年度结转亏损，还存在一个以前年度已纳所得税税款的退库问题，加大了税收征管的工作量，而向以后年度结转亏损，纳税人可以直接冲减以后盈利年度的应纳税所得额，直接减少应纳税款，既有利于税收征管，也方便纳税人。

（三）企业所得税应纳税额计算的应用举例

1. 居民企业应纳税额计算举例

【例】一家国家重点扶持的高新技术企业，2010 年实现税前收入总额 2 000 万元（包括产品销售收入 1 800 万元、购买国库券利息收入 100 万元），发生各项成本费用共计 1 000 万元，其中包括：合理的工资薪金总额 200 万元，业务招待费 100 万元，职工福利费 50 万元，职工教育经费 20 万元，工会经费 10 万元，税收滞纳金 10 万元，提取的各项准备金支出 100 万元。另外，企业当年购置环境保护专用设备 500 万元，购置完毕即投入使用。问：这家企业当年应纳的企业所得税额是多少（假定企业以前年度无未弥补亏损）？

解：

（1）计算企业的应税收入总额，因为按税法规定，国债利息收入属免税收入，所以，企业应税收入总额 = 2 000 − 100 = 1 900（万元）

（2）计算企业税前准予扣除项目的金额，按税法规定，合理的工资薪金是允许税前据实扣除的，业务招待费只能按实际发生数的 60% 扣除，但最高不得超过当年销售收入的 5‰，职工福利费按工资薪金总额的 14% 扣除，职工教育经费按工资薪金总额的 2.5% 扣除，工会经费按工资薪金总额的 2% 扣除，税收滞纳金属于不得税前扣除项目，未经核定的准备金支出也不得税前扣除，因此，该企业准予扣除项目金额 = 1 000 −（100 − 1 800 × 5‰）−（50 − 200 × 14%）−（20 − 200 × 2.5%）−（10 − 200 × 2%）− 10 − 100 = 756（万元）

（3）计算应纳税所得额，因为企业以前年度无未弥补亏损，所以，企业 2008 年度的应纳税所得额 = 1 900 − 756 = 1 144（万元）

（4）确定企业的适用税率，税法规定国家需要重点扶持的高新技术企业减按 15% 的税率征收企业所得税。

（5）由于企业当年购置并实际使用了税法鼓励的环境保护专用设备，因而可以实行投资抵免，首先需要计算投资抵免前企业的应纳税额 = 1 144 × 15% = 171.6（万元）

（6）计算允许抵免的税额，税法规定企业购置并实际使用的环境保护专用设备，其设备投资额的 10% 可从企业当年的应纳所得税额中抵免，则允许抵免的税额 = 500 × 10% = 50（万元）

（7）计算企业 2010 年应该缴纳的企业所得税额 = 171.6 − 50 = 121.6（万元）

2. 非居民企业应纳税额计算举例

【例】某外国企业在中国境内设立一个分公司，该分公司可在中国境内独立开展经营活动，2010 年该分公司在中国境内取得营业收入 200 万元，发生成本费用 150 万元（其中有20万元不得税前扣除），假设该分公司不享受税收优惠，则该分公司2010年应在中国缴纳多少企业所得税？

解：

税法规定，非居民企业在中国境内设立机构、场所的，应当就其所设机构、场所取得的来源于中国境内的所得，以及发生在中国境外但与其所设机构、场所有实际联系的所得，按25%的税率计算缴纳企业所得税。

该分公司的应纳税所得额＝200－（150－20）＝70（万元）

由于该分公司不享受税收优惠，所以该分公司2010年应在中国缴纳所得税＝70×25%＝17.5（万元）

【例】某外国公司在中国境内设有常驻代表机构，2010年该外国公司与中国一家企业签订一项技术转让协议，合同约定技术转让费100万元，技术转让费所适用的中国营业税税率为5%，则该外国公司应为该笔技术转让费在中国缴纳多少所得税？

解：

该外国公司直接与中国企业签订协议，收取价款，该笔交易所得与该外国公司设在中国境内的机构、场所没有实际联系，应认定为该外国公司来自于中国境内的所得，适用20%的所得税率。按税法及其实施条例的规定，除给予免税待遇的外，减按10%的所得税率计算所得税。

特许权使用费所得，以收入全额为应纳税所得额，所以，该笔特许权使用费所得在中国境内应负担的营业税等，均不得税前扣除。

按税法规定，接受技术的中国企业应为该外国公司代扣代缴所得税＝100×10%＝10（万元）

项目二　个人所得税

一、个人所得税的征税对象、纳税人和税率

个人所得税是对个人的各项应税所得征收的一种税。它是国家参与纳税人个人收入分配的重要手段。目前，世界上已有40多个国家开征了个人所得税。

我国现行个人所得税的基本法律规范是2007年12月修正的《中华人民共和国个人所得税法》和国务院2008年2月第二次修订的《中华人民共和国个人所得税法实施条例》等。

（一）个人所得税的征税对象

个人所得税的征税对象为个人取得的各项应税所得，即个人应当缴纳所得税的项目。现行个人所得税法列举了11项应税所得。具体包括：

1. 工资、薪金所得

工资、薪金所得，是指个人因任职或受雇而取得的工资、薪金、奖金、年终加薪、劳动分红、津贴、补贴以及与任职或受雇有关的其他所得。

税法规定对纳税人取得的下列津贴、补贴不征收个人所得税：

（1）独生子女补贴。

（2）执行公务员工资制度未纳入基本工资总额的补贴、津贴差额和家庭成员的副食品补贴。

（3）托儿补贴。

（4）差旅费津贴、误餐补助等。

【注意】纳税人取得的奖金、年终加薪、劳动分红、津贴、补贴等也属于工资、薪金的范畴，应按工资、薪金所得征收个人所得税。

2. 个体工商户的生产、经营所得

个体工商户的生产、经营所得，是指：

（1）个体工商户从事工业、手工业、建筑业、交通运输业、商业、饮食业、服务业、修理业以及其他行业生产、经营取得的所得。

（2）个人经政府有关部门批准，取得执照，从事办学、医疗、咨询以及其他有偿服务活动取得的所得。

（3）上述个体工商户和个人取得的与生产、经营有关的各项应纳税所得。

（4）个人因从事彩票代销业务而取得的所得。

（5）其他个人从事个体工商业生产、经营取得的所得。

个人独资企业、合伙企业的个人投资者以企业资金为本人、家庭成员及其相关人员支付的与企业生产经营无关的消费支出及购买汽车、住房等财产性支出，视为企业对个人投资者利润分配，并入投资者个人的生产经营所得，应依照“个体工商户的生产、经营所得”项目计征个人所得税。

【注意】个体工商户和从事生产、经营的个人，取得的与生产、经营活动无关的其他应税所得，应按照其他各应税项目的有关规定征收个人所得税。

3. 对企、事业单位的承包经营、承租经营所得

对企、事业单位的承包经营、承租经营所得，是指个人承包经营、承租经营以及转包、转租取得的所得。承包项目有多种，如生产经营、采购、销售、建筑安装等各种承包。转包包括全部转包和部分转包。

【注意】对企、事业单位的承包经营、承租经营所得包括个人按月或按次取得的工资、薪金性质的所得。

由于个人对企、事业单位承包经营、承租经营的形式和分配方式不同，因此，对承包经营、承租经营取得所得的税务处理也不同：

（1）企业由个人承包、承租后，如工商登记变更为个体工商户的，应按个体工商户生产经营所得项目征收个人所得税，不再征收企业所得税。

（2）企业由个人承包、承租后，工商登记仍为企业的，不论其分配方式如何，均应先按照企业所得税的有关规定缴纳企业所得税。承包、承租经营者按照承包经营、承租经营合同规定取得的所得区别不同情况，按下列办法计税：

①承包、承租人对企业经营成果不拥有所有权，仅是按合同规定取得一定所得的，其

所得按工资、薪金所得项目计税；

②承包、承租人按合同规定只向发包方、出租方交纳一定费用后，经营成果归承包、承租人所有的，承包、承租人取得的所得应按对企事业单位承包经营、承租经营所得项目计税。

4. 劳务报酬所得

劳务报酬所得，是指个人从事设计、装潢、安装、制图、化验、测试、医疗、法律、会计、咨询、讲学、新闻、广播、翻译、审稿、书画、雕刻、影视、录音、录像、演出、表演、广告、展览、技术服务、介绍服务、经纪服务、代办服务以及其他劳务取得的所得。

另外，个人担任董事职务所取得的董事费收入属于劳务报酬所得。

【注意】工资、薪金所得属于非独立性劳动所得，劳务报酬所得属于独立性劳动所得。

5. 稿酬所得

稿酬所得，是指个人因其作品以图书、报刊形式出版、发表而取得的所得。它包括文学作品、书画作品、摄影作品等出版、发表取得的所得，以及财产继承人取得的遗作稿酬。

6. 特许权使用费所得

特许权使用费所得，是指个人提供专利权、商标权、著作权、非专利技术以及其他特许权的使用权取得的所得。

（1）专利权，是指由国家专利主管机关依法授予专利申请人或其专利继承人，在一定时期内享有的专有权利。专利权具有专有性、地域性和时间性。

（2）商标权，是指商标注册人享有的商标专用权。

（3）著作权即版权，是作者依法对文学、艺术和科学作品享有的专有权，包括发表权、署名权、修改权、保护权、使用权和获取报酬权等。

【注意】提供著作权的使用权取得的所得不包括稿酬所得。

（4）非专利技术，是指专利技术以外的专有技术，包括技术秘密、技术诀窍等。专有技术大多是处于保密状态，仅为特定人员占有、未申请专利的先进技术。

7. 利息、股息、红利所得

利息、股息、红利所得，是指个人拥有债权、股权而取得的利息、股息、红利所得。

（1）利息，是指个人拥有债权而取得的利息，包括存款利息、贷款利息和持有的各种债券的利息。

（2）股息，是指个人因拥有股权，取得的公司、企业按一定的比率派发的每股息金。

（3）红利，是指个人因拥有股权，取得的公司、企业按股派发的，超过股息部分的利润。

8. 财产租赁所得

财产租赁所得，是指个人出租建筑物、土地使用权、机器设备、车船以及其他财产取得的所得。

【注意】个人将财产转租取得的收入，属于转租人的财产租赁所得。

9. 财产转让所得

财产转让所得，是指个人转让有价证券、股权、建筑物、土地使用权、机器设备、车船以及其他财产取得的所得。

10. 偶然所得

偶然所得，是指个人得奖、中奖、中彩及其他偶然性质的所得，包括个人参加各种有奖竞赛活动，取得名次获得的奖金，以及在有奖销售、有奖储蓄、购买彩票等活动中，因中奖或中彩取得的奖金。

11. 经国务院财政部确定征税的其他所得

其他所得，是指除上述列举的各项个人应税所得外，其他确有必要征税的个人所得，由国务院、财政部确定。

（二）个人所得税的纳税人

个人所得税的纳税人是指在中国境内有住所，或者无住所而在中国境内居住满 1 年的个人，以及在中国境内无住所又不居住或者无住所而在境内居住不满 1 年的个人，包括中国公民、个体工商业户以及在中国有所得的外籍人员（包括无国籍人员）和香港、澳门、台湾同胞。

【注意】从 2000 年 1 月 1 日起，个人独资企业和合伙企业的投资者也是个人所得税的纳税人。

我国个人所得税的纳税人是参照国际惯例，按照属地主义和属人主义双重原则确定的，并依据住所和居住时间两个标准，将纳税人区分为居民纳税人和非居民纳税人，分别承担不同的纳税义务。

1. 居民纳税人

居民纳税人，是指在中国境内有住所，或者无住所而在中国境内居住满 1 年的个人。居民纳税人负有无限纳税义务，其所取得的应税所得，无论是来源于中国境内还是中国境外，都要向中国缴纳个人所得税。

所谓在中国境内有住所的个人，是指因户籍、家庭、经济利益关系而在中国境内习惯性居住的个人。这里的习惯性居住，是指个人因为学习、工作、探亲等原因消除后，没有理由在其他地方继续逗留，所要回到的地方。

例如，一个中国公民因学习或工作、探亲、旅游等原因，原来在美国居住，在学习结束或者工作期满或探亲、旅游等这些原因消除后，如果必须回到中国境内居住，那么中国即为该公民的习惯性居住地。尽管该公民在一个纳税年度内，甚至连续几个纳税年度，都不在中国境内居住过一天，他仍然是中国居民纳税人，应就其来自世界范围的应税所得，向中国缴纳个人所得税。

所谓在中国境内居住满 1 年的个人，是指在一个纳税年度内（即公历 1 月 1 日起至 12 月 31 日止），在中国境内居住满 365 日的个人。例如一个美国专家从 2009 年 7 月 5 日至 2010 年 10 月 10 日在中国企业任职，由于该美国专家在哪一个纳税年度内在中国境内居住都不满365天，则该美国人不是我国的居民纳税人。另外，在计算居住天数时，对临时离境应视同在境内居住，不扣减其居住的天数。

所谓临时离境，是指在一个纳税年度内一次不超过30日或者多次累计不超过90日的离境。

现行税法中关于“中国境内”的概念，是指中国内地，目前还不包括中国香港、中国澳门和中国台湾地区。

【注意】住所和居住时间是判定纳税人是否是我国居民纳税人的两个标准，纳税人只要满足上述两个标准中的任意一个，就是我国居民纳税人。

2. 非居民纳税人

非居民纳税人，是指在中国境内无住所又不居住或者无住所而在境内居住不满1年的个人。非居民纳税人承担有限纳税义务，仅就来源于中国境内的所得向中国缴纳个人所得税。

在现实生活中，习惯性居住地不在中国境内的个人，只有外籍人员、华侨或者香港、澳门和台湾同胞。因此，非居民纳税人实际上只能是在一个纳税年度内，没有在中国居住，或者在一个纳税年度内，在中国境内居住不满1年的外籍人员、华侨或者香港、澳门和台湾同胞。

3. 所得来源地的确定

由于居民纳税人和非居民纳税人分别负有不同的纳税义务，居民纳税人要就其来源于中国境内、外的全部所得缴纳个人所得税，非居民纳税人仅就来源于中国境内的所得缴纳个人所得税。那么，哪些所得来源于中国境内？哪些所得来源于中国境外？税法规定：纳税人取得的以下所得，不论所得的支付地点是否在中国境内，均为来源于中国境内的所得。具体包括：

（1）在中国境内的公司、企业、事业单位、机关、部队、学校等单位或经济组织中任职、受雇取得的工资、薪金所得。

（2）在中国境内提供各种劳务而取得的劳务报酬所得。

（3）在中国境内从事生产、经营活动而取得的所得。

（4）个人出租的财产，被承租人在中国境内使用而取得的财产租赁所得。

（5）转让中国境内的房屋、建筑物、土地使用权以及在中国境内转让其他财产而取得的财产转让所得。

（6）提供在中国境内使用的专利权、专有技术、商标权、著作权，以及其他各种特许权而取得的特许权使用费所得。

（7）因持有中国的债券、股票、股权而从中国境内的公司、企业以及其他经济组织或者个人取得的利息、股息、红利所得。

（8）在中国境内参加各种竞赛活动取得名次的奖金所得；参加中国境内有关机关和单位组织的有奖活动而取得的中奖所得；购买中国境内有关部门和单位发行的彩票取得的中彩所得。

（9）在中国境内以图书、报刊方式出版、发表作品，取得的稿酬所得。

例如，某外国人将自己的一项专利转让给中国的A企业，由A企业在中国境内使用，该外国人从A企业取得特许权使用费50万元人民币，那么，该外国人取得特许权使用费50万元人民币属于从中国境内取得的所得，应向中国缴纳个人所得税。

（三）个人所得税的税率

我国的个人所得税按照应税项目的不同，分别规定了比例税率和超额累进税率两种税率形式，具体规定如下：

1. 工资、薪金所得

工资、薪金所得适用九级超额累进税率。税率为5% ~45%，具体税率见表6－1。

表6－1　个人所得税税率表（工资、薪金所得适用）

级数	全月应纳税所得额	税率（%）	速算扣除数
1	不超过500元的	5	0
2	超过500 ~2 000元的部分	10	25
3	超过2 000 ~5 000元的部分	15	125
4	超过5 000 ~20 000元的部分	20	375
5	超过20 000 ~40 000元的部分	25	1 375
6	超过40 000 ~60 000元的部分	30	3 375
7	超过60 000 ~80 000元的部分	35	6 375
8	超过80 000 ~100 000元的部分	40	10 375
9	超过100 000元的部分	45	15 375

【注意】本表所称全月应纳税所得额是指依照《中华人民共和国个人所得税法》第六条的规定，以每月收入额减除费用2 000元后的余额或者附加费用后的余额。

2. 个体工商户的生产、经营所得和对企、事业单位承包经营、承租经营所得

个体工商户的生产、经营所得和对企、事业单位承包经营、承租经营所得，均适用五级超额累进税率。具体税率见表6－2。

表6－2　个人所得税税率表（个体工商户的生产、经营所得和对企、事业单位承包经营、承租经营所得适用）

级数	全年应纳税所得额	税率（%）	速算扣除数
1	不超过5 000元的	5	0
2	超过5 000 ~10 000元的部分	10	250
3	超过10 000 ~30 000元的部分	20	1 250
4	超过30 000 ~50 000元的部分	30	4 250
5	超过50 000元的部分	35	6 750

【注意】本表所称全年应纳税所得额是指依照《中华人民共和国个人所得税法》第六条的规定，以每一纳税年度的收入总额，减除成本、费用以及损失后的余额。

个人独资企业和合伙企业投资者的生产经营所得，也适用5% ~35%的五级超额累进税率。

3. 劳务报酬所得

劳务报酬所得适用20%的比例税率。但纳税人一次性取得劳务报酬收入畸高的，要加

成征收。具体规定如下：

个人一次取得的劳务报酬，其应纳税所得额超过20 000元至50 000元的部分，依照税法规定计算应纳税额后，再按照应纳税额加征五成；超过50 000元的部分，加征十成。

【注意】一次性收入畸高，是指纳税人每次取得的劳务报酬收入，扣除有关费用后计算出的应纳税所得额超过20 000元。

实际上，劳务报酬所得实行加成征收后，可以采用超额累进税率计算应纳税额，具体税率见表6－3。

表6－3 个人所得税税率表（劳务报酬所得适用）

级数	每次应纳税所得额	税率（%）	速算扣除数
1	不超过20 000元的	20	0
2	超过20 000～50 000元的部分	30	2 000
3	超过50 000元的部分	40	7 000

4. 稿酬所得

稿酬所得，适用20%的比例税率，并按应纳税额减征30%。

【注意】稿酬所得实际上是按应纳税所得额的14%征税。

5. 其他所得

特许权使用费所得，利息、股息、红利所得，财产租赁所得，财产转让所得以及偶然所得，均适用20%的比例税率。

但储蓄存款特殊，根据《国务院关于修改〈对储蓄存款利息所得征收个人所得税的实施办法〉的决定》，储蓄存款在1999年10月31日前孳生的利息所得，不征收个人所得税；储蓄存款在1999年11月1日至2007年8月14日孳生的利息所得，按照20%的比例税率征收个人所得税；储蓄存款在2007年8月15日后孳生的利息所得，按照5%的比例税率征收个人所得税。

二、个人所得税应纳税额的计算

税法对不同类型的收入规定了不同的税率形式和不同的扣除标准。

（一）工资、薪金所得应纳税额的计算

工资、薪金所得应纳税额的计算公式为：

应纳税额＝应纳税所得额×适用税率－速算扣除数

工资、薪金所得在计算应纳个人所得税额时，使用的是超额累进税率，所以，计算比较烦琐。

这里运用速算扣除数计算法，可以简化计算过程。速算扣除数见表6－4。

表6－4　工资、薪金所得适用的速算扣除数表

级数	全月应纳税所得额	税率（%）	速算扣除数
1	不超过500元的	5	0
2	超过500～2 000元的部分	10	25
3	超过2000～5 000元的部分	15	125
4	超过5 000～20 000元的部分	20	375
5	超过20 000～40 000元的部分	25	1 375
6	超过40 000～60 000元的部分	30	3 375
7	超过60 000～80 000元的部分	35	6 375
8	超过80 000～100 00元的部分	40	10 375
9	超过100 000元的部分	45	15 375

习题示例

【例6－1】某纳税人2010年6月工资4 000元，该纳税人不适用附加减除费用的规定，请计算其2010年6月应纳个人所得税税额。

（1）应纳税所得额＝4 000－2 000＝2 000（元）

（2）应纳税额＝2 000 ×10%－25＝175（元）

【例6－2】某外商投资企业中工作的美国籍工作人员（假设为非居民纳税义务人），2010年6月份取得由该企业发放的工资收入10 000元人民币，请计算其应纳个人所得税额。

（1）应纳税所得额＝10 000－（2 000＋3 200）＝4 800（元）

（2）应纳税额＝4 800×15%－125＝595（元）

（二）个体工商户的生产、经营所得应纳税额的计算

个体工商户的生产、经营所得应纳税额的计算公式为：

应纳税额＝应纳税所得额×适用税率－速算扣除数

或＝（全年收入总额－成本、费用以及损失）×适用税率－速算扣除数

个体工商户业主的费用扣除标准和从业人员的工资扣除标准，由各省、自治区、直辖市地方税务机关确定。特别指出，自2008年3月1日起，个体工商户业主的费用扣除标准统一确定为24 000元/年，即2 000元/月。个体工商户在生产、经营期间借款的利息支出，凡有合法证明的，不高于按金融机构同类、同期贷款利率计算的数额的部分，准予扣除。个体工商户的生产、经营所得适用的速算扣除数见表6－5。

表6－5　个体工商户、承包户的生产、经营所得适用的速算扣除数表

级数	全月应纳税所得额	税率（%）	速算扣除数
1	不超过5 000元的	5	0
2	超过5 000～10 000元的部分	10	250
3	超过10 000～30 000元的部分	20	1 250
4	超过30 000～50 000元的部分	30	4 250
5	超过50 000元的部分	35	6 750

习题示例

【例6－3】李某承包了一家招待所，2010年1月按承包合同规定的利润分成比例取得2009年承包收入30 000元，请计算李某2010年1月应纳的个人所得税税额。

应纳个人所得税税额＝（30 000－800×12）×20%－1 250＝2 830（元）

对个人独资企业和合伙企业生产经营所得，其个人所得税应纳税额的计算有以下两种办法：

1. 查账征税

凡实行查账征税办法的，生产经营所得按照《个体工商户个人所得税计税办法（试行）》的规定确定。但下列项目的扣除依照以下规定执行：

（1）个体工商户业主、个人独资企业和合伙企业投资者本人的费用扣除标准统一确定为24 000元/年（2 000元/月），自2008年3月1日起执行。

（2）个体工商户、个人独资企业和合伙企业向其从业人员实际支付的合理的工资、薪金支出，允许在税前据实扣除，自2008年1月1日起执行。

（3）投资者及其家庭发生的生活费用不允许在税前扣除。投资者及其家庭发生的生活费用与企业生产经营费用混合在一起，并且难以划分的，全部视为投资者个人及其家庭发生的生活费用，不允许在税前扣除。

（4）企业生产经营和投资者及其家庭生活共用的固定资产，难以划分的，由主管税务机关根据企业的生产经营类型、规模等具体情况，核定准予在税前扣除的折旧费用的数额或比例。

（5）企业实际发生的工会经费、职工福利费、职工教育经费分别在其计税工资总额的2%、14%、2.5%的标准内据实扣除，自2008年1月1日起执行。

（6）企业每一纳税年度发生的广告费和业务宣传费用不超过当年销售（营业）收入15%的部分，可据实扣除。超过部分可无限期向以后的纳税年度结转，自2008年1月1日起执行。

（7）企业每一纳税年度发生的与其生产经营业务直接相关的业务招待费支出，按照发生额的60%扣除，但最高不得超过当年销售（营业）收入的5%，自2008年1月1日起执行。

（8）企业计提的各种准备金不得扣除。

2. 核定征收

核定征收方式，包括定额征收、核定应税所得率征收以及其他合理的征收方式。实行核定应税所得率征收方式的，应纳所得税额的计算公式如下：

（1）应纳所得税额＝应纳税所得额×适用税率

（2）应纳税所得额＝收入总额×应税所得率

或＝成本费用支出额÷（1－应税所得率）×应税所得率

应税所得率应按表6－6规定的标准执行。

表 6-6 个人所得税应税所得率表

行业	应税所得率（%）
工业、交通运输业、商业	5~20
建筑业、房地产开发业	7~20
饮食服务业	7~25
娱乐业	20~40
其他行业	10~30

实行核定征收的投资者，不能享受个人所得税的优惠政策。

（三）两种特殊情况下的应纳税额的计算

1. 对个人取得全年一次性奖金等计算征收个人所得税的方法

纳税人取得全年一次性奖金，单独作为一个月工资、薪金所得计算纳税，自 2005 年 1 月 1 日起按以下计税办法，由扣缴义务人发放时代扣代缴：

（1）先将雇员当月内取得的全年一次性奖金，除以 12 个月，按其商数确定适用税率和速算扣除数。

如果在发放年终一次性奖金的当月，雇员当月工资薪金所得低于税法规定的费用扣除额，应将全年一次性奖金减除“雇员当月工资薪金所得与费用扣除额的差额”后的余额，按上述办法确定全年一次性奖金的适用税率和速算扣除数。

（2）将雇员个人当月内取得的全年一次性奖金，按上述第（1）条确定的适用税率和速算扣除数计算征税，其计算公式为：

①如果雇员当月工资薪金所得高于（或等于）税法规定的费用扣除额的，适用公式为：

应纳税额 = 雇员当月取得全年一次性奖金 × 适用税率 - 速算扣除数

②如果雇员当月工资薪金所得低于税法规定的费用扣除额的，适用公式为：

应纳税额 =（雇员当月取得全年一次性奖金 - 雇员当月工资薪金所得与费用扣除额的差额）× 适用税率 - 速算扣除数

（3）在一个纳税年度内，对每一个纳税人，该计税办法只允许采用一次。

（4）实行年薪制和绩效工资的单位，个人取得年终兑现的年薪和绩效工资按上述第（2）条、第（3）条规定执行。

（5）雇员取得除全年一次性奖金以外的其他各种名目的奖金，如半年奖、季度奖、加班奖、先进奖、考勤奖等，一律与当月工资、薪金收入合并，按税法规定缴纳个人所得税。

（6）对无住所个人取得上述第（5）条所述的各种名目的奖金，如果该个人当月在我国境内没有纳税义务，或者该个人由于出入境原因导致当月在我国工作时间不满 1 个月的，仍按照《国家税务总局关于在我国境内无住所的个人取得奖金征税问题的通知》（国税发［1996］183 号）计算纳税。

如果雇员当月工资、薪金所得低于税法规定的费用扣除额时，其计算公式为：

应纳税额 =（雇员当月取得的全年一次性奖金 - 雇员当月工资、薪金所得与费用扣除额的差额）×适用税率 - 速算扣除数

习题示例

【例 6 -4】 某国企职工孙某2010年1月至12月每月工资为1 000元，12月31日又一次性领取年终奖金（兑现的绩效工资）25 800元，请计算孙某取得该笔奖金应缴纳的个人所得税。

（1）该笔奖金适用的税率和速算扣除数为：

按12个月分摊，每月的奖金 = [25 800 - (1 600 - 1 000)] ÷12 =2 100元，根据工资、薪金九级超额累进税率的规定，适用的税率和速算扣除数分别为15%和125元。

（2）应纳个人所得税税额为：

应纳税额 = [25 800 - (1 600 - 1 000)] × 15% -125 =25 200 × 15% -125 =3 780 -125 =3 655（元）

如果雇员当月工资薪金所得高于（或等于）税法规定的费用扣除额时，其计算公式为：

应纳税额 = 雇员当月取得的全年一次性奖金 × 适用税率 - 速算扣除数

【例 6 -5】 假设某国企职工孙某2010年1月至12月每月工资为1 800元，12月31日又一次性领取年终奖金（兑现的绩效工资）25 800元，请计算孙某取得该笔奖金应缴纳的个人所得税。

按12个月分摊，每月的奖金 =25 800 ÷ 12 =2 150元，根据工资、薪金九级超额累进税率的规定，适用的税率和速算扣除数分别为15%、125元。

应纳税额 =25 800 × 15% -125 =3 870 -125 =3 745（元）

2. 两个以上的纳税人共同取得同一项所得的计税问题

两个或两个以上的纳税义务人共同取得同一项所得的（如共同写作一部著作而取得稿酬所得），可以对每个人分得的收入分别减除费用，并计算各自应纳的税款。

习题示例

【例 6 -6】 甲、乙两个人合著一本书，共得稿费收入1 600元。若甲分得1 000元，乙分得600元，请计算甲、乙两人各需缴纳多少个人所得税。

甲需缴纳个人所得税额 = (1 000 - 800) ×20% × (1 - 30%) =28（元）

乙的所得没有达到800元，无须缴纳个人所得税。

小结

1. 所得税的特征，即所得税与其他税系（主要是货物与劳务税系）之间的区别，归纳起来有：(1) 所得税是对人税，而非对物税。(2) 所得税为直接税。(3) 所得税制是累进税。(4) 所得税是综合税。(5) 所得税是公平税。

2. 从总体上看，我国个人所得税法主要有如下特点：一是实行分类所得税制；二是具有较宽的费用扣除额；三是计税方法简便；四是采取源泉扣缴制和自行申报制两种征纳模式。

综合练习

一、单项选择题

1. 纳税人年终一次性取得承包经营、承租经营所得的，自取得收入之日起（　　）日内申报纳税。

A. 15　　B. 30　　C. 45　　D. 60

2. 国债和国家发行的金融债券利息，应（　　）。

A. 征收个人所得税　　B. 免征个人所得税

C. 减半征收个人所得税　　D. 适当减征个人所得税

3. 下列应税项目中，不能按次计算征收个人所得税的是（　　）。

A. 稿酬所得　　B. 财产租赁所得　　C. 股息红利所得　　D. 工薪所得

4. 下列各项中，不属于劳务报酬所得的有（　　）。

A. 某报社记者在该报发表文章的所得

B. 某画家从事书画展取得的报酬

C. 提供中介服务取得的报酬

D. 从事翻译工作取得的报酬

5. 扣缴义务人每次代扣的税款，应当自代扣之日起（　　）日内缴入国库，并向所在地的税务机关报送扣缴企业所得税报告表。

A. 3　　B. 5　　C. 7　　D. 10

6. 某企业于2008年销售了2006年积压的一批货物，如何对这批货物计税，有以下不同意见，你认为正确的是（　　）。

A. 按照规定不计算存货成本，也不准予在计算应纳税所得额时扣除

B. 按照规定计算存货成本，但不准予在计算应纳税所得额时扣除

C. 按照规定计算存货成本，准予在计算应纳税所得额时扣除

D. 以上意见都不正确

7. 某企业是生产电机的企业，在境外设有营业机构。2008年该企业的境内营业机构盈利1 000万，境外营业机构亏损100万。企业在汇总计算缴纳企业所得税时，对境外营业机构的亏损能否抵减境内营业机构的盈利，有不同意见，你认为其中正确的是(　　)。

A. 根据规定，境外营业机构的亏损不得抵减境内营业机构的盈利

B. 根据规定，境外营业机构的亏损可以抵减境内营业机构的盈利

C. 根据规定，境外营业机构的亏损是否抵减境内营业机构的盈利，适用境外机构的营业地所在国家的法律

D. 以上意见都不正确

8. 按照《企业所得税法》的规定，下列企业不缴纳企业所得税的是（　　）。

A. 国有企业　　B. 私营企业　　C. 合伙企业　　D. 外商投资企业

9. A公司2010年度取得以下收入：销售商品收入200万元，其他企业使用A企业可循环使用的包装物支付100万元，获得股息收入100万元，其他企业租用A公司的固定资产

支付200万元，转让无形资产收入100万元，A公司2010年度取得的租金收入总额是（　　）万元。

A. 100　　B. 200　　C. 300　　D. 400

10. 以下是企业所得税纳税人的是（　　）。

A. 个人独资企业　B. 合伙企业　C. 一人有限责任公司　D. 居民个人

11. 下面不是企业所得税纳税人的是（　　）。

A. 国有企业　B. 外商投资企业

C. 私营有限责任公司　D. 私营合伙企业

12. 下面收入应该征收企业所得税的是（　　）。

A. 股息、红利等权益性投资收益

B. 依法收取并纳入财政管理的政府性基金

C. 依法收取并纳入财政管理的行政事业收费

D. 财政拨款

13. 甲企业2010年度实际发生的与经营活动有关的业务招待费为100万元，销售收入为4 000万元。应按照（　　）万元予以税前扣除。

A. 60　　B. 100　　C. 240　　D. 20

14. 在计算应纳税所得额时，下列支出不得扣除的是（　　）。

A. 缴纳的营业税　B. 合理分配的材料成本

C. 企业所得税税款　D. 销售固定资产的损失

15. 下面固定资产可以提取折旧的是（　　）。

A. 经营租赁方式租出的固定资产

B. 以融资租赁方式租出的固定资产

C. 未使用的固定资产（机器设备）

D. 单独估价作为固定资产入账的土地

16. 企业纳税年度发生亏损，准予向以后年度结转，用以后年度的所得弥补，但结转年限最长不得超过（　　）年。

A. 5　　B. 3　　C. 10　　D. 不能弥补

17. 企业对外投资期间，投资资产的（　　）在计算应纳税所得额时不得扣除。

A. 利息　B. 折旧　C. 成本　D. 管理费用

18. 在计算应纳税所得额时，企业财务、会计处理办法与税收法律、行政法规的规定不一致时，应当依照（　　）的规定计算。

A. 按企业财务、会计处理办法　B. 税收法律、法规

C. 上级机关的指示　D. 有资质的中介机构

19. 企业的下列收入中，属于应税收入的是（　　）。

A. 国债利息收入

B. 符合条件的居民企业之间的股息、红利等权益性投资收益

C. 符合条件的非营利组织的收入

D. 银行存款利息收入

20. 甲公司2010年度的销售收入为1 000万元，实际发生的符合条件的广告支出和业务宣传费支出为200万元，其中（　　）万元予以税前扣除。

A. 150　　B. 200　　C. 100　　D. 50

21. 某公司外购一专利权，使用期限为6年，该公司为此支付价款和税费共计600万元。同时，该公司自行开发一商标权，开发费用为500万元，则专利权和商标权所支付的费用，该公司应当每年摊销费用合计为（　　）万元。

A. 100　　B. 150　　C. 110　　D. 183. 33

22. 企业与其关联方共同开发、受让无形资产，或者共同提供、接受劳务发生的成本，在计算应纳税所得额时应当按照（　　）进行分摊。

A. 公平交易原则　　B. 独立交易原则

C. 方便管理原则　　D. 节约成本原则

23. 企业从其关联方接受的债权性投资与权益性投资的比例超过规定标准而发生的（　　）支出，不得在计算应纳税所得额时扣除。

A. 管理费用　　B. 利息　　C. 生产成本　　D. 损失

24. 居民企业中国境内设立不具有法人资格的营业机构的，应当（　　）计算并缴纳企业所得税。

A. 分别　　B. 汇总　　C. 独立　　D. 就地预缴

25. 某企业于2010年5月5日开业，该企业的纳税年度时间为（　　）。

A. 2008年1月1日至2008年12月31日

B. 2008年5月5日至2009年5月4日

C. 2008年5月5日至2008年12月31日

D. 以上三种由纳税人选择

26. 企业应当自月份或季度终了之日起（　　）日内，向税务机关报送预缴《企业所得税申报表》，预缴税款。

A. 10　　B. 15　　C. 7　　D. 5

27.《企业所得税法》自（　　）起施行。

A. 2007年3月16日　　B. 2007年10月1日

C. 2008年1月1日　　D. 2008年7月1日

28.《企业所得税法》公布前批准设立的企业，依照当时的税收法律、行政法规规定，享受低税率优惠的，按照国务院规定，可以在本法施行后（　　）年内，逐步过渡到规定的税率。

A. 3　　B. 5　　C. 2　　D. 10

29. 下列属于居民纳税义务人的是（　　）。

A. 在中国境内无住所且不居住，但有来源于中国境内所得

B. 在中国境内无住所

C. 在中国境内无住所，但居住时间满1年

D. 在中国境内有住所，但目前未居住

30. 下列所得不属于个人所得税的征税对象的是（　　）。

A. 出版图书收入　　B. 军人转业费、复员费收入
C. 股息、红利收入　　D. 中福彩收入

31. 下列应税项目中，以 1 个月为一次确定应税所得额的是（　　）。
A. 财产租赁所得　　B. 工资、薪金所得
C. 承包转包所得　　D. 个体户经营所得

32. 稿酬所得适用 20% 的比例税率，并按应纳税额减征（　　）。
A. 10%　　B. 20%　　C. 30%　　D. 40%

33. 下列项目中，免纳个人所得税的是（　　）。
A. 股息、红利所得
B. 储蓄存款利息
C. 个人获得的保险赔款
D. 出版科普读物的稿酬

34. 对个人转让有价证券取得的所得，应按（　　）项目征税。
A. 财产转让所得　B. 股息红利所得　C. 特许权使用费所得　D. 偶然所得

二、多项选择题

1. 根据《企业所得税法》的规定，属于企业所得税纳税人的有（　　）。
A. 股份有限公司　　B. 一人有限责任公司
C. 个人独资企业　　D. 合伙企业

2. 根据《企业所得税法》的规定，企业分为（　　）。
A. 本国企业　　B. 外国企业　　C. 居民企业　　D. 非居民企业

3. 企业实际发生的与取得收入有关的、合理的支出，准予在计算应纳税所得额时扣除。其中包括（　　）。
A. 企业生产的成本、费用　　B. 企业的税金
C. 企业的损失　　D. 赞助支出

4. 在计算应纳税所得额时，不得扣除的支出有（　　）。
A. 税收滞纳金　　B. 被没收财物的损失
C. 法定比例范围内的公益性捐赠支出　　D. 向投资者支付的股息

5. 在计算应纳税所得额时，企业按照规定计算的无形资产摊销费用，准予扣除。但不得计算摊销费用扣除的无形资产有（　　）。
A. 自行开发的支出已在计算应纳税所得额时扣除的无形资产
B. 自创商誉
C. 与经营活动无关的无形资产
D. 开发无形资产时未形成资产而发生的费用
E. 其他不得计算摊销费用扣除的无形资产

6. 在计算应纳税所得额时，企业财务、会计处理办法与税收法律、行政法规的规定不一致的，应当依照（　　）的规定计算纳税。
A. 税收法律　　B. 税收行政法规
C. 国家税务总局的规章　　D. 税收地方性法规

7. 企业的下列收入中为免税收入的有（ ）。

A. 财政拨款

B. 依法收取并纳入财政管理的政府性基金

C. 国务院规定的不征税收入

D. 国债利息收入

E. 符合条件的非营利组织的收入

8. 企业的下列所得，可以免征、减征企业所得税的有（ ）。

A. 从事农、林、牧、渔业项目的所得

B. 从事国家重点扶持的公共基础设施项目投资经营的所得

C. 从事符合条件的环境保护、节能节水项目的所得

D. 符合条件的技术转让所得

9. 在计算应纳税所得额时，企业发生的（ ）支出作为长期待摊费用，按照规定摊销的，准予扣除。

A. 未经核定的准备金支出　　B. 出租人固定资产的改建支出

C. 固定资产的大修理支出　　D. 赞助支出

10. 非居民企业在中国境内的场所包括（ ）。

A. 管理机构　　B. 营业机构　　C. 办事机构　　D. 营业代理人

11. 特许权使用费收入是指企业提供（ ）取得的收入。

A. 专利权　　B. 非专利技术　　C. 商标权　　D. 土地使用权

12. 企业发生非货币性资产交换，以及将货物、财产、劳务用于（ ），应当视同销售货物、提供劳务。

A. 捐赠　　B. 偿债　　C. 赞助　　D. 在建工程

13. 企业的下列研究开发费用支出，可以在计算应纳税所得额时加计扣除的有（ ）。

A. 开发新技术　　B. 开发新产品　　C. 开发新工艺　　D. 受让新技术

14. 视同机构、场所的“营业代理人”必须同时具备的条件有（ ）。

A. 接受外国企业委托的主体是中国境内的单位或个人

B. 代理活动必须是经常性的行为

C. 代理的具体行为，包括代其签订合同，或者储存、交付货物

D. 接受居民企业委托的中国境内的单位或个人

15. 下列对个人所得税的特点描述正确的是（ ）。

A. 实行分项课征制　　B. 实行多种费用扣除的方法

C. 多种税率形式并存　　D. 税源征收和个人申报相结合的征收方式

16. 下列所得需要缴纳个人所得税的是（ ）。

A. 个体工商户生产经营所得　　B. 稿酬所得

C. 特许权使用费所得　　D. 财产租赁所得

17. 下列项目中，构成工资薪金所得征税项目的有（ ）。

A. 年终奖金　　B. 节假日加班费

C. 住房补贴　　D. 个人负担的住房公积金

18. 对劳务报酬所得、稿酬所得、特许权使用费所得、财产租赁所得应税所得额的确定方式为（　　）。

A. 每次收入不超过 4 000 元的，减除费用 800 元

B. 每次收入不超过 4 000 元的，减除费用 1 600 元

C. 4 000 元以上的，减除 10% 的费用

D. 4 000 元以上的，减除 20% 的费用

19. 下列各项所得，按个体工商户生产经营所得项目征税的有（　　）。

A. 个人从事代销业务取得的所得

B. 个体工商户对外投资取得的股利

C. 个人开设诊所的所得

D. 个人独资企业投资者的所得

20. 对个人独资企业和合伙企业生产经营所得，其个人所得税应纳税额的计算办法有（　　）。

A. 查账征税　　B. 定额征收　　C. 核定征收　　D. 自核自缴

21. 下列可以免征个人所得税的是（　　）。

A. 个人获得外国组织颁发的环境保护方面的奖金

B. 福利费、抚恤金、救济金

C. 军人的转业费

D. 按照国家统一规定发给的补贴、津贴

22. 下列所得在计算个人所得税时，不得减除费用的有（　　）。

A. 特许权使用费所得　　B. 利息、股息、红利所得

C. 偶然所得　　D. 劳务报酬所得

23. 下列所得中适用超额累进税率的是（　　）。

A. 工资、薪金所得　　B. 个体工商户的生产经营所得

C. 特许权使用费所得　　D. 劳务报酬所得

24. 下列对个人所得税的计税依据说法正确的有（　　）。

A. 工资、薪金所得以每月收入额减除费用 800 元后的余额，为应纳税所得额

B. 个体工商户的生产、经营所得以每一纳税年度的收入总额减除成本、费用以及损失后的余额，为应纳税所得额

C. 财产转让所得以转让财产的收入额减除财产原值和合理费用后的余额，为应纳税所得额

D. 对企事业单位的承包经营、承租经营所得以每一纳税年度的收入总额减除必要费用后的余额，为应纳税所得额

25. 核定征收方式包括（　　）。

A. 定额征收　　B. 定率征收

C. 核定应税所得率征收　　D. 其他合理的征收方式

26. 个人所得税自行申报纳税的纳税义务人包括（　　）。

A. 从两处或两处以上取得工资、薪金所得的个人

B. 年所得 12 万元以上的

C. 分笔取得属于一次劳务报酬所得的

D. 取得了应税所得，扣缴义务人未按规定扣缴税款的

27. 下列所得中免征、减征、不征个人所得税的有（　　）。

A. 商业保险到期返还款

B. 个人按规定标准取得的拆迁补偿款

C. 单位为职工个人购买商业性养老保险

D. 商业保险赔款

28. 下列应税项目中，适用20%的比例税率计算应纳税额的有（　　）。

A. 财产转让所得　　B. 固定工资所得

C. 拥有所有权的承包经营所得　　D. 劳务报酬所得

29. 王某退休后从事个体经营，下列收入中应缴纳个人所得税的有(　　)。

A. 自己开小商店取得的纯收入　　B. 国外亲属汇款

C. 处置打包债权所得　　D. 投资一私营企业的分红

三、填空题

1. ________是对个人（自然人）取得的各项应税所得征收的一种税，它体现了________与________之间的分配关系。

2. 世界各国的个人所得税的征收，一般有________和________两种办法，我国选择的是________。

3. 个人所得税在征收时按照分类所得税制的要求，对纳税人的各项所得，根据情况不同采取________和________相结合的扣除方法。

4. 个人所得税的纳税义务人包括中国公民、________以及________的外籍人员和香港、澳门、台湾同胞。

5. 除特殊情况外，纳税人应在取得应纳税所得的________内向主管税务机关申报所得并缴纳税款。

6. 自行申报纳税的申报地点一般应为________的主管税务机关。纳税人从两处或两处以上取得工资、薪金所得的，可选择并固定在其中一地税务机关申报纳税；从境外取得所得的，应向________或________税务机关申报纳税。

四、判断题

1.《企业所得税法实施条例》是由国务院制定的行政法规，是《企业所得税法》的下位法。(　　)

2. 由于个人独资企业不适用《企业所得税法》，所以一人有限公司也不适用《企业所得税法》。(　　)

3. 境外的个人独资企业和合伙企业可能会成为《企业所得税法》规定的我国非居民企业纳税人，也可能会成为《企业所得税法》规定的我国居民企业纳税人。(　　)

4. 不适用《企业所得税法》的个人独资企业和合伙企业，包括依照外国法律法规在境外成立的个人独资企业和合伙企业。(　　)

5. 我国《企业所得税法》对居民企业的判定标准采取的是登记注册地标准和实际管理控制地标准相结合的原则，依照这一标准在境外登记注册的企业属于非居民企业。(　　)

6. 非居民企业偶尔委托个人在中国境内从事生产经营活动的，则该个人不视为非居民企业在中国境内设立的机构、场所。（ ）
7. 非居民企业在中国境内设立机构、场所的，应当就其来源于中国境内的所得按 25% 的税率缴纳企业所得税。（ ）
8. 具有法人资格的企业才能成为居民纳税企业。（ ）
9. 居民企业承担无限纳税义务，非居民企业承担有限纳税义务。（ ）
10. 居民企业适用税率为 25%，非居民企业适用税率为 20%。（ ）
11. 国家级高新技术开发区内的高新技术企业才能享受 15% 的优惠税率。（ ）
12. 在计算应纳税所得额时，企业财务、会计处理办法与税收法律、行政法规的规定不一致的，应当依照税收法律、行政法规的规定计算。（ ）
13. 企业对外投资期间，投资资产的成本在计算应纳税所得额时准予扣除。（ ）
14. 不征税收入是新《企业所得税法》中新创设的一个概念，与“免税收入”的概念不同，属于税收优惠的范畴。（ ）
15.《企业所得税法》中的亏损和财务会计中的亏损含义是不同的。《企业所得税法》所称亏损，是指企业将每一纳税年度的收入总额减除不征税收入、免税收入和各项扣除以后小于零的数额。（ ）
16.《企业所得税法》中的转让财产收入是指企业转让固定资产、无形资产、流动资产、股权、股票、债券、债权等所取得的收入。（ ）
17.《企业所得税法》的收入总额包括财政拨款、税收返还和依法收取并纳入财政管理的行政事业性收费和政府性基金。（ ）
18. 企业取得的所得税返还（退税）和出口退税的增值税进项属于不征税收入项目。（ ）
19. 根据《企业所得税法》的规定，在我国目前的税收体系中，允许税前扣除的税收种类主要有消费税、营业税、资源税和城市维护建设税、教育费附加，以及房产税、车船税、耕地占用税、城镇土地使用税、车辆购置税、印花税等。（ ）
20. 企业发生的公益救济性捐赠，在应纳税所得额 12% 以内的部分，准予在计算应纳税所得额时扣除。（ ）
21. 我国现行个人所得税实行的是综合与分类相结合的课征方法。（ ）
22. 出租居民住房取得的收入需缴纳个人所得税，并适用 10% 的比例税率。（ ）
23. 在我国居住时间 5 年以上的个人属于居民纳税人，应就其境内、境外所得缴纳个人所得税。（ ）
24. 个人兼职取得收入和退休人员再任职取得收入，均应按照“劳务报酬所得”应税项目缴纳个人所得税。（ ）
25. 个人将其应税所得，全部用于公益救济性捐赠，将不必再承担缴纳个人所得税纳税义务。（ ）
26. 个人获得的保险赔款不必缴纳个人所得税。（ ）
27. 个人将其所得通过中国境内的社会团体、国家机关向教育事业和其他社会公益以及遭受严重自然灾害地区、贫困地区的捐赠，捐赠额未超过纳税义务人申报的应纳税所得

额 30% 的部分，可以从其应纳税所得额中扣除。(　)

28. 中国公民将专利技术租给境外公司在境外使用的所得属于境外所得，不应在我国缴纳个人所得税。(　)

29. 扣缴义务人向个人支付应税所得时，不论纳税人是否属于本单位人员，均应代扣代缴其应纳的个人所得税税款。(　)

30. 某歌星取得一次性的劳务报酬 2.3 万元，对此应实行加成征收办法计算个人所得税。(　)

五、计算题

1. 某商业银行 2010 年取得国债利息收入为 20 万元，金融债券利息收入为 30 万元，代发国债手续费收入为 40 万元，在代发国债时支付相关费用共计 15 万元。

   要求：计算 2010 年该商业银行应缴纳的企业所得税税额。

2. 某企业 2010 年有注册资金 600 万元，当年 1 月 1 日向其控股的公司借入经营性资金 500 万元，借款期限为 1 年，支付利息费用 35 万元。当年银行同期贷款利率为 7%。

   要求：计算 2010 年该企业在计算应纳税所得额时可以扣除的利息费用。

3. 某企业 2010 年向税务机关申报会计利润总额为 400 万元，发生公益性捐赠 60 万元。

   要求：计算 2010 年该企业可以扣除的公益性捐赠额。

4. 某企业 2010 年从国内取得应纳税所得额 40 万元，从甲国取得股息收入 20 万元，财产转让收入 40 万元，在甲国分别缴纳了企业所得税 4 万元和 16 万元。

   要求：计算 2010 年该企业应缴纳的企业所得税税额。

5. 某企业 2010 年实现收入总额为 860 万元，相应扣除项目金额为 838 万元，另外收到应返还的上年度的流转税额为 3 万元。经核定的前两年度的亏损额分别为 12 万元和 8 万元。

   要求：计算 2010 年该企业应缴纳的企业所得税税额。

6. 某运输公司自行申报 2010 年的收入总额为 60 万元，成本费用为 56 万元。经税务机关审查，其收入总额核算准确，但成本费用无法核实。已知应税所得率为 15%。

   要求：计算 2010 年该运输公司应缴纳的企业所得税税额。

7. 某企业自行申报 2010 年的收入总额为 150 万元，应扣除的成本费用合计为 160 万元，全年亏损 10 万元。经税务机关审查，其成本费用核算准确，但收入总额无法核实。已知应税所得率为 20%。

   要求：计算 2010 年该企业应缴纳的企业所得税税额。

8. 某白酒生产企业，2010 年全年销售额为 1 600 万元，成本为 600 万元，销售税金及附加为 460 万元，按规定列支各种费用 400 万元。上述成本费用中包括新产品研究开发费用 80 万元、粮食白酒广告费用 50 万元。

   要求：计算 2010 年该企业应缴纳的企业所得税税额。

9. 某企业 2010 年共支付职工工资总额 100 万元。

   要求：计算 2010 该企业可以扣除的工资及“三费”总额。

10. 某企业 2010 年销售收入为 800 万元，发生广告费支出 190 万元，业务宣传费支出 20 万元，上年度尚未抵扣的广告费为 20 万元，业务招待费为 7 万元。

    要求：计算 2010 年该企业可以扣除的广告费、业务宣传费和业务招待费总额。

参考答案

一、单项选择题

1. B　2. B　3. D　4. A　5. C　6. C　7. A　8. C　9. C　10. C
11. D　12. A　13. D　14. C　15. A　16. A　17. C　18. B　19. D　20. A
21. B　22. B　23. B　24. B　25. C　26. B　27. C　28. B　29. C　30. B
31. A　32. C　33. C　34. A

二、多项选择题

1. AB　2. CD　3. ABC　4. ABD　5. ABCE
6. AB　7. ABC　8. ABCDE　9. BC　10. ABC
11. ABC　12. ABCD　13. ABC　14. ABC　15. ABCD
16. ABCD　17. ABC　18. AD　19. ACD　20. AC
21. ABCD　22. BC　23. ABD　24. BCD　25. ACD
26. ABCD　27. ABD　38. AD　29. ACD

三、填空题

1. 个人所得税、国家、个人
2. 分项课征、总额课征、分项课征制
3. 定额扣除、定率扣除
4. 个体工商户、在中国有所得
5. 次月 7 日
6. 收入来源地、境内户籍所在地、经常居住地

四、判断题

1. √　2. ×　3. √　4. ×　5. ×　6. √　7. ×　8. ×　9. √　10. ×
11. ×　12. √　13. ×　14. ×　15. ×　16. ×　17. ×　18. √　19. √　20. ×
21. ×　22. √　23. √　24. ×　25. ×　26. √　27. √　28. ×　29. √　30. ×

五、计算题

1. （30 + 40 − 15）× 25% = 13.75（万元）

2. 600 × 50% × 7% = 21（万元）

3. 400 × 12% = 48（万元）

4. 境内、境外所得应纳税总额 =（40 + 20 + 40）× 25% = 25（万元）
　从甲国取得的所得税扣除限额 = 25 ×［（20 + 40）+（40 + 20 + 40）］= 15（万元）
　该年度企业应缴纳的企业所得税 = 25 − 15 = 10（万元）

5. ［（860 − 838 + 3）− 12 − 8］× 25% = 1.25（万元）

6. 该运输公司应纳税所得额 = 60 × 15% = 9（万元）
　该运输公司本年度应缴纳的企业所得税税额 = 9 × 25% = 2.25（万元）

7. 该企业应纳税所得额 = 160 +（1 − 20%）× 20% = 40（万元）
　该企业本年度应缴纳的企业所得税税额 = 40 × 25% = 10（万元）

8. 新产品研究开发费用可以附加的扣除额 = 80 × 50% = 40（万元），粮食白酒广告费用支出 50 万元不可以扣除。

   企业的应纳税所得额 = 1600 − 600 − 460 − 400 − 40 + 50 = 150（万元）

   企业应缴纳的所得税税额 = 150 × 25% = 37.5（万元）

9. 可以扣除的职工工会经费 = 100 × 2% = 2（万元）

   可以扣除的职工福利费 = 100 × 14% = 14（万元）

   可以扣除的职工教育经费 = 100 × 2.5% = 2.5（万元）

   企业可以扣除的工资及“三费”总额 = 100 + 2 + 14 + 2.5 = 118.5（万元）

10. 可以扣除的广告费和业务宣传费标准 = 800 × 15% = 120（万元），超标的 70 万元可以向以后年度结转。

    本年度可以扣除的业务招待费总额 = 7 × 60% = 4.2（万元）

    本年度可扣除的业务招待费最高限额 = 800 × 5‰ = 4（万元）

    本年度可以扣除的广告费、业务宣传费和业务招待费总额 = 120 + 4 = 124（万元）

模块七　税种讲解（下）
——　财产行为税

学习目标

一般掌握：财产行为税的计算方法

重点掌握：现行财产行为税的基本特点与立法意图

基础知识

财产税是以纳税人所有或所支配的财产为征税对象所征收的税种。财产税是一个古老的税种，资本主义社会发展初期，财产税曾是主要的税种。在 20 世纪 50 年代，财产税也曾是我国的主要税种之一，经过几十年的发展，尽管财产税占整个税收收入的比重不太大，但仍是国家和地方筹集资金的重要手段，也是完善地方税制体系的重要内容。目前我国财产税体系主要包括房产税、车船税、契税等税种。

行为税是对纳税人的某些特定行为征税对象所征收的一类税。它是国家运用税收杠杆调节纳税人某种行为的重要手段。我国行为税体系主要包括印花税、车辆购置税等税种。

项目一　房产税

一、房产税的渊源

房产税是以房产为征税对象，以房产评估值为计税依据，向拥有房屋产权的单位和个人征收的一种税。

房产税是一个历史悠久的税收，最早始于我国的周期，在民国时期，曾用“市政总捐”和“房捐”等名称征收，名目繁多。

二、开征房产税的意义

开征房产税有利于增加地方政府的财政收入。目前，地方税改革的总体目标是较大幅度地提高地方税比例，为实行完全分税制创造条件。房产税作为地方税体系中一个较大税种，无疑在为地方筹集财政资金方面起着重要作用。目前的房产税与上个世纪 50 年代的房产税相比，其收入结构有很大变化。当时的房产税是整个税制体系中一个重要税种，而现在的房产税仅为整个体系中一个辅助性税种。尽管如此，房产税仍是地方固定收入的有效来源。

开征房产税有利于加强房产管理，提高房产使用效益。房产是社会财产资源的一部分。过去，由于企业厂房、住房都由国家拨款兴建，实行无偿使用或收取低额租金，房产的损失浪费现象较为严重。现在征收房产税，涉及到房产所有人的切身利益，能促使房产所有人充分利用房产，减少、杜绝房产的损失浪费现象，而且能加强房产管理，提高房产的使用效益。

开征房产税有利于国家运用税收杠杆调节房产所有者收入，配合国家的房改政策，改善居民的居住条件。

三、房产税的征收

（一）房产税的征税范围和纳税人

房产税的征税范围包括城市、县城、建制镇、工矿区的房屋。房产税的纳税人是指在我国境内拥有房屋产权的单位和个人。产权属于全民所有的，以经营管理单位为纳税义务人；若产权出典的，其承典人为纳税义务人；若产权所有人、承典人没有在当地或产权没有确定，以及租典纠纷没有解决的，由房产代管或使用人缴纳税款。因此，房产税的纳税人包括：房产所有人、经营管理单位、承典人、代管人和使用人。

（二）房产税的计税依据和税率

房产税的征税对象是房产，其计税依据分为房屋租金收入或房产余值两种。房产税采用比例税率，对租金收入按12%征收；对房产余值则按1.2%征收。

（三）房产税的税收优惠

免征房产税的房产包括：

1. 国家机关、人民团体、军队房产、自用房产免税。
2. 由国家财政部门拨付事业费的单位的房产免税。
3. 宗教寺庙、公园、名胜古迹的房产免征房产税。
4. 个人的非营业用房免税。
5. 对利用地下人防设施从事营业的免税。
6. 经有关部门鉴定，对损坏不能继续使用的房产，在停业后可免征房产税。
7. 凡在建筑工程中使用的工棚、材料棚、休息棚和办公室、食堂、茶炉房、汽车房等临时性房屋施工期间一律免征房产税，移交给建设单位的，从移交当月起征税。
8. 对缴纳确有困难的，可以按省级人民政府规定减征或免征房产税。

（四）房产税的计算与缴纳

1. *房产税的计算*

房产税的计算分两类，一种是按照房屋租金收入计税的，另一种是用房产原值一次性减除10% ~30%的残值后的余值计税，具体减除比例由各省、自治区、直辖市人民政府确定。具体计算公式为：

①以房产原值计税公式

应纳税额 = 房屋原值 ×（1 - 原值减除比例）×1.2%

②以租金收入计税公式

应纳税额 = 租金收入 ×12%

2. *房产税的缴纳*

房产税的纳税地点在房产所在地，这是根据税收管辖权中属地主义原则考虑的，可以避免纳税人与房产所在地区不在同一地点而引起的纠纷，同时也有利于税务部门的征管。

房产税由房产所在地税务机关征收，其征收方法采用“按年征收，分期缴纳”，具体的纳税期限由各省、自治区、直辖市人民政府确定。

项目二　契税

一、契税基础理论

（一）契税的概念

契税是以所有权发生转移的不动产为征税对象，向产权承受人征收的一种财产税。

（二）契税的纳税义务人

在中华人民共和国境内转移土地、房屋权属，承受的单位和个人为契税的纳税人。

（三）契税的征税对象

契税的征税对象为发生土地使用权和房屋所有权权属转移的土地和房屋。具体征税范围包括：

1. 国有土地使用权出让。

2. 土地使用权转让，包括出售、赠与和交换。

3. 房屋买卖。以下几种特殊情况，视同买卖房屋：

（1）以房产抵债或实物交换房屋。

（2）以房产作投资或作股权转让。

（3）买房拆料或翻建新房应照章征收契税。

（4）房屋赠与。

（5）房屋交换。

（四）契税的税率

契税实行幅度比例税率，税率幅度为3%～5%。具体执行税率，由各省、自治区、直辖市人民政府在规定的幅度内，根据本地区的实际情况确定。

（五）契税的减免税

1. 国家机关、事业单位、社会团体、军事单位承受土地、房屋用于办公、教学、医疗、科研和军事设施的，免征契税。

2. 城镇职工按规定第一次购买公有住房的，免征契税。

3. 因不可抗力丧失住房而重新购买住房的，酌情准予减征或者免征契税。

4. 土地、房屋被县级以上人民政府征用、占用后，重新承受土地、房屋权属的，由省级人民政府确定是否减免。

5. 承受荒山、荒沟、荒丘、荒滩土地使用权，并用于农、林、牧、渔业生产的，免征契税。

6. 个人首次购买 90 平方米以下住房，从 2008 年 11 月 1 日起按 1% 税率征收契税。

二、契税应纳税额的计算

应纳税额 = 计税依据 × 税率

契税的计税依据为不动产的价格。由于土地、房屋权属转移方式不同，定价方法不同，因而具体计税依据视不同情况而决定。

1. 国有土地使用权出售、房屋买卖，其计税依据为成交价格。

2. 土地使用权赠与、房屋赠与，其计税依据由征收机关参照土地使用权出售、房屋买卖的市场价格核定。

3. 土地使用权交换、房屋交换，其计税依据是所交换的土地使用权、房屋的价格差额。

4. 国有土地使用权出让，其计税依据为承受人为取得该土地使用权而支付的全部经济利益。

（1）以协议方式出让的，其契税计税价格为成交价格。

（2）以竞价方式出让的，其契税计税价格，一般应确定为竞价的成交价格，土地出让金、市政建设配套费以及各种补偿费用应包括在内。

（3）先以划拨方式取得土地使用权，后经批准改为出让方式取得该土地使用权的，应依法缴纳契税，其计税依据为应补缴的土地出让金和其他出让费用。

（4）已购公有住房经补缴土地出让金和其他出让费用成为完全产权住房的，免征土地权属转移的契税。

5. 房屋买卖的契税计税价格为房屋买卖合同的总价款，买卖装修的房屋，装修费用应包括在内。

习题示例

【例 7－1】2010 年 2 月 A 公司接受 B 公司以一套房产进行投资，B 公司投资入股的房产市场价值为 300 万元。计算 A 公司应缴纳契税。（契税税率为 4%）

应缴纳契税税额 = 300 × 4% = 12（万元）

三、契税的申报与缴纳

（一）契税的纳税时间

1. 纳税义务发生时间

契税的纳税义务发生时间是纳税人签订土地、房屋权属转移合同的当天，或者纳税人取得其他具有土地、房屋权属转移合同性质凭证的当天。

2. 契税的纳税期限

纳税人应当自纳税义务发生之日起 10 日内，向土地、房屋所在地的契税征收机关办理纳税申报，并在契税征收机关核定的期限内缴纳税款。

（二）契税的纳税地点

契税在土地、房屋所在地的征收机关缴纳。

项目三　车船税

车船税是对在我国境内依法应当到公安、交通、农业、渔业、军事等管理部门办理登记的车辆、船舶，根据其种类，按照规定的计税单位和年税额标准计算征收的一种财产税。

我国对车船征税的历史很悠久。明清时，曾对内河商船征收船钞。新中国成立前，不少城市对车船征收牌照税。新中国成立后，中央人民政府政务院于 1951 年颁布了《车船使用牌照税暂行条例》，对车船征收车船使用牌照税。1986 年 9 月国务院在实施工商税制改革时，又发布了《中华人民共和国车船使用税暂行条例》。根据有关规定，该条例不适用于外商投资企业和外国企业及外籍个人，因此，对外商投资企业和外国企业及外籍个人仍征收车船使用牌照税。

以上两个税种自开征以来，在组织地方财政收入、调节和促进经济发展方面发挥了积极作用。但内外两个税种，不符合简化税制的要求，也与世贸组织有关国民待遇等规则不相符合，而且这两个税种的征免税规定不够合理，税源控管手段不足，税额标准与我国社会经济发展水平和当前物价水平相比已明显偏低。因此，根据我国目前车船拥有、使用和管理现状及发展趋势，本着简化税制、公平税负、拓宽税基、方便税收征管的原则，国务院将《车船使用牌照税暂行条例》和《中华人民共和国车船使用税暂行条例》进行了合并修订，于 2006 年 12 月 29 日发布了《中华人民共和国车船税暂行条例》，规定自 2007 年 1 月 1 日起在全国范围内对各类企业、行政事业单位和个人统一征收车船税。

一、车船税的纳税人

车船税由车船的所有人或者管理人缴纳。其中，所有人是指在我国境内拥有车船的单位和个人；管理人是指对车船具有管理使用权，但不具有所有权的单位。上述所称的单位包括国有企业、集体企业、私营企业、股份制企业、外商投资企业、外国企业以及其他企业和事业单位、社会团体、国家机关、军队以及其他单位；所称的个人，包括个体工商户以及其他个人。

二、车船税的税率

车船税实行定额税率。

（1）车辆的税额。

根据条例和实施细则，车辆的税额幅度如表7－1所示：

表7－1　车辆的税额幅度表

税目		计税标准	每年税额	税目注释
1. 载客汽车	大型客车	每辆	480～660元	包括电车
	中型客车		420～660元	
	小型客车		360～660元	
	微型客车		60～480元	
2. 载货汽车		自重每吨	16～120元	包括半挂牵引车和挂车以及客货两用汽车
3. 三轮汽车和低速货车		自重每吨	24～120元	
4. 摩托车		每辆	36～180元	
5. 专项作业车和轮式专用机械车		自重每吨	16～120元	

其中，大型客车是指核定载客人数大于或者等于20人的载客汽车；中型客车是指核定载客人数大于9人且小于20人的载客汽车；小型客车是指核定载客人数小于或者等于9人的载客汽车；微型客车是指发动机气缸总排气量小于或者等于1升的载客汽车。

（2）船舶的税额。船舶按照净吨位区间确定具体适用税额。其中，船舶净吨位小于或者等于200吨的，每吨3元；净吨位201吨～2 000吨的，每吨4元；净吨位2 001吨～10 000吨的，每吨5元；净吨位10 001吨及其以上的，每吨6元。

考虑到非机动驳船只有与拖船连接才能发挥运输功能，条例规定非机动驳船和拖船各按上述船舶税额的50%计算征收。其中，拖船按照发动机功率每2马力折合净吨位1吨计算。

三、车船税的退还

为了减轻纳税人的损失，条例规定，如果已缴纳了车船税的车船被盗抢、报废或灭失，纳税人可以向纳税所在地的主管地方税务机关申请退还自被盗抢、报废、灭失月份起至年度终了期间的税款。

已办理退税的被盗抢车船又找回的，纳税人应从公安机关出具相关证明的当月起计算缴纳车船税。

四、减免税政策

1. 为了节约能源，保护环境，减轻低收入者的负担，对非机动车船（不包括非机动驳船）免征车船税。根据道路交通安全法，残疾人机动轮椅车和电动自行车作为非机动车管理，因此这些车辆也属于车船税的免税范围。

2. 为了扶植农业、渔业的发展，支持社会主义新农村建设，对拖拉机、捕捞和养殖渔船免征车船税。

3. 为了支持国防建设和满足警务保障的需要，对军队、武警专用的车船和警用车船免征车船税。

4. 考虑到政策的延续性，对按照有关规定已经缴纳船舶吨税的船舶免征车船税。

5. 根据有关国际公约和国际惯例的要求，体现外交对等原则，对依照我国有关法律和我国缔结或者参加的国际条约的规定应当予以免税的外国驻华使馆、领事馆和国际组织驻华机构及其有关人员的车船免征车船税。

6. 为了支持公共交通事业的发展，由省级人民政府根据当地实际对城乡公共交通车船给予定期减免税照顾。

五、车船税的征收

车船税属于地方税，由地方税务机关负责征收管理。对于机动车，为了方便纳税人缴税，节约纳税人的缴税成本和时间，条例规定从事机动车交通事故责任强制保险业务的保险机构为车船税的扣缴义务人，在销售机动车交通事故责任强制保险时代收代缴车船税，并及时向国库解缴税款。

六、车船税纳税地点

对于在省、自治区和直辖市行政区域内使用的车船，由省级人民政府确定纳税地点。跨省、自治区、直辖市使用的车船，则应在车船登记地缴纳。为了方便纳税人，严格车船税的征收管理，对于除拖拉机、军队武警专用车辆、警用车辆、外交车辆、省级政府规定免税的公交车辆以外的机动车，纳税人如果没有缴税，应当在购买机动车交通事故责任强制保险时按照当地的车船税税额标准计算缴纳车船税。

七、车船税纳税义务发生时间

纳税人从车船管理部门核发车船登记证书或者行驶证书所记载日期的当月起就负有缴纳车船税的义务，应当按照税务机关规定的纳税期限缴纳车船税。纳税人如果没有办理车船的登记手续，则以车船购置发票所载开具时间的当月作为纳税义务开始的时间；若纳税人无法提供车船购置发票，则由地方税务机关核定纳税义务开始的时间。

八、车船税纳税期限

车船税按年申报缴纳，具体期限由省级人民政府确定。由扣缴义务人代收代缴机动车车船税的，纳税人应当在购买机动车交通事故责任强制保险的同时缴纳车船税。

九、扣缴义务人代收代缴车船税时纳税人的权利

为了维护纳税人的合法权益，条例规定纳税人对扣缴义务人代收代缴税款有异议的，可以向纳税所在地的地方税务机关提出。而且，纳税人缴税后，扣缴义务人应当为纳税人开具注明已收税款信息的机动车交通事故责任强制保险的保险单，作为已缴纳税款的证明。纳税人如有需要，可以持该保险单到纳税所在地的地方税务机关开具完税凭证。

十、扣缴义务人代收代缴车船税时纳税人的义务

依法纳税是每个公民应尽的义务。车船税的纳税人应当按照税务机关的规定及时、足

额缴纳车船税。机动车车船税的纳税人不得拒绝扣缴义务人依法代收代缴车船税。

项目四 城镇土地使用税

城镇土地使用税是以城镇土地为征税对象，对在城镇范围内拥有土地使用权的单位和个人征收的一种税。对土地征税的历史非常悠久，早在古希腊时代对土地征税就已出现；我国早在周朝就开始对土地征税，规定“民耕百亩者，彻取十亩以为赋”。

1984 年以前我国没有单独的土地使用税，只有城市房地产税，包括房产和土地两个部分，分别对房产和土地征税。1984 年，设置了城镇土地使用税，对城镇和矿工区使用土地的单位和个人按占用的土地面积征收。1988 年 9 月 27 日，国务院发布了《中华人民共和国城镇土地使用税暂行条例》，自 1988 年 11 月 1 日开始实施。

现行的城镇土地使用税的基本规范，是 2006 年 12 月 31 日国务院发布修改的《中华人民共和国城镇土地使用税暂行条例》，自 2007 年 1 月 1 日起施行。

开征城镇土地使用税，可以加强对土地的管理，变土地的无偿使用为有偿使用。一方面，这有利于合理、节约地使用土地，提高土地使用效益；另一方面，有利于调节不同地区、不同地段之间的土地级差收入，理顺国家与土地使用者之间的分配关系。

一、城镇土地使用税的征税范围

城镇土地使用税的征税范围，包括在城市、县城、建制镇和工矿区内的国家所有和集体所有的土地，具体标准如下：

1. 城市，按市行政区域（含郊区）的范围征收。
2. 县城，按县城行政区域（含镇郊）的范围征收。
3. 建制镇，按镇人民政府所在地的镇区范围征收，不包括所辖行政村。
4. 工矿区为工商业比较发达，非农业人口达 2 000 人以上，尚未设立建制镇的大中型工矿企业所在地的区域范围，各地在城市、县城、建制镇、工矿区以外设立的开发区、加工区、工业区，凡符合工矿区条件的，按工矿区征收土地使用税。

在城镇土地使用税征收范围内，利用林场土地兴建度假村等休闲娱乐场所的，其经营、办公和生活用地，应按规定征收城镇土地使用税。

二、城镇土地使用税的纳税人

在城市、县城、建制镇和工矿区范围内使用土地的单位和个人，为城镇土地使用税的纳税人。

所称单位，包括国有企业、集体企业、私营企业、股份制企业、外商投资企业、外国企业以及其他企业和事业单位、社会团体、国家机关、军队以及其他单位。

所称个人，包括个体工商户以及其他个人。

三、城镇土地使用税的税率

城镇土地使用税采用定额税率，实行从量定额计征，采用有幅度的差别税额，按大、中、小城市和县城、建制镇、工矿区分别规定每平方米土地使用税年应纳税额，具体规定如下：

1. 大城市 1.5～30 元。

2. 中等城市 1.2～24 元。

3. 小城市 0.9～18 元。

4. 县城、建制镇、工矿区 0.6～12 元。

经省、自治区、直辖市人民政府批准，经济落后地区的土地使用税适用额标准可以适当降低，但降低额不得超过规定的最低税额的 30%。经济发达地区土地使用税的使用额标准可以适当提高，但须报经财政部批准。

项目五　土地增值税

一、土地增值税的概念

土地增值税是对有偿转让国有土地使用权、地上的建筑物及其附着物产权（以下简称“转让房地产”）的单位和个人，就其取得的土地增值额征收的一种税。

二、土地增值税的纳税人

土地增值税的纳税人是有偿转让国有土地使用权、地上建筑物及附着物并取得收入的单位和个人。

这里所说的单位和个人，是指有偿转让房地产的一切中外单位及个人，具体包括机关、团体、部队、企事业单位、个体工商户及国内其他单位和个人、外商投资企业、外国企业及外国驻华机构，以及外国公民、华侨、港澳台同胞等。

这是所说的转让，是指出售中华人民共和国国有土地使用权、地上建筑物及其附着物产权的行为，不包括通过继承、赠与等方式无偿转让房地产的行为。国有土地，是指由国家法律规定，属于国家所有的土地。地上建筑物及其附着物，是指建于地上的一切建筑物、地上地下的各种附属设施及附着于该土地上的不能移动，一经移动即遭损坏的物品。

三、土地增值税的征税对象

土地增值税的征税对象是纳税人转让房地产所取得的增值额。增值额是指纳税人转让房地产所取得的收入减除税法规定扣除项目金额后的余额。

征税对象的含义：一是只对转让国有土地使用权征税，因为按现行规定，集体土地需要由国家征用后才能转让；二是只对有偿转让房地产征税，对以继承、赠与等方式无偿转让的房地产不征税。

四、土地增值税的税率

土地增值税实行四级超率累进税率，最低税率为 30%，最高税率为 60%。此税率对正常的房地产开发经营（利润不太多的）比较优惠，而对取得的高收入，特别是获取的暴利，具有相当大的调节作用。其具体税率如表 7－2 所示。

表 7－2　土地增值税税率表

级次	土地增值额与扣除项目金额之比	税率	速算扣除率
1	不超过 50% 的部分	30%	0
2	超过 50% ～100% 的部分	40%	5%
3	超过 100% ～200% 的部分	50%	15%
4	超过 200% 的部分	60%	35%

超率累进税率，是指将征税对象的相对数（如增值率）划分为若干等级，对每级分别规定不同税率，当征税对象相对数增加到较高一个等级时，只就超过部分的征税对象数额按较高等级的税率计税，未超过部分仍按较低等级的税率计税的一种累进税率。运用超率累进税率计税，其计税方法较为复杂，但可以采取“速算扣除法”进行简化。运用“速算扣除法”简化计税，先须计算各级的“速算扣除率”。其计算公式为：

本级速算扣除率＝前级征税对象相对数的最高限×（本级税率－前级税率）＋前级速算扣除率

土地增值税税率表中各级速算扣除率计算如下：

第一级速算扣除率为：0

第二级速算扣除率为：50% ×（40% －30%）＋0＝5%

第三级速算扣除率为：100% ×（50% －40%）＋5% ＝15%

第四级速算扣除率为：200% ×（60% －50%）＋15% ＝35%

五、土地增值税的税收优惠

（一）对建造普通标准住宅的税收优惠

纳税人建造普通标准住宅出售，增值额未超过扣除项目金额 20% 的，免征土地增值税；增值额超过扣除项目金额 20% 的，应就其全部增值额按规定计税。

（二）对国家征用收回的房地产的税收优惠

因国家建设需要依法征用、收回的房地产，免征土地增值税。

（三）对个人转让房地产的税收优惠

个人因工作调动或改善居住条件而转让原自用住房，经向税务机关申报核准，凡居住满 5 年或 5 年以上的，免予征收土地增值税；居住满 3 年未满 5 年的，减半征收土地增值税；居住未满 3 年的，按规定计征土地增值税。

六、土地增值税的申报与缴纳

（一）纳税地点

土地增值税的纳税人应向房地产所在地主管税务机关办理纳税申报，并在税务机关核定的期限内缴纳土地增值税。这里的“房地产所在地”，是指房地产的坐落地。纳税人转让的房地产坐落在两个或两个以上地区的，应按房地产所在地分别申报纳税。

（二）纳税期限

土地增值税的纳税人应在转让房地产合同签订后的 7 日内，到房地产所在地主管税务机关办理纳税申报，并向税务机关提交房屋及建筑物产权、土地使用权证书，土地转让、房产买卖合同，房地产评估报告及其他与转让房地产有关的资料。纳税人因经常发生房地产转让而难以在每次转让后申报的，经税务机关审核同意后，可以定期进行纳税申报，具体期限由税务机关根据情况确定。

项目六 印花税

印花税是对经济活动和经济交往中书立、领受的凭证征收的一种税。由于是以在凭证上粘贴印花税票的办法征税，故称印花税。印花税起源于荷兰，我国于清朝末期引进该税种。新中国成立后，1950 年，中央人民政府政务院发布《印花税暂行条例》，开始在全国征收印花税。1953、1956 年又曾二度修订条例，缩小征税范围、减少税目。1958 年全国税制改革时，印花税并入工商统一税，不再单独征收。随着国家先后颁布经济合同法、商标法、工商企业登记管理条例等一系列经济法规，在经济活动中依法书立各种凭证已成为普遍现象，因此有必要也有条件重新开征印花税。1988 年 8 月 6 日国务院发布《中华人民共和国印花税暂行条例》，从同年 10 月 1 日起施行。印花税分别由国家税务局和地方税务局负责征收管理，所得收入由中央与地方政府共享。

一、印花税的纳税人

印花税的纳税人为在我国境内书立、领受规定的经济凭证的单位和个人。单位包括国有企业、集体企业、私营企业、外商投资企业、外国企业、股份制企业、其他企业、行政单位、事业单位、军事单位、社会团体和其他单位；个人包括个体经营者和其他个人。

各类合同以立合同人为纳税人，产权转移书据以立据人为纳税人，营业账簿以立账簿人为纳税人，权利、许可证照以领受人为纳税人。与其他税种不太一样的是，立据双方可能都是纳税人。

二、印花税的税目和税率

印花税的税目共有 13 个，可以将其大致分为 5 类凭证：

1. 购销、加工承揽、建设工程承包、财产租赁、货物运输、仓储保管、借款、财产保险、技术合同和具有合同性质的凭证。

2. 产权转移书据。

3. 营业账簿。

4. 权利、许可证照。

5. 经财政部确定征税的其他凭证。

印花税的税率设计，遵循税负从轻、共同负担的原则，所以，税率比较低。根据应纳税凭证性质的不同，印花税分别采用比例税率和定额税率，见表 7－3。

表7－3　印花税税目税率（税额标准）表

税目	范围	税率	纳税义务人	说明
1. 购销合同	包括供应、预购、采购、购销结合及协作、调剂、补偿、易货等合同	按购销金额万分之三贴花	立合同人	
2. 加工承揽合同	包括加工、订作、修缮、修理、印刷、广告、测绘、测试等合同	按加工或承揽收入万分之五贴花	立合同人	
3. 建设工程勘察设计合同	包括勘察、设计合同	按收取费用万分之五贴花	立合同人	
4. 建筑安装工程承包合同	包括建筑、安装工程承包合同	按承包金额万分之三贴花	立合同人	
5. 财产租赁合同	包括租赁房屋、船舶、飞机、机动车机械、器具、设备等合同	按租赁金额千分之一贴花。税额不足一元的按一元贴花	立合同人	
6. 货物运输合同	包括民用航空运输、铁路运输、海上运输、内河运输、公路运输和联运合同	按运输费用万分之五贴花	立合同人	单据作为合同使用的，按合同贴花
7. 仓储保管合同	包括仓储、保管合同	按仓储、保管费用千分之一贴花	立合同人	仓单或栈单作为合同使用的，按合同贴花
8. 借款合同	银行及其他金融组织和借款人（包括银行同业拆借）所签订的借款合同	按借款金额万分之零点五贴花	立合同人	单据作为合同使用的，按合同贴花
9. 财产保险合同	包括财产、责任、保证、信用等保险合同	按保险费收入千分之一贴花	立合同人	单据作为合同使用的，按合同贴花

续表

税目	范围	税率	纳税义务人	说明
10. 技术合同	包括技术开发、转让、咨询、服务等合同	按合同所载金额万分之三贴花	立合同人	
11. 产权转移书据	包括财产所有权和版权、商标专用权、专利权、专有技术使用权等转移书据	按书据所载金额万分之五贴花	立据人	
12. 营业账簿	生产经营用账册	记载资金的账簿，按实收资本和资本公积的合计金额的万分之五贴花。其他账簿按件贴花，每件五元	立账簿人	
13. 权利、许可证照	包括政府部门发给的房屋产权证、工商营业执照、商标注册证、专利证、土地使用证	按件贴花，每件五元	领受人	

三、印花税的计税方法

印花税以应纳税凭证所记载的金额、费用、收入额或者凭证的件数为计税依据，按照税法规定的适用税率或者税额标准计算缴纳。应纳税额计算公式：

（1）应纳税额 = 应纳税凭证记载的金额（或者费用、收入额）× 适用税率

（2）应纳税额 = 纳税凭证的件数 × 适用税额标准

应纳税凭证所载金额为外国货币的，应当按照凭证书立当日中国人民银行公布的人民币对外币的基准汇价（或者按照有关规定套算得出的汇价）折合成人民币，然后计算应纳印花税税额。印花税应纳税额不足 1 角的免税。应纳税额在 1 角以上的，其尾数不满 5 分的不计，满 5 分的按照 1 角计算缴纳。同一凭证，由于载有 2 个以上经济事项而适用不同的印花税税目、税率，如果分别记载金额，应当分别计算应纳印花税税额，相加以后按照合计应纳税额纳税；如果没有分别记载金额，按照税率高的税目计算纳税。已经缴纳印花税的凭证，修改以后所增加的，其增加的部分应当补贴印花税票。

四、印花税的免税

下列凭证可以免征印花税：

1. 已经缴纳印花税的凭证的副本或者抄本，但是视同正本使用者除外。

2. 财产所有人将财产赠给政府、抚养孤老伤残人员的社会福利单位、学校所立的书据。

3. 国家指定的收购部门与村民委员会、农民个人书立的农副产品收购合同。

4. 无息、贴息贷款合同。

5. 外国政府或者国际金融组织向我国政府及国家金融机构提供优惠贷款所书立的合同。

6. 农林作物、牧业畜类保险合同。

7. 书、报、刊发行单位之间，发行单位与订阅单位或者个人之间书立的凭证。

8. 房地产管理部门与个人签订的用于生活居住的租赁合同。

9. 军事物资运输凭证、抢险救灾物资运输凭证和新建铁路的工程临管线运输凭证等特殊货运凭证。

此外，买卖证券投资基金单位，暂不征收印花税。

五、印花税的纳税方式

印花税一般实行由纳税人根据税法规定自行计算应纳税额，购买并一次贴足印花税票（通常简称“贴花”）的缴纳方法。应纳税凭证应当在合同签订、书据立据、账簿启用和证照领受时贴花。为了简化纳税手续，应纳印花税税额较大（指一份凭证应纳税额超过500元的）或者贴花次数频繁的，纳税人可以向当地主管税务机关提出申请，采取以缴款书代替贴花或者按期汇总缴纳的方法。汇总缴纳的限期和限额由当地主管税务机关确定，最长期限不能超过1个月。同一件应纳税凭证，由两方以上当事人（指对凭证有直接权利、义务关系的企业、单位和个人）签订并各执1份的，应当由各方就自己所执的1份凭证全额贴花。当事人的代理人有代理缴纳印花税的义务。印花税票应当粘贴在应纳税凭证上，并由纳税人在每枚税票的骑缝处盖戳注销或者画销。办理股权交割的单位应当代征代缴股票交易应纳的印花税。

项目七　车辆购置税

一、概述

车辆购置税是以在中国境内购置规定的车辆为课税对象，在购买环节向车辆购置者征收的一种税。

车辆购置税是一个新的税种，它是在原交通部门收取的车辆购置附加费的基础上，通过“费改税”方式演变而来的，从而理顺了税费关系，进一步完善了财税制度。

现行车辆购置税的基本规范是2000年10月22日国务院发布的《中华人民共和国车

辆购置税暂行条例》，从 2001 年 1 月 1 日起执行。

二、纳税义务人和征税范围

在我国境内购买、进口、自产、受赠、获奖或者以其他方式取得并自用应税车辆的单位和个人，为车辆购置税的纳税人。

车辆购置税的征收范围包括汽车、摩托车、电车、挂车、农用运输车。

三、车辆购置税的计算

车辆购置税实行从价定率的办法计算应纳税额。应纳税额的计算公式为：

应纳税额 = 计税价格 × 税率

四、计税依据

车辆购置税的计税价格根据不同情况，按照下列规定确定：

1. 纳税人购买自用的应税车辆的计税价格，为纳税人购买应税车辆而支付给销售者的全部价款和价外费用，不包括增值税税款。

2. 纳税人进口自用的应税车辆的计税价格的计算公式为：

计税价格 = 关税完税价格 + 关税 + 消费税

3. 纳税人自产、受赠、获奖或者以其他方式取得并自用的应税车辆的计税价格，由主管税务机关参照最低计税价格核定。国家税务总局参照应税车辆市场平均交易价格，规定不同类型应税车辆的最低计税价格。

4. 纳税人购买自用或者进口自用应税车辆，申报的计税价格低于同类型应税车辆的最低计税价格，又无正当理由的，按照最低计税价格征收车辆购置税。

习题示例

【例 7－2】 某公司购置一辆小汽车，向销售商支付购车款 234 000 元，取得普通发票。按国家税务总局最新核发的同类型车辆最低计税价格为 170 000 元。该公司应纳车辆购置税的计算如下：

计税价格 = 234 000 ÷（1 + 17%）= 200 000（元）

应纳车辆购置税税额 = 200 000 × 10% = 20 000（元）

五、减免税

车辆购置税的免税、减税，按照下列规定执行：

1. 外国驻华使馆、领事馆和国际组织驻华机构及其外交人员自用的车辆，免税。

2. 中国人民解放军和中国人民武装警察部队列入军队武器装备订货计划的车辆，免税。

3. 设有固定装置的非运输车辆，免税。

4. 有国务院规定予以免税或者减税的其他情形的，按照规定免税或者减税。

六、征收管理

车辆购置税由国家税务局征收。

纳税人购置应税车辆，应当向车辆登记注册地的主管税务机关申报纳税；购置不需要办理车辆登记注册手续的应税车辆，应当向纳税人所在地的主管税务机关申报纳税。

纳税人购买自用应税车辆的，应当自购买之日起60 日内申报纳税；进口自用应税车辆的，应当自进口之日起60 日内申报纳税；自产、受赠、获奖或者以其他方式取得并自用应税车辆的，应当自取得之日起60 日内申报纳税。

车辆购置税税款应当一次缴清。

纳税人应当在向公安机关车辆管理机构办理车辆登记注册前，缴纳车辆购置税。

项目八　资源税

资源税是对在我国境内开采或生产应税资源的单位和个人，就其开采或生产应税资源的数量，按规定税额计算征收的一种税。资源税是以应税自然资源为课税对象，为了调节资源级差收入并体现国有资源有偿使用而征收的一种税。自然资源是指天然存在的自然物质资源，一般包括土地资源、海洋资源、森林资源、草原资源、水力资源、生物资源、矿藏资源及阳光、空气等资源。

我国开征资源税的历史很悠久，早在周朝就有“山泽之赋”，对在山上伐木、采矿、狩猎，水上捕鱼、煮盐等，都要征税。战国时期秦国对盐的生产、运销所课征的“盐课”，也属于资源税。明朝的“坑冶之课”，实际上就是矿税，其征收对象包括金、银、铜、铝、朱砂等矿产品。

一、资源税的特点

我国现行资源税有以下特点：

1. 对特定资源产品征税，征税范围小。我国现行资源税法采取列举方法，仅把煤炭、原油、天然气、金属矿产品、非金属矿产品和盐等7 种资源产品列入征税范围，因而征税范围窄小。

2. 征税目的主要在于调节级差收入。资源税的立法目的主要在于调节资源开采企业因资源开采条件的差异所形成的级差收入，为资源开采企业之间开展公平竞争创造条件。

3. 采用差别税额，实行从量定额征收。我国现行资源税法规定，资源税以应税产品的销售量为计税依据，对不同资源条件以及利润水平差异区别征税，实行差别较大的定额税率，实行从量定额计税，计算简便。

4. 资源税属于中央和地方共享税。我国现行资源税属于共享税，并按资源种类划分收入归属。海洋石油企业缴纳的部分归中央政府，其余部分归地方政府。

二、资源税的征税范围和税目

现行资源税只对矿产品和盐征收，税目包括7 大类，见表7－4。未列举名称的其他非金属矿原矿和其他有色金属矿原矿，由省、自治区、直辖市人民政府决定征收或暂缓征收资源税，并报财政部和国家税务总局备案。

表 7－4　资源税的征税范围

序号	税目	具体范围
1	原油	开采的天然原油，不包括以油母页岩等炼制的人造原油
2	天然气	专门开采和与原油同时开采的天然气，暂不包括煤矿生产的天然气
3	煤炭	原煤，不包括以原煤加工的洗煤、选煤和其他煤炭制品
4	其他非金属矿原矿	除原油、天然气、煤炭和井矿盐以外的非金属原矿，包括宝石、金刚石、玉石、石墨、石英砂、云母、大理石、花岗石、石灰石、石膏、石棉、硫铁矿、磷铁矿等
5	黑色金属矿原矿	铁矿石、锰矿石、铬矿石等黑色金属矿原矿
6	有色金属矿原矿	铝土矿石、钨矿石、锡矿石、锑矿石、铜矿石、铅锌矿石、镍矿石、黄金矿石、钼矿石、其他有色金属矿原矿
7	盐	固体盐，包括海盐原盐、湖盐原盐和井矿盐
		液体盐（卤水），指氯化钠含量达到一定浓度的溶液

三、资源税的纳税人

资源税的纳税人是指在中华人民共和国境内开采应税矿产品或者生产盐的单位和个人。

中外合作开采石油、天然气，按照现行规定只征收矿区使用费，暂不征收资源税。因此，中外合作开采石油、天然气的企业不是资源税的纳税人。

独立矿山、联合企业及其他收购未税矿产品的单位（包括个体户）为资源税的扣缴义务人。独立矿山是指只有采矿或只有采矿和选矿、独立核算、自负盈亏的单位，其生产的原矿和精矿主要用于对外销售；联合企业是指采矿、选矿、冶炼（或加工）连续生产的企业或采矿、冶炼（或加工）连续生产的企业，其采矿单位一般是该企业的二级或二级以下核算单位；其他收购未税矿产品的单位，是指自己并不生产应税矿产品，而从事矿产品原矿收购自用或卖给其他使用单位的矿产品收购单位。

四、资源税的税率

资源税实行定额税率，从量定额征收，见表 7－5。

表 7－5　资源税税目税额表

税目	税额
1. 原油	8～30 元/吨
2. 天然气	2～15 元/千立方米
3. 煤炭	0.3～5 元/吨

4. 其他非金属矿原矿	0.5～20元/吨
5. 黑色金属矿原矿	2～30元/吨
6. 有色金属矿原矿	0.4～30元/吨
7. 盐　固体盐 （液体盐）	10～60元/吨 （2～10元/吨）

五、资源税的计税依据

资源税实行从量定额征收，计税依据为纳税人开采或生产应税产品的销售量或自用量，具体规定如下：

1. 纳税人开采或者生产应税产品销售的，以销售数量为课税数量。

2. 纳税人开采或者生产应税产品自用的，以自用数量为课税数量。

资源税的计税依据的特殊规定如下：

（1）纳税人不能准确提供应税产品销售量或移送使用数量的，以应税产品的产量或主管税务机关确定的折算比换算成的数量为课税数量。

（2）原油中的稠油、高凝油与稀油划分不清或不易划分的，一律按原油的数量课税。

（3）对于连续加工前无法正确计算原煤移送使用量的煤炭，可按加工产品的综合回收率，将加工产品实际销量和自用量折算成原煤数量作为课税数量。

（4）金属和非金属矿产品原矿，无法准确掌握纳税人移送使用数量的，可将其精矿按选矿比折算成原矿数量作为课税数量。

选矿比＝精矿数量÷耗用原矿数量

（5）纳税人以自产的液体盐加工固体盐，按固体盐税额征税，以加工的固体盐数量为课税数量；纳税人以外购的液体盐加工固体盐，其加工固体盐所耗用液体盐的已纳税额准予抵扣。

（6）资源税扣缴义务人收购未税矿产品的，以收购的数量为计税依据。

六、应纳税额的计算

资源税采用从量定额征收办法，根据应税产品的课税数量和适用的单位税额可以计算应纳的资源税。

1. 纳税人将开采或生产的应税产品销售的，计算公式为：

应纳税额＝销售数量×单位税额

2. 纳税人将开采或生产的应税产品自用或捐赠的，计算公式为：

应纳税额＝自用数量或捐赠数量×单位税额

3. 收购未完税产品，于收购环节代扣代缴资源税，计算公式为：

应代扣代缴资源税＝收购数量×单位税额

习题示例

【例7－3】某油田8月份月初库存原油3万吨，本月生产原油4万吨，本期发出5万吨，其中对外销售4万吨，企业开采原油过程中用于加热、修井自用原油500吨，非生产自用原油9 500吨。另外，伴采天然气10万立方米，当月销售8万立方米，其余2万立方米全部由油田自用。已知该油田适用的单位税额为每吨8元，天然气适用单位税额每千立方米10元。

要求：计算该油田8月份应纳的资源税。

解：企业用于加热、修井的原油免征资源税。

销售和自用原油应纳资源税＝（40 000＋9 500）×8＝396 000（元）

销售和自用天然气应纳资源税＝（80 000＋20 000）÷1 000×10＝1 000（元）

合计应纳税额＝396 000＋1 000＝397 000（元）

【例7－4】某煤矿7月份对外销售原煤400万吨，销售伴采天然气8万立方米，另使用本矿生产的原煤加工洗煤80万吨，已知该矿加工产品的综合回收率为80%，原煤适用单位税额为每吨2元，天然气适用的单位税额为每千立方米10元。

要求：计算该煤矿7月份应纳的资源税。

解：应纳资源税＝400×2＋80÷80%×2＝1 000（万元）

【例7－5】某盐场11月份生产液体盐500吨，其中对外销售100吨。当月生产固体盐1 000吨（本月已全部对外销售），共耗用液体盐1 200吨，其中400吨是本企业自产的液体盐，另800吨液体盐全部从另一盐场购进，已知液体盐单位税额为每吨3元，固体盐单位税额为每吨25元。

要求：计算该盐场11月份应纳的资源税。

解：销售液体盐应纳资源税＝100×3＝300（元）

销售固体盐应纳资源税＝1 000×25＝25 000（元）

允许抵扣的外购液体盐已纳资源税＝800×3＝2 400（元）

合计应纳税额＝300＋25 000－2 400＝22 900（元）

小结

1. 在我国，广义资源税是一个税类概念，狭义资源税则是指单独一个税种，即对矿产品和盐征收的资源税。

2. 城市维护建设税是对从事工商经营活动，并且实际缴纳增值税、消费税、营业税的单位和个人征收的一种税，该税种主要是为各级政府筹集城市建设资金而专门设立的，因而也是一种特定目的税。

3. 车辆购置税是对有取得并自用应税车辆的行为的单位和个人征收的一种税。

4. 印花税是对经济活动和经济交往中书立、领受凭证的单位和个人征收的一种税。征税对象为税法中列举的各类经济合同、产权转移书据、营业账簿和权利许可证照等，由凭证的书立人、领受人在书立、领受凭证时自行购买和粘贴印花税票的方式来缴纳，所以是一种具有行为性质的凭证税。

综合练习

一、单项选择题

1. 符合房产税纳税人规定的是（　　）。
   A. 在征税范围内拥有房屋产权的国有企业
   B. 农村房屋所有者
   C. 所有拥有城镇房屋的单位和个人
   D. 外国企业
2. 纳税人经营自用的房屋缴纳房产税的计税依据是（　　）。
   A. 房屋原值　　B. 房屋净值　　C. 市场价格　　D. 计税余值
3. 下列关于房产税纳税人的表述中，不正确的是（　　）。
   A. 房屋产权出典的由承典人纳税
   B. 房屋出租的由承租人纳税
   C. 房屋产权未确定的由代管人或使用人纳税
   D. 产权人不在房屋所在地的由代管人或使用人纳税
4. 下列各项中，属于房产税征税对象的是（　　）。
   A. 农民居民住所　　B. 国家机关自用房产
   C. 中外合资企业用房　　D. 国有企业所有的职工宿舍
5. 下列有关房产纳税义务发生时间的表述中，正确的是（　　）。
   A. 纳税人自建房屋的自房屋建成之日起开始缴纳房产税
   B. 纳税人委托施工企业建设的房屋，自办理验收手续之日起缴纳房产税
   C. 纳税人办理验收手续之前已经使用的房屋应征收房产税
   D. 纳税人将房屋出典的，以签订合同的时间为纳税义务发生时间
6. 城镇土地使用税的计税依据是（　　）。
   A. 建筑面积　　B. 实际占用土地面积
   C. 使用面积　　D. 居住面积
7. 下列占用土地的行为，应征收城镇土地使用税的是（　　）。
   A. 国家机关自用的土地　　B. 公园自用的土地
   C. 外资企业占用的土地　　D. 企业内绿化占用的土地
8. 下列各项表述中，符合城镇土地使用税相关规定的是（　　）。
   A. 企业内的广场、道路、绿化等占用的土地免征城镇土地使用税
   B. 征用耕地不需要缴纳耕地占用税的也不必缴纳城镇土地使用税
   C. 对免税单位无偿使用纳税单位的土地（如公安等）应征土地使用税
   D. 对已经完工或已经使用的建设项目，其用地应照章征收土地使用税
9. 按照城镇土地使用税的有关规定，下列表述正确的是（　　）。
   A. 城镇土地使用税由拥有土地所有权的单位或个人缴纳
   B. 土地使用权未确定或权属纠纷未解决的暂不缴纳税款

C. 土地使用权共有的，由共有各方分别按其使用面积纳税
D. 对外商投资企业和外国企业暂按实际使用面积纳税

10. 车辆购置税的纳税义务人不包括（　　）。
A. 购买者　　B. 获奖者　　C. 馈赠人　　D. 受赠人

11. 车辆购置税的纳税期限为（　　）。
A. 60 日　　B. 45 日　　C. 30 日　　D. 半年

12. 已登记注册的应税车辆，其底盘发生更换的，其最低计税价格按同类型新车最低计税价格的（　　）计算。
A. 80%　　B. 70%　　C. 60%　　D. 75%

13. 土地增值税由（　　）征收。
A. 房地产管理部门　　B. 纳税人所在地主管税务机关
C. 房地产坐落地主管税务机关　　D. 纳税人经营地主管税务机关

14. 城建税的计税依据是纳税人的（　　）。
A. “三税”应缴税额　　B. “三税”实缴税额
C. “三税”欠缴税额　　D. “三税”已缴税额

15. 单位或个人发生下列（　　）行为，在缴纳相关税种时，还应缴纳城市维护建设税。
A. 企业购置车辆　　B. 科研单位取得技术转让收入
C. 个人取得偶然所得　　D. 商场销售货物

16. 货物运输业按代开发票纳税人管理的所有单位和个人，凡按规定应当征收营业税，在代开货物运输业发票时一律按开票金额的（　　）征收营业税，按营业税税款的（　　）预征城市维护建设税。
A. 3%，7%　　B. 3%，5%　　C. 3%，3%　　D. 3%，1%

17. 某城市内资企业本月实际缴纳的增值税为 15 万元，营业税为 1 万元，后经税务机关检查，其所缴纳的营业税属于免税项目予以退税，其当月应纳城建税为（　　）。
A. 0.75 万元　　B. 0.8 万元　　C. 1.05 万元　　D. 1.12 万元

18. 对铁道部应纳城市维护建设税的税率，财政部作了特案规定，税率统一为（　　）。
A. 1%　　B. 3%　　C. 5%　　D. 7%

19. 对出口产品退增值税时，应（　　）已纳城市维护建设税。
A. 退还　　B. 不退还
C. 由国家税务总局确定　　D. 由海关确定

20. 某城市纳税人本月应纳增值税 2 万元，应减征增值税 1 万元，补缴上月漏缴增值税 0.5 万元，则本月应纳城建税为（　　）万元。
A. 0.14　　B. 0.07　　C. 0.175　　D. 0.105

21. 某纳税人无故欠缴消费税 10 万元，经查处后，除补缴消费税外，同时加罚了滞纳金 500 元，则下列处理正确的是（　　）。
A. 以 10 万元为依据计征城建税
B. 以 500 元为依据补征城建税
C. 以 10.05 万元为依据补征城建税

D. 以 10 万元为依据补缴城建税，再按消费税欠税日数对所欠城建税加收滞纳金

22. 某城市内资企业 2008 年 4 月境内销售货物实纳增值税为 40 万元，消费税 50 万元，进口货物缴纳增值税 20 万元，另被税务机关查补营业税 10 万元，加征滞纳金 1 万元，罚款 5 万元，则该企业当月应纳城建税为（　　）。

A. 8.4 万元　　B. 4.9 万元　　C. 7 万元　　D. 8.47 万元

23. 代征代缴“三税”的单位和个人，其城建税的纳税地点是（　　）。

A. 代征代扣地　　B. 负税人所在地　　C. 纳税人所在地　　D. 纳税人核算地

24. 下列各项，不属于资源税的特点的是（　　）。

A. 只对特定资源征税　　B. 实行从价定额征收

C. 具有级差收入税的特点　　D. 具有受益税的性质

25. 下列油品中，应征收资源税的为（　　）。

A. 人造石油　　B. 天然原油　　C. 汽油　　D. 机油

26. 在中华人民共和国境内开采（　　）的单位和个人，为资源税的纳税人。

A. 应税矿产品　　B. 生产盐

C. 资源　　D. 应税矿产品和生产盐

27. 在资源税中，煤炭的征税范围包括（　　）。

A. 洗煤　　B. 选煤　　C. 煤炭制品　　D. 原煤

28. 资源税采用从量定额征税，即（　　）。

A. 比例税率　　B. 累进税率　　C. 单一税率　　D. 固定税率

29. 资源税纳税人自产自用产品的纳税义务发生时间为（　　）。

A. 应税产品开采的当天　　B. 应税产品全部使用完毕的当天

C. 应税产品投入使用的当天　　D. 移送使用应税产品的当天

30. 资源税纳税人不定期开采矿产品的，其纳税期限按（　　）核定。

A. 1 个月　　B. 15 天　　C. 次　　D. 10 天

31.《资源税暂行条例》规定，纳税人开采或者生产应税产品销售的，以（　　）为课税数量。

A. 销售数量　　B. 开采数量　　C. 计划产量　　D. 生产数量

32. 中外合作开采石油、天然气，按现行规定征收（　　）。

A. 矿区使用费　　B. 资源税　　C. 开采费　　D. 补偿费

33. 独立矿山、联合企业和其他收购未税矿产品的单位为资源税的（　　）。

A. 纳税人　　B. 扣缴义务人　　C. 管理人　　D. 征收单位

34. 资源税代扣代缴义务人代扣代缴的税款，其纳税义务发生时间是（　　）。

A. 收到货物的当天　　B. 出售所收购货物的当天

C. 主管税务机关确定的时间　　D. 支付货款的当天

35. 按照现行资源税制度规定，以自产的液体盐加工成固体盐销售的，其计税依据是（　　）。

A. 固体盐的销售数量　　B. 固体盐的销售金额

C. 已用的液体盐数量　　D. 加工成的液体盐数量

36. 某锰矿开采企业 2008 年 4 月计划开采锰矿石 6 000 吨，实际开采 6 200 吨，计划销售

5 500吨，实际销售 5 800 吨，则当月资源税应税数量为（　　）吨。

A. 5 500　　B. 5 800　　C. 6 000　　D. 6 200

37. 土地增值税的最高税率为（　　）。

A. 20%　　B. 30%　　C. 50%　　D. 60%

38. 下列房地产转让行为中应征收土地增值税的是（　　）。

A. 继承房屋

B. 无偿赠与房屋给直系亲属

C. 被兼并企业将房屋并入兼并企业中

D. 合作建房有偿转让的

39. 属于土地增值税扣除项目的税金是（　　）。

A. 房地产开发企业转让房地产时缴纳的印花税

B. 房地产开发企业转让房地产时缴纳的教育费附加

C. 个人购买房地产时缴纳的契税

D. 个人转让房地产时缴纳的个人所得税

40. 纳税人转让房地产所取得的收入不包括（　　）。

A. 货币收入　　B. 实物收入

C. 无形资产收入　　D. 依照有关规定代收的价外费用

41. 对于房地产开发公司，可以作为加计 20% 扣除的基数是（　　）。

A. 销售费用　　B. 与房地产开发相关的财务费用

C. 建筑工程安装费　　D. 与房地产开发相关的管理费用

42. 旧房及建筑物的转让中，其重置成本价由（　　）评定。

A. 税务机关　　B. 房管部门

C. 土地管理部门　　D. 房地产评估机构

43. 契税采用（　　）税率。

A. 累进　　B. 比例　　C. 累退　　D. 定额

44. 纳税人应当自纳税义务发生之日起（　　）日内，向土地、房屋所在地的契税征收机关办理纳税申报。

A. 3　　B. 5　　C. 7　　D. 10

二、多项选择题

1. 按房产税暂行条例的规定，下列各项属于房产税征税对象的有（　　）。

A. 工厂围墙　　B. 宾馆的室外游泳池

C. 水塔　　D. 企业职工宿舍

E. 房地产公司出租的写字楼

2. 下列各项，属于房产税免税范围的有（　　）。

A. 人民团体自用的房产　　B. 事业单位的业务用房

C. 个人所有的非营业用房　　D. 宗教寺庙出租的住房

E. 企业办的学校自用的房产

3. 下列单位和个人，属于城镇土地使用税纳税人的有（　　）。

A. 占用国有土地的外资企业
B. 拥有国有土地使用权的国有企业
C. 拥有国有土地使用权的私营企业
D. 所有拥有国有土地使用权的单位和个人
E. 实际进行经营活动未确定国有土地权属的我国公民

4. 车辆购置税的特点是（　　）。
A. 征收范围单一　　B. 征收环节单一
C. 税率单一　　D. 征收方法单一

5. 车辆购置税的应税行为包括（　　）。
A. 购买使用行为　　B. 受赠行为
C. 获奖使用行为　　D. 自用设有固定装置的非运输车辆

6. 车辆购置税的征税范围包括（　　）。
A. 摩托车　　B. 电车　　C. 农用运输车　　D. 汽车

7. 车辆购置税的税收优惠包括（　　）。
A. 设有固定装置的指定型号的防汛用车
B. 回国服务的留学人员用现汇购买 1 辆个人自用国产小轿车
C. 留学人员购买 1 辆转卖他人的国产小轿车
D. 留学人员购买 1 辆自用进口小轿车

8. 根据《车辆购置税暂行条例》的规定，下列车辆可以减免车辆购置税的有（　　）。
A. 农用运输车
B. 长期来华定居专家进口一辆自用小轿车
C. 回国服务的在外留学人员用现汇购买 1 辆个人自用的国产小汽车
D. 武警部队列入装备订货计划的车辆

9. 根据《车辆购置税暂行条例》的规定，下列说法正确的有（　　）。
A. 纳税人购买自用的应税车辆，应当自购买之日起 60 天内申报纳税
B. 进口自用的应税车辆，应当自进口之日起 60 天内申报纳税
C. 纳税人购买自用的应税车辆，其计税价格为纳税人支付给销售者的含增值税税款的全部价款和价外费用
D. 纳税人进口自用的应税车辆，以组成计税价格为计税依据

10. 下列各项中，按净吨位作为车船税计税依据的有（　　）。
A. 乘人汽车　　B. 载货汽车　　C. 机动船　　D. 非机动船

11. 城建税与其他税种相比，具有（　　）等特点。
A. 税款专款专用　　B. 征收范围较广
C. 根据城建规模设计税率　　D. 有受益税性质

12. 下列不缴纳城建税的单位是（　　）。
A. 行政单位　　B. 军事单位　　C. 外商投资企业　　D. 外国企业

13. 纳税人的下列各项支出中，不得作为城建税计税依据的是（　　）。
A. 查补的“三税”税额　　B. 偷漏“三税”被处的罚款支出

C. 欠缴“三税”支付的滞纳金　　D. 被查补的城建税税额

14. 下列应计入城建税计税依据的有（　　）。

A. 校办企业交纳的增值税　　B. 个人交纳的增值税

C. 进口货物交纳的增值税　　D. 出口货物交纳的增值税

15. 下列关于城建税说法正确的是（　　）。

A. 纳税人因未按规定缴纳增值税而缴纳滞纳金的，需同时交纳城建税滞纳金

B. 纳税人进口货物缴纳增值税的，需同时交纳城建税

C. 纳税人因出口货物退还增值税的，同时退还已纳城建税

D. 纳税人因未按规定缴纳增值税而缴纳罚款的，需同时交纳城建税的罚款

16. 关于城市维护建设税的适用税率，下列表述正确的有（　　）。

A. 货物运输业按代开发票纳税人管理的纳税人，在代开货物运输业发票时一律按营业税税款7%预征城市维护建设税

B. 铁道部应纳城市维护建设税的税率统一为7%

C. 由受托方代收、代扣“三税”的纳税人可按纳税人缴纳“三税”所在地的规定税率就地缴纳城市维护建设税

D. 流动经营等无固定纳税地点的纳税人可按纳税人缴纳“三税”所在地的规定税率就地缴纳城市维护建设税

17. 对自谋职业的城镇退役士兵，在国办发［2004］10号文下发后从事个体经营下列（　　）行业，自领取税务登记证之日起，3年内免征城市维护建设税。

A. 建筑业　　B. 餐饮业　　C. 娱乐业　　D. 住宿业

18. 我国现行资源税主要有（　　）等特点。

A. 具有受益税性质　　B. 只对特定资源税征税

C. 具有级差收入税的性质　　D. 实行从量定额征收

19. 资源税的税目共有7个，其中包括（　　）。

A. 天然气　　B. 天然矿泉水　　C. 盐　　D. 煤矿制品

20. 下列资源税应税产品，适用从量定额征收的有（　　）。

A. 原油　　B. 天然气　　C. 煤炭　　D. 盐

21. 下列各项中，属于资源税应税产品的有（　　）。

A. 人造石油　　B. 煤炭生产的天然气

C. 井矿盐　　D. 海盐原盐

22. 资源税的纳税义务人包括从事应税资源开采或生产而进行销售或自用的所有单位和个人，但不包括（　　）。

A. 外商投资企业和外国企业　　B. 进口应税产品的单位

C. 进口应税产品的个人　　D. 私营企业

23.《资源税税目税额明细表》中“未列举名称的其他非金属矿原矿”，可由省、自治区、直辖市人民政府决定（　　）。

A. 征收资源税　　B. 不征收资源税

C. 缓征资源税　　D. 免征资源税

24. 根据资源税条例和细则规定的扣缴义务人，具体包括（　　）。
A. 收购未税矿产品的单位　B. 独立矿山
C. 联合企业　D. 资源税的开采单位和个人
25. 不属于资源税征税范围的有（　　）。
A. 原煤　B. 洗煤　C. 选煤　D. 其他煤炭制品
26. 下列选项中，符合资源税暂行条例规定的有（　　）。
A. 纳税人应向应税产品的销售地税务主管机关申报纳税
B. 收购未税矿产品的单位，应依据收购的数量和资源税暂行条例的规定代扣代缴资源税
C. 纳税人采取分期收款方式的，其纳税义务发生时间为销售合同规定的收款日期当天
D. 纳税人开采或生产不同税目的应税产品，不能准确提供不同产品课税数量的，从高适用税额
27. 下列房地产转让行为中，须缴纳土地增值税的有（　　）。
A. 企业双方之间出让房产使用权
B. 某国家机关将房产无偿划拨给下属事业单位
C. 某国有企业以房产对外投资，参股分红
D. 某国有企业与一外国企业合作建房后出售
28. 土地增值税的纳税人，包括在我国境内有偿转让国有土地使用权及地上建筑物和其他附属物的产权，并取得收入的（　　）。
A. 国家机关　B. 社会团体　C. 外国公民　D. 外国机构
E. 部队
29. 下列项目中，属于土地增值税扣除项目且可据实扣除的有（　　）。
A. 项目可行性研究费用　B. 支付的土地出让金
C. 小区出售前绿化支出　D. 销售房产的广告费用
30. 城建税和教育附加税率有（　　）。
A. 7%　3%　B. 5%　3%　C. 1%　1%　D. 3%　3%

三、判断题

1. 开发海洋、森林、草场资源应当缴纳资源税。（　　）
2. 凡在中华人民共和国境内从事资源税条例规定的开采矿产品及生产盐的单位和个人，都是资源税的纳税人，均应按有关规定缴纳资源税。（　　）
3.《资源税暂行条例》规定，收购未税矿产品的单位为资源税的纳税人。（　　）
4. 资源税的纳税义务人是从事应税资源开采或生产而进行销售或自用的内资企业和个人，不包括外商投资企业和外国企业。（　　）
5. 我国资源税是对一切矿产资源和盐资源课征。（　　）
6. 纳税人开采或者生产应税产品销售的，以销售数量为课税数量。（　　）
7. 纳税人开采或者生产应税产品自用的，以自用数量为课税数量。（　　）
8. 土地增值税是对有偿转让国有土地使用权及地上建筑物和其他附着物产权，取得增值性收入的单位和个人征收的一种税。（　　）
9. 土地增值税只对转让国有土地使用权及其地上的建筑物征税，转让非国有土地使用权

和出让国有土地的行为均不征税。(　　)

10. 土地增值税实行四级超率累进税率，分别是30%、40%、50%、60%。(　　)
11. 土地增值税纳税人均可按取得土地使用权支付的金额和房地产开发成本计算的金额之和，加计20%扣除。(　　)
12. 房地产开发费用指与房地产开发项目有关的销售费用、管理费用和财务费用。作为土地增值税扣除项目的房地产开发费用，按纳税人房地产开发项目实际发生的费用进行扣除。(　　)
13. 纳税人转让房地产时缴纳的营业税、城市维护建设税和印花税，转让房地产交纳的教育费附加，均予以扣除。(　　)
14. 土地增值税的纳税义务人为转让国有土地使用权、地上建筑物及其附着物（简称“房地产”）并取得收入的单位和个人。土地增值税适用于涉外企业和个人。(　　)
15. 房地产开发成本包括土地的征用及拆迁补偿费、前期工程费、建筑安装工程费、基础设施费、公共配置设施费、开发间接费用等。(　　)
16. 企业无论是专营还是兼营房地产业务，只要其有偿出售房地产，就是土地增值税的纳税义务人。(　　)
17. 凡是负有缴纳“三税”义务的单位和个人，都是城市维护建设税的纳税人。(　　)
18. 城建税的计税依据是纳税人实际缴纳的增值税、消费税、营业税税额，包括加收的滞纳金和罚款。(　　)
19. 流动经营等无固定纳税地点的单位和个人，可按纳税人缴纳“三税”所在地的规定税率就地缴纳城市维护建设税。(　　)
20. 海关对进口产品代征增值税、消费税的，不征收城市维护建设税。(　　)
21. 对出口产品退还增值税、消费税的，同时退还已缴纳的城建税。(　　)
22. 增值税、消费税由国家税务局征收管理，城建税由地方税务局征收管理。(　　)
23. 城建税随“三税”的减免而减免，二者同步，地方政府无权确定城建税的减免。(　　)

参考答案

一、单项选择题

1. A	2. D	3. B	4. D	5. C	6. B	7. D	8. D	9. C	10. C
11. A	12. B	13. C	14. B	15. D	16. C	17. C	18. C	19. B	20. D
21. D	22. C	23. A	24. B	25. B	26. D	27. D	28. D	29. D	30. C
31. A	32. A	33. B	34. D	35. A	36. B	37. D	38. D	39. B	40. D
41. C	42. D	43. B	44. D						

二、多项选择题

1. DE	2. ACE	3. BCE	4. ABCD	5. ABC
6. ABCD	7. AB	8. BCD	9. ABD	10. BC
11. ABCD	12. CD	13. BCD	14. AB	15. AD

16. ACD　17. BD　18. ABCD　19. AC　20. ABCD
21. CD　22. BC　23. AC　24. BD　25. BCD
26. BCD　27. CD　28. ABCDE　29. ABC　30. AB

三、判断题

1. ×　2. √　3. ×　4. ×　5. ×　6. √　7. √　8. √　9. √　10. √
11. ×　12. ×　13. ×　14. √　15. √　16. √　17. ×　18. ×　19. √　20. √
21. ×　22. √　23. ×

模块八　税收征管

学习目标

一般掌握： 税收征管的一般工作流程

重点掌握： 税收征管的基本内涵，理解税收征管的主要内容

基础知识

项目一　税收征管的内涵与意义

一、税收征管的基本内涵

税收管理是国家以法律为依据，根据税收的特点及其客观规律，对税收参与社会分配活动全过程进行决策、计划、组织、协调和监督控制，以保证税收职能作用得以实现的一种管理活动，也是政府通过税收满足自身需求，促进经济结构合理化的一种活动。

广义的税收管理包括税收立法管理、税收征收管理、税务行政司法管理和税务组织管理等方面。

狭义上的税收管理就是指税收征收管理，是税务机关为了保证税收职能的实现，依照税收法律、法规的规定，代表国家行使征税权力，对纳税人应纳税额组织入库的一种行政行为。按上述定义，我们可概括出税收征收管理概念的基本要点是：

税收征收管理的主体是各级税务机关。各级税务机关代表国家行使征税权力，进行税款的征收活动。按照《税收征管法》第十四条规定，所谓税务机关就是指各级税务局、税务分局、税务所和按照国务院规定设立的并向社会公告的税务机构。

税收征收管理的对象是纳税单位和个人及征纳双方的征纳活动过程。税收征收管理的目的，是保证税收职能的实现。税收最基本的职能是财政职能，只有通过税款征收，组织入库，才能保证财政收入。从而满足社会公共需要，补偿社会费用，使社会再生产得以正常运行。税收的宏观调控职能，以及税收的监督职能，也只有通过税收的征收管理，才能真正得以实现。

二、税收征收管理的意义

1. 税收征收管理可使税收法规得到贯彻实施。

2. 税收征收管理可实现税收财政职能。

3. 税收征收管理可实现税收调控经济职能。

4. 税收征收管理可以实现税收监督职能。

5. 税收征收管理可以增强公民的纳税意识、提高纳税的自觉性。

三、税收征管的基本内容

税收征收管理有着十分广泛的内容。日常征管工作可以概括为税务管理、税款征收、税务检查三个方面的内容：

税务管理是相对于征收和检查而言的狭义的管理，包括经济税源管理、税务登记、纳税辅导、税法宣传、发票账簿管理以及催缴税款等。它是通过制定、建立并贯彻一系列的办法、制度和措施。以指导和监督纳税人遵守税收法规，正确履行纳税义务。

税款征收包括纳税申报、税款征收和纳税资料的收集、整理、传递和保管工作。它是税务机关按照税收法律、法规的规定，采取一定的税收征收管理形式、税款征收方法和步骤，以保证应纳税款及时、足额入库的具体征税活动，也是应缴国家的税款自纳税人手里转移到国家财政金库的具体过程。

税务检查是税务机关依据国家税收法律、法规和财务会计制度的规定，采取各种方法和手段，对纳税人履行纳税义务的情况进行检查监督，以纠正违反税收法规的行为；确保应纳税款全部及时入库，做到应收尽收的一种管理活动。可视情况及需要对纳税人进行普查或抽查、定期或不定期检查。对于违法案件，还要负责整理、汇集、上报有关资料，以及传递有关信息。

税务管理、税款征收、税务检查是征收管理的主要内容，它们是相互联系、相互补充、相互依存又相互制约的统一的有机整体。其中，自税务登记开始的税务管理，属事前管理，它是征收和检查的基础与前提，以申报纳税和税款解缴入库为主要内容的税款征收，是事中控制，它是整个征收管理的中心环节，也是其主要目的之所在；而纠正违反税收法规行为及处理违法案件的税务检查则是事后监督，它既可以反映事前管理存在的问题，又可以检查事中征收的质量，是管理的深入和实现征收的保证。体现税务管理、税款征收、税务检查三者关系的税收管理体制就是税收征管模式。

四、新时期税收征管工作的总体要求

1. 牢固树立现代税收管理观念。与时俱进，不断更新管理理念，牢固树立大局观念、法治观念、创新观念、效率观念、服务观念、责任观念，有效指导税收征管工作实践。

2. 正确理解和落实税收征管模式。

3. 大力实施科学化、精细化、专业化管理。

4. 全面提高税收征管的质量和效率。

项目二　纳税服务

一、纳税服务的基本内涵

纳税服务是指税务机关依据税收法律、行政法规的规定，在税收征收、管理、检查和实施税收法律救济过程中，向纳税人提供的服务事项和措施。它是税务机关行政行为的组成部分，是促进纳税人依法诚信纳税和税务机关依法诚信征税的基础性工作。

纳税服务对于贯彻依法治税、规范纳税服务、提高税收征管质量均具有重要的现实意义。具体而言，主要表现在：

1. 有利于贯彻依法治税原则，促进税务机关依法行政和依法服务。

2. 有利于规范纳税服务行为，促进全国纳税服务工作的健康发展。

3. 有利于加强税收征管，提高征管质量和效率，健全纳税服务体系和纳税服务质量考核评价体系。

4. 有利于适应我国政府职能转变的需要，加强税务机关作风建设。

二、纳税服务的主要内容

按照《纳税服务工作规范》，纳税服务的主要内容是：

（一）纳税服务信息化

《纳税服务工作规范》第八条规定，税务机关应当广泛、及时、准确地向纳税人宣传税收法律、法规和政策，普及纳税知识。根据纳税人的需求，运用税收信息化手段，提供咨询服务、提醒服务、上门服务等多种服务。

（二）公开办税服务

按照《纳税服务工作规范》，税务机关应坚持“文明办税 + 公开制度”。公开内容主要有：纳税人的权利和义务；税收法律、法规和政策；管理服务规范；税务检查程序；税务违法处罚标准；税务干部廉洁自律有关规定；受理纳税人投诉部门和监督举报电话；税务人员违反规定的责任追究；税务行政许可项目和非许可行政审批项目；税务行政收费标准；纳税信用等级评定的程序、标准；实行定期定额征收的纳税人税额核定情况等。

（三）办税辅导服务

《纳税服务工作规范》第十条规定，税务机关应当建立健全办税辅导制度。税收管理员对于设立税务登记、取得涉税认定资格的纳税人，应当及时进行办税辅导。对于纳税信用等级较低的纳税人，给予重点办税辅导。

（四）税收信用体系建设

《纳税服务工作规范》第十一条规定，税务机关应当根据纳税人的纳税信用等级，在税务登记、发票管理、纳税申报、税款征收、税务检查、涉税审批等方面，有针对性地提供服务，促进税收信用体系建设。税收管理员应当通过开展纳税信用等级评定管理工作，结合纳税评估，帮助纳税人加强财务核算，促进依法诚信纳税。

（五）税收援助服务

《纳税服务工作规范》第十二条规定，税务机关应当在明确征纳双方法律责任和义务的前提下，对需要纳税服务援助的老年人员、残疾人员、下岗人员、遭受重大自然灾害的纳税人等社会弱势群体提供税收援助，到纳税人生产、经营场所进行办税辅导或为其办理有关涉税事项。有条件的税务机关，应当组织开展纳税服务志愿者活动，帮助社会弱势群体纳税人解决办税困难。

（六）限时纳税服务

《纳税服务工作规范》第十三条规定，税务机关、税务人员在接受纳税咨询时，应当准确、及时答复。对于能够即时准确解答的问题，给予当场答复；对于不能即时准确解答的问题，限时答复，并告知纳税人答复时限。

（七）简化办税程序

《纳税服务工作规范》第十四条规定，税务机关要依法设置和规范涉税审批制度，合理精简审批程序和手续，简化纳税人报送的涉税资料，加强涉税审批的事后检查和监督。

（八）联系与沟通服务

《纳税服务工作规范》第十六条规定，税收管理员应根据管户责任和管事要求，加强与所负责纳税人的联系与沟通。告知纳税人联系方式、岗位职责、服务事项和监督方法；向纳税人提供提醒告知、宣传咨询、援助服务、预约服务等服务方式；了解纳税人财务管理、会计核算和生产经营情况；征询和反映纳税人的意见、建议；帮助纳税人解决纳税困难。

（九）告知服务

《纳税服务工作规范》第二十条规定，税务机关在行使税收执法权时，应当依法告知纳税人具有申请税务行政复议、提起税务行政诉讼、请求税务行政赔偿和要求举行听证的权利，以及负责税务行政复议、赔偿和组织听证的税务机关。

三、优化纳税服务体系

优化纳税服务，要以纳税人为本，平等税收征纳关系，转变治税观念，把服务的理念融入税收工作中，把为纳税人服务作为税收工作的基本指导思想和根本职责要求，通过完善的服务体系、科学的服务方式、先进的服务手段，不断提高纳税服务水平。

（一）正确处理执法与服务的关系

强调服务意识决不是要淡化执法，二者并不矛盾，而是相互包容、相互促进关系。

（二）强化纳税服务意识

强化纳税服务观念还需走出“纳税服务就是微笑服务”的误区。

（三）突出纳税服务重点

优化纳税服务还应选择服务重点，适应形势发展需要。

（四）不断提高纳税服务水平

随着形势发展，纳税服务对于税务机关和税务人员履行税收职责，规范行政行为，组织税收收入，促进社会进步是至关重要的。税务机关和税务人员要与时俱进，主动适应时代变化，不断提高纳税服务水平。

（五）注重纳税服务实效

1. 提高服务效率。信息化管理是税收管理现代化的载体、手段和基础。

2. 简化服务程序。通过征管改革，对税收业务和工作流程进行优化，建立一套完整的、以信息技术为依托、适合专业化管理、便于操作的岗责体系和具有高敏锐度和反应力的信息化组织机构，尽量简化工作程序、缩减审批事项、减少审批手段、下放审批权限，减少环节，改过去分项目工作窗口为综合工作窗口，实现纳税人购领发票、纳税申报、报税缴税、发票认证、税务咨询“一窗式”服务，发挥税收信息化的潜在优势，提高税收办事效率和服务质量，减少不必要的业务管理环节。

（六）完善纳税服务措施

要优化对纳税人的服务，必须提升信息化应用程度，在制度机制手段上得到较大改变。

（七）提高执法服务水平

税务干部政治业务素质水平的高低，直接关系到执法整体水平和执法的公正性。近些年税务机构的调整，人员的不断扩充，使干部的执法服务素质参差不齐，导致存在不少问题：一是少数税务干部严格执法意识淡薄；二是执法带有随意性；三是税收执法重实体，轻程序；四是税务执法中为税不廉的现象仍少量存在。

（八）改善税法宣传

要扭转我国税收宣传与纳税服务方面的落后状况，根本是要运用先进的技术载体。

项目三 税收法律责任

一、纳税人税收法律责任

针对纳税人的违法行为及承担的法律责任，我国《税收征管法》作了比较详细的规定：

（一）违反税务管理规定行为的法律责任

纳税人有下列行为之一的，由税务机关责令限期改正，可以处2 000元以下的罚款；情节严重的，处2 000元以上10 000元以下的罚款：（1）未按照规定的期限申报办理税务登记、变更或者注销登记的；（2）未按照规定设置、保管账簿或者保管记账凭证和有关资料的；（3）未按照规定将财务、会计制度或者财务、会计处理办法和会计核算软件报送税务机关备查的；（4）未按照规定将其全部银行账号向税务机关报告的；（5）未按照规定安装、使用税控装置，或者损毁或者擅自改动税控装置的。纳税人不办理税务登记的，由税务机关责令限期改正；逾期不改正的，经税务机关提请，由工商行政管理机关吊销其营业执照。

纳税人未按照规定使用税务登记证件，或者转借、涂改、损毁、买卖、伪造税务登记证件的，处2 000 元以上10 000 元以下的罚款；情节严重的，处10 000 元以上50 000 元以下的罚款。

扣缴义务人未按照规定设置、保管代扣代缴、代收代缴税款账簿或者保管代扣代缴、代收代缴税款记账凭证及有关资料的，由税务机关责令限期改正，可以处2 000 元以下的罚款；情节严重的，处2 000 元以上5 000 元以下的罚款。

纳税人未按照规定的期限办理纳税申报和报送纳税资料的，或者扣缴义务人未按照规定的期限向税务机关报送代扣代缴、代收代缴税款报告表和有关资料的，由税务机关责令限期改正，可以处2 000 元以下的罚款；情节严重的，可以处2 000 元以上10 000 元以下的罚款。

（二）偷税的法律责任

纳税人伪造、变造、隐匿、擅自销毁账簿、记账凭证，或者在账簿上多列支出或者不列、少列收入，或者经税务机关通知申报而拒不申报或者进行虚假的纳税申报，不缴或者少缴应纳税款的，是偷税。对纳税人偷税的，由税务机关追缴其不缴或者少缴的税款、滞纳金，并处不缴或者少缴的税款50%以上5倍以下的罚款；构成犯罪的，依法追究刑事责任。

扣缴义务人采取前款所列手段，不缴或者少缴已扣、已收税款，由税务机关追缴其不缴或者少缴的税款、滞纳金，并处不缴或者少缴的税款50%以上5倍以下的罚款；构成犯罪的，依法追究刑事责任。

纳税人不进行纳税申报，不缴或者少缴应纳税款的，由税务机关追缴其不缴或者少缴的税款、滞纳金，并处不缴或者少缴的税款50%以上5倍以下的罚款。

（三）编造虚假计税依据的法律责任

纳税人、扣缴义务人编造虚假计税依据的，由税务机关责令限期改正，并处50 000 元以下的罚款。

（四）逃避追缴欠税的法律责任

纳税人欠缴应纳税款，采取转移或者隐匿财产的手段，妨碍税务机关追缴欠缴的税款的，由税务机关追缴欠缴的税款、滞纳金，并处欠缴税款50%以上5倍以下的罚款；构成犯罪的，依法追究刑事责任。

（五）骗取国家出口退税款的法律责任

以假报出口或者其他欺骗手段，骗取国家出口退税款的，由税务机关追缴其骗取的退税款，并处骗取税款1倍以上5倍以下的罚款；构成犯罪的，依法追究刑事责任。对骗取国家出口退税款的，税务机关可以在规定期间内停止为其办理出口退税。

（六）抗税的法律责任

以暴力、威胁方法拒不缴纳税款的，是抗税，除由税务机关追缴其拒缴的税款、滞纳金外，依法追究刑事责任。情节轻微，未构成犯罪的，由税务机关追缴其拒缴的税款、滞纳金，并处拒缴税款1倍以上5倍以下的罚款。

（七）扣缴义务人的法律责任

扣缴义务人应扣未扣、应收而不收税款的，由税务机关向纳税人追缴税款，对扣缴义务人处应扣未扣、应收未收税款50%以上3倍以下的罚款。

（八）其他方面的法律责任

纳税人、扣缴义务人逃避、拒绝或者以其他方式阻挠税务机关检查的，由税务机关责令改正，可以处10 000元以下的罚款；情节严重的，处10 000元以上50 000元以下的罚款。

纳税人非法印制发票的，由税务机关销毁非法印制的发票，没收违法所得和作案工具，并处10 000元以上50 000元以下的罚款；构成犯罪的，依法追究刑事责任。从事生产、经营的纳税人、扣缴义务人有征管法规定的税收违法行为，拒不接受税务机关处理的，税务机关可以收缴其发票或者停止向其发售发票。

纳税人、扣缴义务人的开户银行或者其他金融机构拒绝接受税务机关依法检查纳税人、扣缴义务人存款账户，或者拒绝执行税务机关作出的冻结存款或者扣缴税款的决定，或者在接到税务机关的书面通知后帮助纳税人、扣缴义务人转移存款，造成税款流失的，由税务机关处10万元以上50万元以下的罚款，对直接负责的主管人员和其他直接责任人员处1 000元以上10 000元以下的罚款。

未经税务机关依法委托征收税款的，责令退还收取的财物，依法给予行政处分或者行政处罚；致使他人合法权益受到损失的，依法承担赔偿责任；构成犯罪的，依法追究刑事责任。

二、税务人员法律责任

我国《税收征管法》对于税务人员的违法行为，也规定了比较严厉的处罚。

1. 税务机关违反规定擅自改变税收征收管理范围和税款入库预算级次的，责令限期改正，对直接负责的主管人员和其他直接责任人员依法给予降级或者撤职的行政处分。

2. 税务人员徇私舞弊，对依法应当移交司法机关追究刑事责任的不移交，情节严重的，依法追究刑事责任。

3. 税务机关、税务人员查封、扣押纳税人个人及其所扶养家属维持生活必需的住房和用品的，责令退还，依法给予行政处分；构成犯罪的，依法追究刑事责任。

4. 税务人员与纳税人、扣缴义务人勾结，唆使或者协助纳税人、扣缴义务人偷税等违法行为，构成犯罪的，依法追究刑事责任；尚不构成犯罪的，依法给予行政处分。

5. 税务人员利用职务上的便利，收受或者索取纳税人、扣缴义务人财物或者谋取其他不正当利益，构成犯罪的，依法追究刑事责任；尚不构成犯罪的，依法给予行政处分。

6. 税务人员徇私舞弊或者玩忽职守，不征或者少征应征税款，致使国家税收遭受重大损失，构成犯罪的，依法追究刑事责任；尚不构成犯罪的，依法给予行政处分。税务人员滥用职权，故意刁难纳税人、扣缴义务人的，调离税收工作岗位，并依法给予行政处分。

7. 税务人员对控告、检举税收违法违纪行为的纳税人、扣缴义务人以及其他检举人进行打击报复的，依法给予行政处分；构成犯罪的，依法追究刑事责任。

8. 税务人员违反法律、行政法规的规定，故意高估或者低估农业税计税产量，致使多征或者少征税款，侵犯农民合法权益或者损害国家利益，构成犯罪的，依法追究刑事责任；尚不构成犯罪的，依法给予行政处分。

9. 违反法律、行政法规的规定提前征收、延缓征收或者摊派税款的，由其上级机关或者行政监察机关责令改正，对直接负责的主管人员和其他直接责任人员依法给予行政处分。

10. 违反法律、行政法规的规定，擅自作出税收的开征、停征或者减税、免税、退税、补税以及其他同税收法律、行政法规相抵触的决定的，除依照本法规定撤销其擅自作出的决定外，补征应征未征税款，退还不应征收而征收的税款，并由上级机关追究直接负责的主管人员和其他直接责任人员的行政责任；构成犯罪的，依法追究刑事责任。

11. 税务人员在征收税款或者查处税收违法案件时，未按照本法规定进行回避的，对直接负责的主管人员和其他直接责任人员，依法给予行政处分。

项目四　实行法治：依法确认税收征管制度

一、强化税源管理的基本思路

强化税源管理，是一项全面的系统工程，针对当前税源管理中存在的问题，要从转变税务干部的思想观念入手，科学设置岗位职责，激发税务干部的工作积极性、主动性，尤其要在强化税源管理手段上狠下工夫，通过一些切实可行的措施，及时掌握纳税人的各种涉税动态信息，全面掌握纳税人履行纳税义务的情况，把科学化、精细化管理落到实处。按照“十一五”时期税收发展与改革的基本思路，税源管理的基本思路是：

1. 加强税收分析预测。
2. 强化纳税人户籍管理。
3. 完善税收管理员制度。
4. 深化企业纳税评估。
5. 推行属地管理基础上的分类管理。
6. 加强发票管理。
7. 推广应用税控器具。
8. 加强国税局、地税局以及与其他部门的配合。

二、税务管理基本制度与内容

（一）税务登记制度

税务登记是税务机关对纳税单位和个人的开业、变动、歇业以及生产经营范围进行法定登记的一项制度，它是税务机关在征收管理工作中的一项基本的工作制度。通过登记，给纳税人在税务机关报个“户口”，表明纳税人开始接受税务机关的管理，也表明纳税人的纳税义务开始产生了。

目前，《税收征管法》规定的税务登记制度的主要内容是：

1. 企业，企业在外地设立的分支机构和从事生产、经营的场所，个体商户和从事生产、经营的事业单位（以下统称“从事生产、经营的纳税人”）自领取营业执照之日起30日内，持有关证件，向税务机关申报办理税务登记。税务机关应当自收到申报之日起30日内审核并发给税务登记证件。

2. 工商行政管理机关应当将办理登记注册、核发营业执照的情况，定期向税务机关通报。纳税人办理税务登记和扣缴义务人办理扣缴税款登记的范围和办法，由国务院规定。这一规定也从法律上给了工商部门以约束。

3. 变更登记。从事生产、经营的纳税人，税务登记内容发生变化的，自工商行政管理机关办理变更登记之日起30日内或者在向工商行政管理机关申请办理注销登记之前，持有关证件向税务机关申报办理变更或者注销税务登记。

4. 银行和其他金融机构应当在从事生产、经营的纳税人的账户中登录税务登记证件号码，并在税务登记证件中登录从事生产、经营的纳税人的账户账号。税务机关依法查询从事生产、经营的纳税人开立账户的情况时，有关银行和其他金融机构应当予以协助。

5. 纳税人按照国务院税务主管部门的规定使用税务登记证件。税务登记证件不得转借、涂改、损毁、买卖或者伪造。

（二）账簿凭证管理制度

在规范税务登记制度的基础上，《税收征管法》还要求建立、健全账簿、凭证管理体系，主要内容是：

1. 纳税人、扣缴义务人按照有关法律、行政法规和国务院财政、税务主管部门的规定设置账簿，根据合法、有效凭证记账，进行核算。

2. 从事生产、经营的纳税人的财务、会计制度或者财务、会计处理办法和会计核算软件，应当报送税务机关备案。

3. 税务机关是发票的主管机关，负责发票印制、领购、开具、取得、保管、缴销的管理和监督。

4. 增值税专用发票由国务院税务主管部门指定的企业印制；其他发票，按照国务院税务主管部门的规定，分别由省、自治区、直辖市国家税务局、地方税务局指定企业印制。未经税务机关指定，不得印制发票。

5. 国家根据税收征收管理的需要，积极推广使用税控装置。

（三）纳税申报制度

根据《税收征管法》规定，纳税申报的基本规定有：

1. 纳税人必须依照法律、行政法规规定或者税务机关依照法律、行政法规的规定确定的申报期限、申报内容如实办理纳税申报，报送纳税申报表、财务会计报表以及税务机关根据实际需要要求纳税人报送的其他纳税资料。

2. 扣缴义务人必须依照法律、行政法规规定或者税务机关依照法律、行政法规的规定确定的申报期限、申报内容如实报送代扣代缴、代收代缴税款报告表以及税务机关根据实际需要要求扣缴义务人报送的其他有关资料。

3. 纳税人、扣缴义务人可以直接到税务机关办理纳税申报或者报送代扣代缴、代收代缴税款报告表，也可以按照规定采取邮寄、数据电文或者其他方式办理上述申报、报送事项。

4. 纳税人、扣缴义务人不能按期办理纳税申报或者报送代扣代缴、代收代缴税款报告表的，经税务机关核准，可以延期申报。经核准延期办理前款规定的申报、报送事项的，应当在纳税期内按照上期实际缴纳的税额或者税务机关核定的税额预缴税款，并在核准的延期内办理税款结算。

三、税收管理员制度

国家税务总局在2005年3月21日正式发布《税收管理员制度（试行）》，《税收管理员制度（试行）》明确了税收管理员的工作职责、工作要求和对税收管理员的监督管理，这是我国首次在制度上明确税收管理员的具体工作职责，为各地税务机关规范税收管理员管户责任和执法行为提供了依据。

（一）税收管理员的工作职责

根据《税收管理员制度》，税收管理员的工作职责主要体现在以下六个方面：

1. 宣传贯彻税收法律、法规和各项税收政策，开展纳税服务，为纳税人提供税法咨询和办税辅导；督促纳税人按照国家有关规定及时足额申报纳税、建立健全财务会计制度、加强账簿凭证管理。

2. 调查核实分管纳税人税务登记事项的真实性；掌握纳税人合并、分立、破产等信息；了解纳税人外出经营、注销、停业等情况；掌握纳税人户籍变化的其他情况；调查核实纳税人纳税申报（包括减免缓抵退税申请，下同）事项和其他核定、认定事项的真实性；了解掌握纳税人生产经营、财务核算的基本情况。

3. 对分管纳税人进行税款催报催缴；掌握纳税人的欠税情况和欠税纳税人的资产处理等情况；对纳税人使用发票的情况进行日常管理和检查，对各类异常发票进行实地核查；督促纳税人按照税务机关的要求安装、使用税控装置。

4. 对分管纳税人开展纳税评估，综合运用各类信息资料和评估指标及其预警值查找异常，筛选重点评估分析对象；对纳税人纳税申报的真实性、准确性做出初步判断；根据评估分析发现的问题，约谈纳税人，进行实地调查；对纳税人违反税收管理规定行为提出处理建议。

5. 按照纳税资料“一户式”存储的管理要求，及时采集纳税人生产经营、财务核算等相关信息，建立所管纳税人档案，对纳税人信息资料及时进行整理、更新和存储，实行信息共享。

6. 完成上级交办的其他工作任务。

（二）税收管理员制度的落实

税收管理员制度是国家税务总局为加强税源管理，优化纳税服务，切实解决“淡化责任，疏于管理”问题而推出的一项新型管理制度。只有更好地落实这一制度，才能真正达到科学化、精细化管理的目的：

1. 推行税收管理员制度，强化管理责任是关键。
2. 推行税收管理员制度，必须抓住全面落实工作职责这个中心。
3. 推行税收管理员制度，重点在规范操作程序，解决怎么干的问题。
4. 全面提高税收管理员素质是成功推行税收管理员制度的根本保证。

四、纳税评估制度

（一）纳税评估的基本内涵

2005 年，国家税务总局发布《纳税评估管理办法（试行）》。所谓纳税评估，就是指税务机关运用数据信息对比分析的方法，对纳税人和扣缴义务人纳税申报情况的真实性和准确性做出定性和定量的判断，并采取进一步征管措施的管理行为。

（二）纳税评估的工作原则

开展纳税评估工作原则上在纳税申报到期之后进行，评估期限以纳税申报的税款所属当期为主，特殊情况可以延伸到往期或以往年度。

（三）纳税评估的工作内容

纳税评估的主要工作内容是：根据宏观税收分析和行业税负监控结果以及相关数据设立评估指标及其预警值；综合运用各类对比分析方法筛选评估对象；对所筛选出的异常情况进行深入分析并做出定性和定量的判断；对评估分析中发现的问题分别采取税务约谈、调查核实、处理处罚、提出管理建议、移交稽查部门查处等方法进行处理；维护更新税源管理数据，为税收宏观分析和行业税负监控提供基础信息等。

项目五　集中征收：强化税收征管

一、税款征收的基本内涵

税款征收是税收征管的核心。按照我国税收征管模式，集中征收是税收征管新模式的标志之一，然而，何为集中征收，似乎没有哪个文件或辞典能做出最权威的、最令人信服的解释。

“集中征收”，其主旨是增强征管工作中的监督、制约机制，由于表述未能界定集中的程度，容易产生越集中越好的理解，导致各地在“集中征收”的外在属性上竞相攀比，把精力和注意力都集中到办税服务厅的规模上、服务的环境形式上、所能集中多少纳税人上。

按《“十一五”时期税收发展与改革的基本思路》，加强税款征收工作，应当注意搞好申报征收工作：

1. 加强办税服务厅工作。
2. 推行多种申报和缴款方式。

3. 大力清缴欠税。

二、税款征收制度的主要内容

（一）依法征收是税款征收法律制度的基础

税务机关应当依照法律、行政法规的规定征收税款，不得违反法律、行政法规的规定开征、停征、多征、少征、提前征收、延缓征收或者摊派税款。

（二）税款核定征收制度

纳税人有下列情形之一的，税务机关有权核定其应纳税额：

1. 依照法律、行政法规的规定可以不设置账簿的。

2. 依照法律、行政法规的规定应当设置账簿但未设置的。

3. 擅自销毁账簿或者拒不提供纳税资料的。

4. 虽设置账簿，但账目混乱或者成本资料、收入凭证、费用凭证残缺不全，难以查账的。

5. 发生纳税义务，未按照规定的期限办理纳税申报，经税务机关责令限期申报，逾期仍不申报的。

6. 纳税人申报的计税依据明显偏低，又无正当理由的。

（三）税收保全与强制执行制度

对未按照规定办理税务登记的从事生产、经营的纳税人以及临时从事经营的纳税人，由税务机关核定其应纳税额，责令缴纳；不缴纳的，税务机关可以扣押其价值相当于应纳税款的商品、货物。扣押后缴纳应纳税款的，税务机关必须立即解除扣押，并归还所扣押的商品、货物；扣押后仍不缴纳应纳税款的，经县以上税务局（分局）局长批准，依法拍卖或者变卖所扣押的商品、货物，以拍卖或者变卖所得抵缴税款。

（四）离境清税制度和税款优先制度

离境清税制度是指欠缴税款的纳税人或者他的法定代表人需要出境的，应当在出境前向税务机关结清应纳税款、滞纳金或者提供担保。未结清税款、滞纳金，又不提供担保的，税务机关可以通知出境管理机关阻止其出境。

（五）税款追缴与退还制度

纳税人超过应纳税额缴纳的税款，税务机关发现后应当立即退还；纳税人自结算缴纳税款之日起3年内发现的，可以向税务机关要求退还多缴的税款并加算银行同期存款利息，税务机关及时查实后应当立即退还；涉及从国库中退库的，依照法律、行政法规有关国库管理的规定退还。

三、强化税种管理

税种管理是针对各税种的性质、特点而进行的一种个性化管理，按《“十一五”时期税收发展与改革的基本思路》，税种管理的主要内容是：

（一）加强货物与劳务税管理

按照以票控税，网络比对，税源监控，综合管理的要求，以“一四六小”为抓手，加强增值税管理。巩固和提高增值税申报纳税“一窗式”管理。完善对海关完税凭证、货运发票、废旧物资发票、农副产品发票和税务机关代开增值税专用发票抵扣的清单管理，加强稽核比对。加强对增值税小规模纳税人的管理，对符合条件的要及时认定为一般纳税人。搞好消费税重点税源管理，针对不同税目制定具体征管办法。强化营业税分行业管理。做好最低计税价格核定工作，规范车辆购置税征管。

（二）强化所得税管理

按“分类管理，优化服务，核实税基，完善汇缴，强化评估，防范避税”的要求，加强企业所得税管理。做好对企业收入总额、应税收入、免税收入、税前扣除项目的核实工作。完善预缴办法，加强汇算清缴。加强个人所得税征管。加快建立个人收入档案管理制度、代扣代缴明细账制度、纳税人与扣缴义务人向税务机关双向申报制度、与社会各部门配合的协税制度，建设个人所得税管理信息系统，利用信息化手段，逐步实现对个人收入的全员全额管理、对高收入者的重点管理、对税源的源泉管理。逐步扩大个人所得税纳税人自行申报范围。推进个人所得税完税证明的开具工作。

（三）改进地方税种的征收管理

开展地方税税源登记调查工作。建立健全房产税、城镇土地使用税、车船税的税源数据库，并实行动态管理，加强对税源数据的分析比对。完善资源税代扣代缴办法和印花税核定征收办法。规范土地增值税预征管理办法，简化清算办法。加强城市维护建设税税源管理，搞好小规模纳税人城市维护建设税的代征工作。加强耕地占用税、契税的征管工作。

（四）搞好车辆税收和房地产税收管理

按照以票控税、信息共享、协同管理的要求，以车辆购置税征收为控制环节，抓好车辆税收“一条龙”管理，加强机动车辆生产、销售、购置、使用环节涉及税种的征管。推进房地产税收“一体化”管理，以契税征收为抓手，强化房地产生产、交易、保有诸环节涉及税种的征管。

（五）加强国际税收管理和对涉外企业的税收征管

改进外商投资企业和外国企业所得税汇算清缴工作，抓好对亏损企业的税收管理。完善国际税收管理机制，建立健全非居民税收征管体系以及中国居民境外投资税收服务体系和境外所得税收征管体系。健全反避税工作机制，加强对关联交易申报的管理，做好预约定价谈签及监控执行工作。做好税收协定谈签和执行工作，加大国际税收情报交换力度。

（六）强化出口退税管理

加强出口退（免）税审核、审批管理。充分利用增值税专用发票电子信息、征税信息以及海关口岸电子执法系统信息、出口企业“一户式”储存信息，做好出口退（免）税申报、审核及评估工作，建立出口退（免）税预警机制，防范骗税案件的发生。在加强管理的同时，及时办理出口退税和免抵调库。

（七）加强个体和集贸市场税收管理

规范定额管理，提高定额核定的公正性。因地制宜地搞好个体户微机定税工作。稳步推进个体工商大户建账工作。加强对未达起征点个体工商户的动态管理。落实集贸市场税收分类管理办法。

小结

1. 税收征收管理就是狭义上的税收管理，是税务机关为了保证税收职能的实现，依照税收法律、法规的规定，代表国家行使征税权力，对纳税人应纳税额组织入库的一种行政行为。

2. 当前的税收征管模式是：以申报纳税和优化服务为基础，以计算机网络为依托，集中征收，重点稽查，强化管理。

3. 新时期税收征管工作总体要求是：以邓小平理论和“三个代表”重要思想为指导，树立和落实科学发展观，牢牢把握新时期税收工作的指导思想，大力推进依法治税，不断更新管理理念，按照税收征管的内在要求完善征管体制、夯实管理基础，实施科学化、精细化管理，全面提高税收征管的质量和效率。

4. 纳税服务是指税务机关依据税收法律、行政法规的规定，在税收征收、管理、检查和实施税收法律救济过程中，向纳税人提供的服务事项和措施。它是税务机关行政行为的组成部分，是促进纳税人依法诚信纳税和税务机关依法诚信征税的基础性工作。

5. 强化税源管理是一项全面的系统工程，针对当前税源管理中存在的问题，要从转变税务干部的思想观念入手，科学设置岗位职责，激发税务干部的工作积极性、主动性，尤其要在强化税源管理手段上狠下工夫，通过一些切实可行的措施，及时掌握纳税人的各种涉税动态信息，全面掌握纳税人履行纳税义务的情况，把科学化、精细化管理落到实处。

6. 税务登记是税务机关对纳税单位和个人的开业、变动、歇业以及生产经营范围进行法定登记的一项制度，它是税务机关在征收管理工作中的一项基本的工作制度。

7. 税收管理员制度是税务机关根据税收征管工作的需要，明确岗位职责，落实管理责任，规范税务人员行为，促进税源管理，优化纳税服务的基础工作制度。税收管理员在基层税务机关及其税源管理部门的管理下，贯彻落实税收法律、法规和各项税收政策，按照管户责任，依法对分管的纳税人、扣缴义务人申报缴纳税款的行为及其相关事项实施直接监管和服务。

8. 纳税评估是指税务机关运用数据信息对比分析的方法，对纳税人和扣缴义务人纳税申报情况的真实性和准确性做出定性和定量的判断，并采取进一步征管措施的管理行为。

9. 税务机关应依照法律、行政法规的规定征收税款，不得违反法律、行政法规的规定开征、停征、多征、少征、提前征收、延缓征收或者摊派税款。

10. 增值税管理的基本要求是：以票控税、网络比对、税源监控、综合管理。

11. 企业所得税管理的要求是：分类管理，优化服务，核实税基，完善汇缴，强化评估，防范避税。

12. 税务稽查是税务机关依法对纳税人、扣缴义务人和其他税务当事人履行纳税义务、扣缴义务及税法规定的其他义务等情况进行检查和处理工作的行政执法行为。

综合练习

一、单项选择题

1. 从事生产、经营的纳税人，应当自领取营业执照之日起（　　）日内，向生产、经营所在地或者纳税义务发生地的主管税务机关申报办理税务登记。

A. 15　　B. 30　　C. 60　　D. 10

2. 下列不需要进行开业税务登记的是（　　）。

A. 个体工商户　　B. 从事生产、经营的事业单位

C. 临时取得应税收入的个人　　D. 企业在外地设立的分支机构

3. 账簿、记账凭证、报表、完税凭证、发票、出口凭证以及其他有关涉税资料的保管期限，除另有规定者外，应当保存（　　）。

A. 10 年　　B. 30 年　　C. 60 天　　D. 15 年

4. 纳税人因有特殊情况，不能按期进行纳税申报的，经（　　）税务机关批准，可以延期申报。

A. 县以上　　B. 区以上　　C. 市以上　　D. 省以上

5. 纳税人未按照规定期限缴纳税款的，扣缴义务人未按照规定期限解缴税款的，税务机关除责令其限期缴纳外，从滞纳税款之日起，按日加收滞纳税款（　　）的滞纳金。

A. 千分之五　　B. 万分之五　　C. 千分之三　　D. 万分之三

6. 纳税人伪造、变更、隐匿、擅自销毁账簿、记账凭证，或者在账簿上多列支出或者不列、少列收入或者经税务机关通知申报而拒不申报或者进行虚假的纳税申报，不缴或者少缴应纳税款的，是（　　）。

A. 骗税　　B. 抗税　　C. 偷税　　D. 逃税

7. 纳税人、扣缴义务人编造虚假计税依据的，由税务机关责令限期改正，并处（　　）的罚款。

A. 2 000 元以下　　B. 2 000 元以上 5 000 元以下

C. 2 000 元以上 10 000 元以下　　D. 50 000 元以下

8. 纳税人税务登记内容发生变化的，应当自工商行政管理机关或者其他机关办理变更登记之日起（　　）日内，持有关证件向原税务登记机关申报办理变更税务登记。

A. 30　　B. 60　　C. 15　　D. 90

二、多项选择题

1. 我国《税收征收管理法》的立法目的是（　　）。

A. 加强税收的征收管理　　B. 规范税收征收和缴纳行为

C. 保障国家税收收入　　D. 保护纳税人的合法权益

2. 我国税务登记制度的内容包括（　　）。

A. 开业税务登记　　B. 变更税务登记

C. 注销税务登记　　D. 停业、复业登记

3. 纳税人应当办理变更税务登记的情形有（　　）。

A. 遭受重大损失　　B. 改变生产或经营方式

C. 改变生产经营期限　　D. 改变或增减银行账号

4. 纳税申报的形式主要有（　　）。

A. 直接申报　　B. 电话申报　　C. 邮寄申报　　D. 数据电文

5. 下列选项中属于税款征收的原则的有（　　）。

A. 税务机关只能依照法律、行政法规的规定征收税款

B. 税务机关征收税款必须遵守法定权限和法定程序

C. 税款、滞纳金、罚款统一由税务机关上缴国库

D. 税款优先原则

6. 税务行政诉讼的原则有（　　）。

A. 人民法院特定主管原则　　B. 合法性审查原则

C. 纳税人负责举证原则　　D. 由税务机关负责赔偿的原则

7. 下列情形中，税务机关有权核定纳税人应纳税额的是（　　）。

A. 擅自销毁账簿或者拒不提供纳税资料

B. 虽设置账簿，但账目混乱或者成本资料、收入凭证、费用凭证残缺不全，难以查账

C. 发生纳税义务，未按照规定的期限办理纳税申报，经税务机关责令限期申报，逾期仍不申报

D. 依照法律、行政法规的规定可以不办理税务登记的

8. 下列各项中，不适用于《税收征收管理法》的有（　　）。

A. 营业税　　B. 教育费附加　　C. 增值税　　D. 关税

9. 纳税人偷税未构成犯罪的，其处罚方式有（　　）。

A. 追缴税款　　B. 加收滞纳金　　C. 追究法律责任　　D. 罚款

10. 纳税人下列各项行为中，可按“由税务机关责令限期改正，可以处2 000元以下的罚款；情节严重的，处2 000元以上10 000元以下的罚款”规定处理的有（　　）。

A. 未按照规定的期限办理纳税申报

B. 未按照规定的期限申报办理税务登记

C. 未按照规定设置、保管账簿或者保管记账凭证和有关资料

D. 未按照规定将其全部银行账号向税务机关报告

三、填空题

1. 在我国，税收征收管理法主要包括______________及其实施细则和________等法律文件，以及刑法中有关涉税犯罪等规定。

2. 增值税专用发票由__________指定的企业印制。

3. 开具发票后，如发生销货退回需开红字发票的，必须________并注明“作废”字样或取得对方有效证明；发生销售折让的，在收回原发票并证明“作废”后，________。

4. 纳税申报的对象为________和________。

5. 对纳税人偷税的，由税务机关追缴其不缴或者少缴的税款、________，并处不缴或者少缴的税款50%以上________以下的罚款。

6. 纳税人若发生抗税行为，除由税务机关追缴其拒缴的税款、滞纳金外，还要________。
7. 纳税人减免期满，应当自________起恢复纳税。

四、判断题

1. 我国《税收征管法》适用于所有政府机关征收的各种税收的征收管理。(　　)
2. 所有的纳税人和扣缴义务人都必须按照有关法律、行政法规和国务院财政、税务主管部门的规定设置账簿。(　　)
3. 纳税人未能按规定安装、使用税控装置的，处 2 000 元以上 10 000 元以下的罚款。(　　)
4. 在税款征收过程中，税务机关应当按照税收法律、行政法规预先规定的征收标准进行征税，不得擅自增减改变税目、调高或降低税率、加征或减免税款、提前征收或者延缓征收税款或者摊派税款。(　　)
5. 纳税人发生欠税在前的，税收优先于抵押权、债权和留置权的执行，优先于罚款、没收非法所得等。(　　)
6. 纳税人减免税期间，不必进行纳税申报。(　　)
7. 扣缴义务人未按照规定设置、保管代扣代缴、代收代缴税款账簿或者保管代扣代缴、代收代缴税款记账凭证及有关资料的，由税务机关责令限期改正，可以处 2 000 元以下的罚款；情节严重的，处 2 000 元以上 5 000 元以下的罚款。(　　)
8. 纳税人发生解散、破产、撤销以及其他情形，依法终止纳税义务的，应当持有关证件向原税务登记管理机关申报办理注销税务登记。(　　)
9. 对于未按规定设置、保管账簿或保管凭证和有关资料的纳税人，逾期改正的免予行政处罚。(　　)
10. 税务行政诉讼中，税务机关不享有起诉权，只有应诉权，即税务机关只能作为被告。(　　)

参考答案

一、单项选择题

1. B　2. C　3. A　4. A　5. B　6. C　7. D　8. A

二、多项选择题

1. ABCD　2. ABCD　3. BCD　4. ACD　5. ABCD
6. ABD　7. ABC　8. BD　9. ABD　10. BCD

三、填空题

1. 《中华人民共和国税收征收管理法》　《发票管理办法》　2. 国务院税务主管部门
3. 收回原发票　重新开具发票　4. 纳税人　扣缴义务人　5. 滞纳金　5 倍
6. 依法追究刑事责任　7. 期满次日

四、判断题

1. ×　2. √　3. ×　4. √　5. √　6. ×　7. √　8. √　9. ×　10. √

模块九　税务稽查

学习目标

一般掌握：税务稽查的基本内涵与现实意义

重点掌握：税务稽查工作规范和税务稽查一般方法

基础知识

项目一　税务稽查概述

一、税务稽查的概念

税务稽查是税务机关依法对纳税人、扣缴义务人和其他税务当事人履行纳税义务、扣缴义务及税法规定的其他义务等情况进行检查和处理工作的行政执法行为。

我们可从以下几个方面全面理解税务稽查的基本内涵：

1. 税务稽查主体是税务机关。
2. 税务稽查依据是国家法律法规。
3. 税务稽查对象是纳税人、扣缴义务人和其他税务当事人。
4. 税务稽查客体是纳税义务情况、扣缴义务情况及税法规定的其他义务。
5. 税务稽查的基本内容是检查和处理。

二、税务稽查的必要性

我们可从以下几个方面理解税务稽查的必要性：

1. 从税收征管运行机制分析，税务稽查是税收征管体系中最为重要的税收征管环节。
2. 从税收征管模式分析，税务稽查是提高税收征管质量与效率的必然选择。
3. 从纳税遵从理论分析，税务稽查是有效提高纳税人纳税遵从水平不可缺少的主要方面。

三、税务稽查的基本职能

税务稽查的基本职能是指税务稽查作为税务机关的一种基本执法行为，在选案、稽查实施、审理、处理、执行过程中表现出来的固有功能。一般而言，税务稽查的职能主要表现在惩戒职能、监控职能、收入职能、教育职能等四个方面。

（一）惩戒职能

惩戒职能，是指通过税务稽查发现纳税人、扣缴义务人的税务违法行为并依法作出税务处理，给予其经济制裁或其他方面的处罚，构成犯罪的还应移送司法机关追究其刑事责任。

（二）监控职能

监控职能，是指税务机关通过检查纳税人纳税义务履行情况和扣缴义务人扣缴义务履行情况的过程，全面反映纳税人具体的生产经营情况和税务机关税源管理情况，从而监控经济运行状况和税收征管质量与效率，对税务机关改善纳税服务，完善税源管理，加强税款征收产生重要的、积极的影响。

（三）收入职能

收入职能，是指通过税务稽查可以发挥税收征管对国家税收收入的保证作用。具体表现在三个方面：一是查补税款，直接增加税收收入。税务稽查对纳税人、扣缴义务人的税务违法行为进行检查，并依法作出税务处理时，发挥着查补税款，增加税收收入的功能。二是强化征管，提高税收征管质量。税务稽查对纳税人、扣缴义务人履行纳税义务情况进行检查时，可以发现纳税人履行纳税义务方面存在的共性问题，从而可以发现税收征管薄弱环节，以便国家进一步完善税收征管体系，提高税收征管质量，间接发挥税收收入增加的功能。三是优化税制，完善税收政策体系。因为税务稽查过程涉及各类企业和纳税人，涉及各类税种和税收政策，所以，税务稽查可通过反映税收与经济之间的辩证关系，进一步发现税收政策方面存在的问题，有利于完善国家深化税制改革，完善税收政策。

（四）教育职能

教育职能，是指通过税务稽查活动对税收违法案件进行查处，以起到对被查对象和其他纳税人、扣缴义务人的教育作用，从而增强纳税人和扣缴义务人依法纳税的自觉性。税务稽查的教育职能，一方面，通过对被查对象的监督、惩处来实现；另一方面，税务稽查过程本身就是一个税收政策的宣传教育过程。特别是税务机关通过税务违法案件公告，对那些准备进行偷逃税或未进行偷逃税的纳税人形成一种法制威慑，从而起到“处理一个，教育一批，治理一片”的好效果。

税务稽查的四项基本职能是一个相互联系、相互依存的统一完整的体系，每一个职能的发挥都对税务稽查的整体效应有重要的影响。

但在实际工作中，对税务稽查职能的认识往往存在两种明显错误倾向：一是片面地强调稽查查补收入的职能，甚至单纯把查补收入作为对税务稽查工作的考核指标，有的甚至仅把税务稽查作为增加税收收入的工具，作为完成税收收入的“调节器”。二是把以查促管职能等同于“打击”功能，对稽查工作中发现的征管漏洞或存在的问题，不能及时加以分析整理并反馈给有关部门，或不注意对税收法律法规的宣传，或忽视收集使用当事人无责或轻责的证据等，致使以查促管职能大打折扣。

四、税务稽查的一般分类

按税务稽查对象的来源、内容范围、检查目的不同，税务稽查可分为日常稽查、专项检查和专案检查三类。

（一）日常稽查

日常稽查是税务稽查机关根据辖区内纳税人纳税义务履行的具体情况，结合上级税务稽查机关的工作计划和要求，有计划地对税务违法行为进行日常的检查和处理工作。

（二）专项检查

专项检查是指税务机关按照上级税务机关的统一部署或下达的任务对管辖范围内的特定行业或特定的纳税人、特定的税务事宜进行的专门检查。如发票检查、增值税专用发票检查、出口退税检查、个人所得税检查、流转税检查、个体工商户税收专项检查等。

（三）专案检查

专案检查是指税务机关依照税收法律法规及有关规定，以立案形式对纳税人、扣缴义务人履行纳税义务、扣缴义务情况进行的调查处理。

以上三种检查形式，各有特点，各有所长，几种检查形式是有机结合的。如在日常检查、专项检查中发现重大问题，可转为专案检查；在日常检查过程中发现带有普遍性问题，也可实施专项检查。专项检查、专案检查的情况也为准确确定日常检查的对象提供信息和依据。

项目二　税务稽查的工作规程

一、税务稽查选案

（一）税务稽查选案的概念

税务稽查选案是指采用科学的方法，对纳税人各项信息数据进行采集、分析、筛选，最终为税务稽查的实施确定具体检查对象的过程。其主要方法是通过对纳税人综合财务信息、纳税情况等的分析、处理，最大限度地发现存在的问题和疑点，分清重点稽查对象和一般稽查对象，确立稽查的重点内容和突破口，为税务稽查的实施取得实质性的效果奠定基础。

（二）税务稽查选案的原则

为了提高稽查选案的准确性，税务稽查选案应运用科学方法确定，做到客观、公平、公正，并在此基础上遵循以下两个基本原则：

1. 优选原则。对线索清晰的群众举报案件，上级督办或交办、部门转办、征管移办案件，金税协查案件，税收专项检查及需要实施检查的其他涉税案件，优先列入税务稽查选案的范围。

2. 限选原则。在一个公历年度内，除群众举报、协查、上级督办或交办案件、部门转办、征管转办的案件等专案检查外，对同一纳税人、扣缴义务人原则上不安排重复检查。

（三）税务稽查选案对象

根据税收法律法规规定，税务稽查机关可按不同税务稽查类型确定选案对象。

1. 常规稽查选案对象。常规稽查可通过一定方法筛选出有偷、逃、骗税及其他嫌疑的纳税人，确定选案对象。

2. 专项稽查或专项整治选案对象。专项稽查或专项整治根据上级税务机关部署的总体要求筛选确定选案对象。

3. 专案稽查选案对象。专案稽查根据群众举报、上级部门督办与交办、有关部门转办及协查等直接确定选案对象。

二、税务稽查实施

税务稽查实施是指税务稽查机关依照国家税收法律法规的规定，针对税务稽查选案确定的稽查对象，组织税务稽查人员，按照规定的工作程序，采用一定方法、措施和手段，收集有关涉税违法证据材料，制作《税务稽查报告》，并将税务稽查材料移送审理定案的工作过程。它包括常规稽查、专案稽查、专项稽查的实施。

（一）税务稽查权限

税务稽查权限是指国家法律法规赋予税务稽查机关实施税务监督检查的权力及对权力的限制。税务稽查的实施，要在《税收征管法》规定的职权范围内进行。

（二）税务稽查的法律限制

税务稽查实施是一种税务机关单方面的执法行为，会直接影响到纳税人的权益，并产生一定的法律后果。因此，税务稽查实施也须有相应法律限制。

（三）税务稽查回避

税务稽查回避是指税务稽查机关查处某一案件的稽查人员，在与案件有利害关系或其他关系，有可能影响公正执法时退出该案稽查实施的一项制度。它是税务稽查机关保证公正执法、加强廉政建设的重要措施之一。

三、税务稽查案件审理

税务稽查案件审理是指税务稽查机关对各类涉税案件在税务稽查实施终结后，由专门的组织或人员根据有关法律法规的规定，审定稽查程序、鉴别税案证据、审定案件事实、认定案件性质、拟定处理意见、制作涉税案件审理报告和有关涉税案件处理文书的活动过程，是税务稽查工作的重要组成部分。

（一）案件审理的意义

1. 有利于保证税务稽查机关依法行使职权；

2. 有利于保证涉税案件的查处质量；

3. 有利于保护纳税人的合法权益；

4. 有利于加强税务稽查机关的廉政建设。

（二）案件审理的原则

涉税案件审理原则是指开展涉税案件审理工作的行为准则。涉税案件审理是一项政策性很强的工作，一方面要根据税务稽查实施中获取的各类证据认定涉税违法事实的真实性；另一方面还要根据有关法律法规的规定，对认定的税收违法行为进行定性处理。因此，做好涉税案件的审理工作，除了要求审理人员具有较高的政策水平和业务技能外，还要坚持涉税案件的审理原则。

1. 合法性原则；

2. 实事求是原则；

3. 公正原则。

（三）案件审理的内容

涉税案件审理的内容主要包括：

1. 稽查程序是否合法。

2. 涉税事实是否清楚。

3. 证据是否确凿有效。

4. 数据计算是否准确。

5. 案卷资料是否齐全。

6. 文书制作是否规范。

7. 适用法律是否准确。

8. 处理意见是否得当。

四、税务稽查执行

税务稽查执行是指税务稽查机关将税务处理文书送达当事人，并督促其依法履行税务处理决定的过程。

案件执行实施即税务稽查执行实施，是涉税案件查处的最后环节，包括案件执行的受理、税务处理文书的送达、税款和罚款的入库、执行措施的采取等。按税务稽查“四分离”制度的规定，涉税案件的执行由各级稽查局内设的执行部门负责组织实施。

（一）税务处理文书送达

税务处理文书送达是指税务机关依照法律法规规定的程序和方式，将税务处理文书送达当事人。税务处理文书的送达是案件执行工作的重要环节，对强化和规范税务稽查执行，保证税务稽查成果的实现，都具有很重要的作用。

《税收征管法实施细则》的规定，根据涉税案件的不同情况，税务处理文书可以采用不同的送达方式。

1. 直接送达。直接送达是指执行送达任务的执行人员将应送达的税务处理文书直接送达当事人签收的送达方式，这是一种常用的基本送达方式。

2. 留置送达。留置送达是指在受送达人或其同住成年家属、税务代理人、代收人拒绝接收税务处理文书的情况下，把税务处理文书留在受送达人处的一种送达方式。

3. 委托送达。委托送达是指税务处理文书在直接送达有困难的情况下，税务机关可以委托其他有关机关或者其他单位代为送达的送达方式。

4. 邮寄送达。邮寄送达是指税务机关通过邮政部门，将税务处理文书挂号寄给受送达人的送达方式。

5. 公告送达。公告送达是指税务机关以张贴公告、登报或者广播等方式，将需要送达的税务处理文书的有关内容告知受送达人的送达方法。采取公告送达的，自公告之日起满 30 日，即视为送达。

（二）税务处理决定的执行

税务处理决定文书一经送达，即具有法律效力，当事人就必须按照税务处理决定所规定的内容执行。

1. 税务处理决定的一般执行。税务处理决定文书送达被执行人后，被执行人必须按照规定的期限和方式，将查补税款、滞纳金、罚款及应没收的非法所得及时足额地缴入国库。同时，被执行人应按照税务处理决定的要求，将缴库凭证的复印件连同税务稽查调整账务记录复印件报送税务稽查执行部门，执行部门应按照税务稽查取证的要求收集缴库凭证的复印件及调账凭证复印件，并归入案卷存档。

2. 税务处理决定的督促执行。在处理决定要求的期限内，执行部门应及时了解当事人的执行情况，并督促当事人如期解缴查补的税款、滞纳金及罚款。

对当事人逾期未执行的，执行部门应及时制作《限期缴纳税款通知书》，按照法定的程序和要求送达给被执行人，并督促被执行人限期缴库。被执行人接到《限期缴纳税款通知书》，仍未在期限内解缴入库的，执行部门按照法定的程序和要求，对被执行人采取税收保全措施和税收强制执行措施，以保证税务处理决定得以执行，维护税收法律、行政法规的严肃性。

3. 审计、财政及司法机关转办案件的执行。《税收征管法》第五十三条规定，对审计机关、财政机关依法查出的税收违法行为，税务机关应当根据有关机关的决定、意见书，依法将应收的税款、滞纳金按照税款入库预算级次缴入国库，并将结果及时回复有关机关。

（三）税务稽查调整账务

税务稽查调整账务，是指当事人接到税务处理决定后，按照税务稽查机关认定的涉税事实和处理决定调整会计账户的记录，是税务稽查机关巩固和实现税务稽查成果，教育纳税人依法履行纳税义务的有效措施之一。

（四）案件执行终结

涉税案件执行完毕后，执行人员应认真整理案件执行的有关资料，审核案件执行结果的正确性。对执行无误的涉税案件，应及时制作《执行报告》，报经批准后，执行部门应制作《涉税案件资料移交清单》，将《执行报告》连同案件执行的有关资料移交审理部门，由审理部门统一组卷归档。移交时，交接双方应按照规定办理执行资料的交接手续。

项目三 税务稽查的一般方法

一、税务稽查的基本方法

税务稽查的基本方法是指税务机关和税务人员在实施税务检查活动中，为收集检查证据，完成检查任务，达到检查目的所采用的各种手段的总称。按税务稽查实施的内容、范围、顺序和技术手段的不同，税务稽查方法可以分为许多种。

（一）账务检查方法

账务检查方法是指对被检查纳税人的会计报表、会计账簿、会计凭证等有关资料进行审核，据以确认纳税人缴纳税款的真实性和准确性的一种方法。账务检查既可以对纳税人进行实地检查，也可以进行调账检查。在实际工作中，常用的账务检查方法主要有以下几种：

1. 全查法。全查法又称详查法，是指对被检查纳税人一定时期内所有的会计凭证、账簿、报表及各种存货进行全面、系统检查的一种方法。

2. 抽查法。抽查法又称选查法，是指对被检查纳税人一定时期内的会计凭证、账簿、报表及各种存货抽取一部分进行检查的一种方法。

3. 顺查法。顺查法是指对被检查纳税人按照其会计核算的顺序，依次检查会计凭证、账簿、报表，并将其相互核对的一种检查方法。

4. 逆查法。逆查法是指逆会计核算的顺序，依次检查会计报表、账簿及凭证，并将其相互核对的一种检查方法。

（二）调查验证方法

调查验证方法是指税务机关和税务人员在税务检查过程中，因纳税人会计资料以及纳税申报资料未能详尽提供所需的信息，或者在账务检查中发现疑点问题，为取得所需的信息、证据所采取的各种查证方法。

1. 盘存法。盘存法是指通过对被检查纳税人的货币资金、存货及固定资产等实物进行盘点清查，核实其账实是否相符，进而发现纳税问题的一种检查方法。

2. 核查法。核查法是指检查人员通过账物核对、实地察看、调查询问等手段，收集取得一些可靠的资料、证据来证实或验证账内可疑问题的一种检查方法。核查法具体又可分为三种：一是核对法，将被检查纳税人的各种相关联的会计凭证、账簿、报表及实物进行相互核对，检查相关联的账与证、账与账、账与表、账与实物、证与证之间内在的联系。二是观察法，通过到被检查纳税人的生产经营场所、仓库、工地等现场察看其生产经营及存货等情况，核实、验证纳税人申报应税产品、商品的真实性。三是询问法，通过向被检查纳税人有关人员询问和质疑，取得涉税证据，获取书面资料，验证被检查纳税人的违法事实。

3. 外调法。外调法是指对被检查纳税人有怀疑或已掌握一定线索的经济事项，通过向与其有经济联系的单位或个人进行调查，予以查证核实的一种检查方法。

（三）对比分析方法

对比分析方法是指对被检查纳税人的有关涉税资料与相关指标数据加以比较，从数量上分析和说明各种涉税关系是否协调，从而对被检查纳税人的纳税情况做出正确评价的各种方法的综合。

1. 评估分析法。评估分析法是指稽查人员依托计算机网络，通过行业评估、税种评估、案源评估等手段，建立相关纳税数据指标，运用现代信息技术对被检查纳税人的涉税数据进行稽查和处理。

2. 比较分析法。比较分析法，是指将被检查纳税人检查期有关财务指标的实际完成数进行纵向或横向比较，分析其异常变化或差异情况，从中发现纳税问题的线索。

3. 控制计算法。控制计算法是指依据被查纳税人内部有关数据之间相互制约的关系，用某一可靠的或科学测定的数据来验证另一核算资料或申报资料是否正确，或以某一经济事项的核算资料来审定另一经济事项的核算资料的一种稽查分析方法。在税务稽查工作中经常采用的控制计算法有：材料稽查中的定额控耗，产品稽查中的以耗控产，销售稽查中的以产控销、以支控销，以及计算企业的偿债能力和缴税能力等。

综上所述，账务检查方法、调查验证方法和对比分析方法，三者彼此联系，相互补充，互为印证。在检查工作实践中，应根据稽查的目的和要求以及被稽查单位的生产经营特点、财务管理水平和会计核算水平，由税务稽查人员审时度势，因时、因地、因事而宜，灵活运用，以达到税务稽查的最佳效果。

二、会计报表的分析检查

（一）会计报表分析检查的意义

会计报表是总括反映纳税人一定时期经济活动和财务收支状况的书面报告。通过审查分析会计报表，掌握纳税人生产经营及变化情况，有利于从总体上把握纳税人在纳税方面存在的问题，以便确定稽查对象或确定账、证检查的重点。所以在税务稽查工作中，一般首先从审查、分析会计报表入手，然后再检查会计账簿和凭证。检查会计报表，通常运用比较分析法，对有关项目的绝对数或相对数进行纵向或横向比较，分析其异常变化，从而发现在纳税方面存在的问题。

（二）会计报表的审核分析

纳税人使用的会计报表主要有：资产负债表、利润表、现金流量表等。税务检查的重点是资产负债表和利润表。

1. 资产负债表的审查分析。资产负债表是反映企业某一特定时期财务状况的会计报表。

资产负债表检查可采用当期核对法、数字比较法和指标对比法。通过分析纳税人资产、负债及所有者权益各有关项目的异常变化情况，从中发现在纳税方面存在的问题，从而确定下一步检查的重点和方向。

2. 利润表的审查分析。利润表是反映企业在一定期间利润实现情况的会计报表，是企业申报应纳所得税的主要依据，是税务稽查审查分析的主要报表之一。

利润表检查的基本方法与资产负债表检查方法相似，通常采用当期核对法、数字比较法和指标对比法。检查时，可以依照利润表所列项目的顺序进行检查分析，也可以从“利润总额”入手，发现可疑线索后，再依次审查“营业收入”、“营业成本”、“营业税金及附加”、“销售费用”、“管理费用”、“财务费用”、“资产减值损失”、“营业外收入”、“营业外支出”等项目指标，以确定下一步检查的重点和方向。

3. 现金流量表的检查分析。现金流量表是反映企业在一定会计期间现金和现金等价物流入和流出的报表，是对资产负债表和利润表（损益表）的动态补充，也是税务稽查审查分析的主要报表之一。

现金流量表的检查方法主要是审阅法、计算法和分析复核法。检查时首先要审查现金流量表是否符合企业会计准则和相关会计制度，结合其他资料审核报表反映的经济业务是否违反税收法律、法规和制度；要审查现金流量表各有关项目数字的准确性、与各报表间数字的一致性；要利用各项目数字计算重要比率，进行趋势分析，发现异常变动，以确定下一步检查的重点和方向。

4. 纳税申报表的检查分析。各税纳税申报表分别反映了在一定时期内各税应税收入、应税财产或行为的发生、减免税政策和税率的使用、应纳税额的计算等情况。通过对各税纳税申报表的审查分析，有利于从总体上把握纳税人在申报缴纳各税方面存在的可疑问题，便于把握对各税检查账证的重点。

各税的纳税申报表虽然具体内容不同，但在检查时一般应从以下几方面进行分析：一是将申报表与会计报表核对。纳税人报出的各税纳税申报表的有关应税项目的数据一般直接来自于有关会计报表的资料，所以应将各税申报表申报的有关项目，与资产负债表、利润表等会计报表的相关项目进行核对，如不一致，应在检查账证时注意核实。二是将纳税人申报的检查期各税申报表的有关项目进行纵向和横向的比较分析，从中发现可疑问题。三是如纳税人有减免税、出口退税、调减应纳税所得额等申报项目，应作为检查人员重点关注和核实的问题。

三、账簿凭证的分析检查

会计账簿是以会计凭证为依据，全面、连续、系统地记录和反映企业各项经济业务和财务成果的簿籍。它反映的资料比会计报表具体和丰富，比会计凭证集中、系统，所以在审查分析会计报表的基础上，对发现的可疑问题，还必须通过检查账簿予以核实。因此，对账簿的检查是纳税检查的中心环节。

（一）总分类账的检查

总分类账简称总账，是按一级会计科目设置的账簿。它可提供企业在一定时期各类经济业务和财务指标总括的核算资料，是对明细账的概括，是产生会计报表的直接依据。通过检查总账，可进一步确定检查的线索和重点。对总账主要采用以下方法进行检查：

1. 将各总账的检查期发生额与上期进行比较，看其有无异常变化。

2. 将各总账的检查期期初、期末余额与前期、本期资产负债表进行核对，看数字是否一致，注意有无为了少纳税而随意改变期初、期末余额的问题。

3. 将各总账检查期的期初、期末余额及发生额，与所辖各明细账进行核对，看数字和内容是否相符，方向是否一致，有无为了少纳税而随意调整总账余额的。

4. 将有关总账的检查期发生额与利润表和纳税申报表有关项目进行核对，看有无账表不符，多报成本费用、少报收入的问题。

（二）明细分类账的检查

明细分类账简称明细账，是根据二级科目或明细科目设置的、详细核算某一类经济业务的账簿，是对总账的补充和具体化。所以对账簿检查的重点是明细账，而不是总账。但通过明细账发现的问题，一般还必须通过检查会计凭证核实问题，有些问题还要通过盘点实物或到现场观察予以核实。

对明细账应主要从以下几方面进行检查：

1. 审查期初余额是否与上期期末余额相符。

2. 审查摘要栏及发生额，核实经济业务的真实性与合法性。

3. 审查存货类账户的计量、计价是否正确。

4. 审查余额是否正常。注意余额的方向是否符合规律。

5. 注意余额的大小是否正常。

（三）会计凭证的分析检查

会计凭证是记录经济业务，明确经济责任并据以登记账簿的书面证明，也是进行税务稽查核实问题，并据以定案的主要依据。在明细账中发现的问题，一般还须通过会计凭证核实；同时，有许多问题仅在明细账中难以查出，只有通过检查会计凭证，才能查清存在的问题。所以对会计凭证的检查是整个税务稽查的重点。但会计凭证不是核实问题的唯一证据，有些问题还应通过盘点实物及其他证明材料加以核实或证实。对会计凭证的检查，主要通过审阅法、核查法发现问题。

记账凭证是登记账簿的直接依据，是对原始凭证的归类和汇总。所以检查会计凭证首先应检查记账凭证。

其中，对记账凭证一般从以下几方面进行检查：

1. 审查会计科目的对应关系是否正确及账务处理是否完整。

2. 审查使用的会计科目与所附原始凭证的经济内容是否相符。

3. 审查记账凭证所载金额与原始凭证是否一致。

小结

1. 税务稽查是税务机关依法对纳税人、扣缴义务人和其他税务当事人履行纳税义务、扣缴义务及税法规定的其他义务等情况进行检查和处理工作的行政执法行为。

2. 税务稽查的基本职能是指税务稽查过程中的固有功能，主要表现在惩戒职能、监控职能、收入职能、教育职能等四个方面。

3. 按税务稽查对象的来源、内容范围、检查目的不同，税务稽查可分为日常稽查、专案检查和专项检查三类。

4. 税务稽查选案是指采用科学的方法，对纳税人各项信息数据进行采集、分析、筛选，最终为税务稽查的实施确定具体检查对象的过程。

5. 税务稽查实施是指税务稽查机关依照国家税收法律法规的规定，针对税务稽查选案确定的稽查对象，组织税务稽查人员，按照规定的工作程序，采用一定方法、措施和手段，收集有关涉税违法证据材料，制作《税务稽查报告》，并将税务稽查材料移送审理定案的工作过程。

6. 税务稽查案件审理是指税务稽查机关对各类涉税案件在税务稽查实施终结后，由专门的组织或人员根据有关法律法规的规定，审定稽查程序、鉴别税案证据、审定案件事实、认定案件性质、拟定处理意见、制作涉税案件审理报告和有关涉税案件处理文书的活动过程，是税务稽查工作的重要组成部分。

7. 税务稽查执行是指税务稽查机关将税务处理文书送达当事人，并督促其依法履行税务处理决定的过程。

8. 税务稽查的基本方法是指税务机关和税务人员在实施税务检查活动中，为搜集检查证据，完成检查任务，达到检查目的所采用的各种手段的总称。从检查的方式划分，可以将稽查方法分为账务检查方法、调查验证方法和对比分析方法。

综合练习

一、单项选择题

1. 税务稽查的客体是（　　）。

A. 涉税犯罪嫌疑人

B. 纳税人

C. 扣缴义务人

D. 纳税人、扣缴义务人履行纳税义务和扣缴义务的情况

2. 税务稽查的对象是（　　）。

A. 纳税人的经营活动与应税活动

B. 扣缴义务人的经营活动与应税活动

C. 纳税人、扣缴义务人的经营活动与应税活动

D. 纳税人、扣缴义务人

3. 税务机关进行税务稽查，在法律上具有（　　）。

A. 独立性　　B. 规范性　　C. 强制性　　D. 同一性

4. 税务稽查要以（　　）为依据。

A. 口供　　B. 会计资料　　C. 财会制度　　D. 税收法律

5. 专项稽查是指对（　　）纳税人进行的重点稽查。

A. 个别　　B. 单一　　C. 某类　　D. 某个

6. 不属于税务稽查基本任务的是（　　）。

A. 依照国家税收法律、法规，查处税收违法行为

B. 保障税收收入

C. 维护税收秩序，促进依法纳税

D. 税法宣传

7. 省市两级税务稽查局的稽查执法类职责不包括（　　）。

A. 组织本省市重大税务案件的查处

B. 组织开展执法检查

C. 协查系统的管理

D. 协调下级稽查局查处税收违法案件

8. 税务稽查的职权不包括（　　）。

A. 税务检查权　　B. 税款追征权

C. 司法强制权　　D. 行政处罚权

二、多项选择题

1. 税务稽查的依据包括（　　）。

A. 税收法律、法规、规章　　B. 财务会计制度

C. 刑事法律制度　　D. 经济法律

2. 属于税务稽查基本任务的是（　　）。

A. 依照国家税收法律、法规，查处税收违法行为

B. 保障税收收入

C. 维护税收秩序，促进依法纳税

D. 税法宣传

3. 不属于税务稽查原则的是（　　）。

A. 独立性　　B. 规范性　　C. 强制性　　D. 同一性

4. 以下不属于税务稽查依据的有（　　）。

A. 口供　　B. 会计资料　　C. 财会制度　　D. 税收法律

5. 以下属于税务稽查职能的是（　　）。

A. 收入职能　　B. 监控职能　　C. 管理职能　　D. 公正职能

三、判断题

1. 即使某一涉税案件不属于某一税务机关的管辖范围，该税务机关仍然可以实施税务稽查。（　　）

2. 只有当某一涉税案件属于某一税务机关的管辖范围时，该税务机关才能实施税务稽查。（　　）

3. 对于举报案源，在案源受理之后，需通过案源筛选确定，才能下达税务稽查任务实施稽查。（　　）

4. 对于日常稽查和专项检查的一般案源，需在案源受理之后，再通过案源筛选确定，才能下达税务稽查任务实施稽查。（　　）

5. 涉税案件的查处一般由被查对象所在地的税务机关负责，它符合税务稽查管辖的分税制管理原则。（　　）

6. 税务稽查的管辖按照税收管辖权的划分原则，分别由国家税务局和地方税务局承担。（　　）

7. 在涉税案件管辖中规定，对重大偷税、骗税案件，重大增值税专用发票的违法案件，以及涉及被查对象主管税务机关人员的案件，应由涉案地区的上级税务机关组织查处。（　　）

8. 在涉税案件管辖中规定，对重大偷税、骗税案件，重大增值税专用发票的违法案件，以及涉及被查对象主管税务机关人员的案件，应由案发地税务机关组织查处。(　　)
9. 职能管辖是指不同的税务机关依据各自不同的职权，对实施稽查所作的分工，是税务机关根据各自的职能确定的对稽查事项的管辖权利。(　　)
10. 根据《稽查工作规程》的规定，各级国家税务局、地方税务局分别负责所辖税收的税务稽查工作。(　　)
11. 级别管辖是各级税务机关之间在实施稽查上的分工和权限。(　　)
12. 根据《稽查工作规程》的规定，涉税案件原则上应由被查处对象所在地的税务机关负责，如果被查处对象的所在地和办理税务登记的所在地不一致，由被查处对象的所在地税务机关管辖。(　　)

参考答案

一、单项选择题

1. D　2. D　3. A　4. D　5. C　6. D　7. B　8. C

二、多项选择题

1. AB　2. ABC　3. BCD　4. ABC　5. AB

三、判断题

1. ×　2. √　3. √　4. ×　5. ×　6. √　7. √　8. ×　9. √　10. √
11. √　12. ×

模块十　国际税收新对策

学习目标

一般掌握：税收管辖权问题、如何消除或缓解国际双重征税

重点掌握：如何防止国际逃税和避税以及国际税收竞争

基础知识

项目一　经济全球化与税收新问题

在经济全球化趋势下，税收已经不再仅仅是一个主权范围内的事情了。经济全球化要求各国加强税收协调和合作，传统意义上的国家税收显示出越来越多的国际税收特征。

所谓国际税收，指两个或两个以上的国家，在对跨国纳税人行使各自的征税权力的过程中，发生的国家与国家之间的税收分配关系。这个概念包含了如下三层含义：

1. 国际税收同税收一样，必须凭借政治权力来进行分配。如果没有各国政府同它们各自管辖范围下纳税人所形成的征纳关系，那么也就无从产生国家之间的税收分配关系。

2. 国际税收以国际间的经济贸易活动为前提。如果不存在跨国纳税人，国际税收关系也无从谈起。因为一般的纳税人，只承担一个国家的纳税义务。而只有跨国的纳税人，在同时承担几个国家纳税义务的前提下，才可能引起几个国家之间的税收分配关系。

3. 国际税收同税收是有区别的两个范畴。其根本差别在于国际税收只涉及国家之间的财权利益分配，而不涉及其他的分配关系或社会关系。

国际税收涉及的内容很多，大体上包括如下几项：（1）税收管辖权问题；（2）消除或缓解国际双重征税；（3）协调国家之间的税收关系和消除对外国人的税收歧视；（4）防止国际逃税和避税；（5）国际税收协定；（6）鼓励国际投资；（7）国际间关联企业的征税问题；（8）国际税收合作等。

从本质上说，无论是现在还是未来，国际税收要解决的核心问题无非是如何处理全球化、政府对经济的管理以及国家主权之间存在的所谓“经济一体化三难”的问题。

当前国际税收秩序主要是由经济合作与发展组织（OECD）范本和联合国（UN）范本确立的。知识经济时代的来临，特别是国际电子商务的兴起，对业已形成的税收秩序提

出了挑战。面对国际互联网贸易领域税收政策、制度的空白，仅仅靠一国单方面的努力远远不够，客观上要求各国政府加强合作，对国际税收制度进行调整和完善，尽快制定统一、规范的全球网络贸易征税办法和规则。只有全球共同努力，协调统一，达成一致，才能更好地解决网络贸易发展带来的各国税收之间的冲突。为适应新形势，需要找到一种新的税收利益分配办法，问题的根本解决有赖于国际税收一体化进程的加速。长期以来，作为国家主权象征的税收在实现形式上有可能发生变化，一国只能依靠自己的税务当局征税的理念可能让位于相关国家互为协助，代为征税或统一征税，以后再依照适当的标准进行分配。这就可能形成一个统一的税收区，而它的建立有赖于各国在较高层次上的国际合作。

项目二　税收管辖权及其协调

一、税收管辖权的内涵

经济全球化之所以会带来税收的国际化问题，根本原因是存在着各个主权国家的税收管辖权的交叉问题。从国际法的角度而言，管辖权是国家主权的一个重要方面，它是指行使独立主权的国家，对其领域内的一切人、财、物和行为均享有通过立法、司法和行政手段进行控制的权力。

管辖权在税收领域的体现就是税收管辖权。税收管辖权是国家在税收领域的主权，即一国政府在行使主权课税方面所拥有的管理权力。它是国际税收关系中一个带根本性的问题，由此产生一系列其他的国际税收问题。

通常，税收管辖权包括居民管辖权和地域（来源地）管辖权两种基本形式。一个国家行使税收管辖权的原则，在不违背国际法和国际条约规定的前提下，并没有统一的国际标准。各国政府都可以自由选择税收管辖权。因此，要理顺国际税收中的各种关系，最终的出路在于协调各国的税收管辖权，其理想的模式是在世界范围内统一税收管辖权。但实际上做不到这一点。一方面，政治上没有超越国家的权力机构；另一方面，经济上各国的发展水平相差甚大，发达国家倾向于实行居民管辖权，发展中国家倾向于实行收入来源地管辖权。所以，要使税收管辖权完全统一起来，是办不到的，只有通过协调，才能逐步缩小其差别，以促进国际上税收利益分配格局的合理化，并促进世界经济的发展和繁荣。

二、税收管辖权的分类

在一国的管辖权中，对税收管辖权起决定性作用的，是领土原则和属人原则。它们在税收上分别体现为地域管辖权和居民管辖权。这是国际税收中两种基本的税收管辖权。所以从理论上说，税收管辖权只有两种类型，即地域管辖权和居民管辖权，但在具体的国际税收关系中，则存在第三种类型：即地域管辖权和居民管辖权相混合的双重管辖权。

（一）地域管辖权

一个主权国家，按照领土原则（亦称属地原则）建立起来的税收管辖权，称为地域管辖权。在实行地域管辖权的国家，以收益、所得来源地或财产存在地为征税标志。也就是说，它要求纳税人就来源于本国领土范围内的全部收益、所得和财产征税。

地域管辖权实际上可以分解为两种情况：（1）对本国居民而言，只需对本国范围内的收益、所得和财产纳税。即使在国外有收益、所得和财产，也没有纳税义务。（2）对本国非居民（即外国居民）而言，其在该国领土范围内的收益、所得和财产必须承担纳税义务。

（二）居民管辖权

所谓居民管辖权，就是一个主权国家，按照属人原则确立的税收管辖权。该原则规定，在实行居民管辖权的国家，只对居住在本国的居民，或者属于本国居民的一切收益、所得和财产征税，而不必考虑是否在本国居住。换言之，一个国家征税的范围可以跨越国界，只要是本国居民取得的所得，不论是境内所得和境外所得，国家均享有征税的权力。

（三）双重管辖权

双重管辖权就是同时运用地域管辖权和居民管辖权。对本国居民，则适用居民管辖权，对其境内、境外的收益、所得和财产征税。对本国非居民，则适应地域管辖权，对在该国境内取得的收益、所得和财产征税。一个国家既可选择地域管辖权，又可以选择居民管辖权，还可以选择双重管辖权。综合世界各国的情况看，选择一种税收管辖权的国家比较少，大多数国家都选择双重管辖权。这是因为，税收管辖权不仅关系到一个国家的税收利益，而且还关系到国家的主权，各国均尽量选择对本国有利的税收管辖权，以最大限度地维护本国的利益。

1. 选择地域管辖权的国家。从掌握的资料看，选择单一的地域管辖权的国家和地区不多，主要有法国、巴西、南斯拉夫、玻利维亚、委内瑞拉、马拉维、沙特阿拉伯、塞舌尔、加纳、新加坡、马耳他、中国香港特区和埃塞俄比亚等。

2. 选择双重管辖权的国家。除上述选择地域管辖权的国家和地区以外，暂未发现单独选择居民管辖权的国家。在选择双重管辖权的国家中，较有代表性的有印度、泰国、日本、哥伦比亚、秘鲁、墨西哥、美国、比利时、意大利、西班牙、英国和加拿大等国家。中国也是选择双重管辖权的国家。

项目三　国际重复征税及其避免

一、国际重复征税

税收从本质上说，是国家对收益、所得和财产的征收，它由收益、所得和财产的所有者缴纳。所以双重课税在总体上体现于两个方面：第一，从课税对象来看，国家对某一项收益、所得和财产同时进行了两次或两次以上的征税，则称为重复课税。例如对同一块土地，既征收了土地使用税，又征收了财产税，那就发生了重复课税。第二，从纳税人来看，国家对同一纳税人或同一经济渊源的不同纳税人的同一项征税对象，进行了两次或两次以上的征税，称为重复课税。例如既对一个公司征收了所得税，又对公司股东所拥有的股票征收了财产税，那么就发生了重复课税。

二、避免国际重复征税的基本方法

由于国际双重征税问题的存在，不仅对有关纳税人不利，而且对国际间的资本流动和技术交流也不利。

一般来说，一国单方面避免重复征税的方法有：

（一）扣除法

扣除法是指居住国政府在行使居民（公民）管辖权时，允许本国居民（公民）用已缴非居住国政府的所得税或一般财产税税额，作为向本国政府汇总申报应税收益、所得或一般财产价值的一个扣除项目，就扣除后的余额计算征收所得税或一般财产税。显然，在扣除法下，在非居住国缴纳的税收仅作为费用扣除，无法消除重复征税，因而这种方法较少采用。

（二）免税法

免税法，即“别国单征，本国放弃”。实行居民管辖权的国家对本国居民的境外所得免予征税，完全放弃征税权，而仅对其来源于国内的所得征税。此法可以有效避免和消除国际重复征税，一般适用于营业利润和个人劳务所得，有的还包括财产。实行此方法的国家有法国、德国、比利时、瑞典、瑞士、挪威、匈牙利、西班牙、荷兰、奥地利等。

（三）抵免法

抵免法即“别国先征，本国补征”。一国政府对本国居民的国外所得征税时，允许其用国外已纳税款抵扣在本国应缴纳的税额。但抵扣法的实行通常都附有“抵扣限额”规定，这是因为，由于收入来源国可能采用比居住国更高的税率，因而本国居民就境外所得已在收入来源国缴纳的税款在国内抵扣时，其抵扣数按本国税率计算的应纳税额为限，超额部分不能抵扣。这一规定的目的在于避免居住国税收利益因超额抵扣外国税收而受损失。此法的好处是既可有效免除国际重复征税，又不要求居民国放弃对本国居民国外所得的征税权，有利于协调和维护各国的税收利益，使本国纳税人在国际市场上有较强的竞争力。目前世界上大多数国家包括中国，都在国内税法中规定对本国居民境外所得已在收入来源国缴纳的税款，准予从本国应纳税额中扣除。实行抵扣法的国家有美国、日本、英国、马来西亚、新加坡、丹麦、加拿大、芬兰、印度、俄罗斯、白俄罗斯、意大利、澳大利亚、韩国等。

计算抵免的方法有两种：一是全额抵免。即本国居民（公民）汇总境内、境外所得，按照本国税法的规定计算出的应缴纳所得税或一般财产税，可以全额扣除在境外所缴纳的税款。二是普通抵免。本国居民（公民）在汇总境内、境外所得计算缴纳所得税或一般财产税时，允许扣除其来源于境外的所得或一般财产收益按照本国税法规定计算的应纳税额，即通常所说的抵免限额。超过抵免限额的部分不予扣除。全额抵免和普通抵免的区别是普通抵免要受抵免限额的限制，当国外税率高于本国税率时，只能按照国内税法规定的税率计算的抵免限额计算可以抵免的在国外所缴纳的税款。换句话说，由于国外的税率高于国内税率，因此，来源于国外的所得实际上在国内不要纳税。

我国主要采用抵免法，这也是世界上大多数国家为了避免双重征税而选用的方法。这种方法最大的优点是在来源地管辖权优先的基础上，兼顾了居民税收管辖权，既避免了双重征税，又维护了国家的税收权益。

（四）国家间的税收协定

国际间重复征税的一个重要原因，就是各国税收管辖权间的冲突。各国政府间通过签订税收协定，主动在一定范围内限制各自的税收管辖权，是避免国际重复征税较为通行的一种做法。目前，联合国专家小组制定的《联合国关于发达国家与发展中国家避免双重征税的协定范本》是国际上最具影响力的一个税收协定范本，各国可以根据实际情况，在该范本的指导下缔结税收协定。

另外，还有一些简单的、仅仅只能减轻而不能消除国际重复征税的方法，偶见于暂未签订税收协定的国家之间使用。如低税法：一国政府对本国居民的国外所得按单独制定的较低税率征税。

项目四　国际避税与反避税

一、国际避税的基本内涵

偷税肯定是违法的，要受到法律惩罚。因此基于物质利益驱动，纳税人往往选择能够少缴税而又避免法律惩罚的方法。其中，避税和筹划是常见的选择。一般意义上，税务筹划是指在经济活动中作出合乎政府政策意图的、合法的安排，以达到少缴税款的目的，由于其行为是合法的，因而受到法律的保护。避税则是指在经济活动中做出的违背政府政策意图但是又不违法的安排，以达到少缴税款的目的，由于其行为是不违法的，因而也难以受到法律的惩罚。可见，筹划和避税的结果是相同的，都是少缴了税款，但筹划是合法的，是可以受到法律保护的行为，而避税则是不违法的行为。但是，如果政府调整了税收政策，堵塞了税收漏洞，纳税人的避税行为或许就变成了偷税。从这个角度看，偷税和避税有不同之处，偷税会受到法律处罚，而避税却不会，因此，反避税是缘于财政原因，而非法律原因。但是，偷税和避税的距离也不太远，这个距离等于监狱围墙的厚度。

如果给国际避税下一个准确的定义，是比较困难的。综合各家之长，可以给国际避税定义为：国际避税是指跨国纳税人用合法的手段，在税收法规的许可范围内，通过人（个人或法人）或没有独立法人资格的团体或资金（货币或资产）跨越税境的流动或非流动，达到减轻或消除税收负担的目的。

二、国际避税的主要方式

国际避税的主要方式有：

（一）人的流动

人的流动是指通过人的流动进行国际避税。对于个人而言，利用税法规定，通过居所的避免或者居所的迁移，在世界范围内进行税收流亡，以降低税收负担。

对于公司纳税人而言，由于各国对于公司纳税人的判定标准有较大差异，有的国家以注册地为标准，有的国家以总机构为标准，有的国家以实际管理机构为标准，因此纳税人可以根据避税需要，选择成为税负较低国家的纳税人。

（二）人的非流动

人的非流动也是较为常见的避税方式。人的非流动主要是通过信托或其他受托协议来避税。

（三）资金、货物或劳务的流动

在国际避税中，资金、货物或劳务流动的重要性毫不亚于人的流动。因为人的流动往往比较显眼，而资金、货物或劳务的流动则隐蔽得多，且对各国税务当局来说更难于控制。

（四）资金、货物或劳务的非流动

这主要是利用各国税法中有关延期纳税的规定，通过在低税国或无税国（指无所得税）的一个实体，通常是一个法人（比如子公司）进行所得和财产的积累。虽然从最终结果上看，资金、货物或劳务的非流动并不能避免纳税，但暂时纳税人不需负税。

（五）流动与非流动的结合

国际避税可以通过人和资金的流动与非流动结合起来进行。

三、国际反避税的方法

为扼制纳税人采用各种方法进行避税，维护自己国家的合法权益，各国都采取了各种措施。综合来看，无非从两个方面进行：一是通过颁布和修订国内税法和其他有关法规，改变在某些问题上无法可依的状况和进一步完善税法体制，加强对跨国纳税人的税务监督和管理；二是通过与其他国家签订有关税收协定，取得对方政府和税务机关的配合协助，以弥补国内立法上的不足和缺陷。

（一）国际税务合作

随着各国经济的交互关系日益密切，跨国公司不断发展壮大，再加上各国税收制度和税负的差异，纳税人利用税收法律的漏洞和采取转让定价等方法进行逃税、避税的技巧日益增多，尤其是子公司进口从母公司购置的原材料，有意提高作价，加大进口费用；而生产的出口产品，又卖给母公司或与其有关联的公司，有意从低作价，利用这种方式转移利润进行避税，这在国际市场上是司空见惯的。这种情况给发达国家和发展中国家造成的经济损失也越来越大，不能不引起各国税务机关的关注。

（二）制定反避税法律

在与纳税人进行的避税和反避税的斗争中，除了依靠国际上有关国家的税务部门的通力合作外，健全和完善自己国家的有关税收法律法规是实施反避税工作的先决条件，因为，在实行法治的国家中，反避税工作必须有法可依。因此，在许多国家的税收法规中，有关反避税的内容是必不可少的。例如：规定跨国纳税人负有向税务机关延伸提供情报的义务；制定一些反避税条款，有利于税务机关执行。

项目五　国际税收竞争

国际税收竞争是指在经济全球化作用下，各国（地区）政府通过降低税率、增加税收优惠，甚至实行避税地税制模式等方式，以减少纳税人的税收负担，从而吸引国际流动资本、国际流动贸易等流动性生产要素，促进本国经济增长的国际经济行为。税收竞争是通过差别效应来实现的。这种差别效应既体现在同一课税对象国际间税负水平的差别上，又体现在同一课税对象在国内地区与地区之间、行业与行业之间，以及由于资本的来源、投向不同等而形成的国内税负水平的差别上。在经济全球化条件下，国际和国内税负水平的差别将通过影响国际资本和国内资本的流向，进而影响国内产业的技术进步、产业结构调整、区域经济发展等方面，并最终影响到一国经济的发展。税收竞争是经济全球化的产物，是各国政府间以税收为载体的竞争，其实质是通过税收分配，使税收利益关系在全球范围内得到调整。正因为如此，日本学者谷口和繁认为："国际税收竞争指的是为了把国际间的流动资本吸引到本国，各国均对这种资本实施减税措施而引发的减税竞争"。

国际税收竞争是在经济全球化条件下，国际竞争在税收领域的表现，正常的国际税收竞争可以使国际流动资源在国家和地区间得到有效配置，促进全球经济的发展。不当的国际税收竞争会对主权国家的福利造成影响，许多国家开始研究如何应对恶性税收竞争的冲击。

判定有害税收竞争的标准不外有四个：第一，对所得实行低有效税率或零税率；第二，税收制度显得封闭保守，存在环形篱笆；第三，税收运作缺乏透明度；第四，不能有效地与其他国家进行信息交流。据此，认定两种有害税制：避税地税制和有害的税收优惠措施，并组织考察列出"有害税制清单"。

小结

1. 所谓国际税收，指两个或两个以上的国家，在对跨国纳税人行使各自的征税权力的过程中，发生的国家与国家之间的税收分配关系。

2. 税收管辖权包括居民管辖权和地域（来源地）管辖权两种基本形式。一个国家行使税收管辖权的原则，在不违背国际法和国际条约规定的前提下，并没有统一的国际标准。

3. 法律意义上的国际重复征税是指两个或两个以上的国家，对同一纳税人就同一征税对象，在同一时期内课征相同或类似的税收。

4. 经济意义上的国际重复征税，则是指两个以上的国家对不同的纳税人，就同一课税对象或同一税源，在同一期间内课征性质相同或类似的税收。

5. 具体的消除双重征税办法，不论双边税收协定中，还是在一国单方面的税法规定中，通常采用免税法和抵免法，也有少数国家采用扣除法。

6. 国际避税是指跨国纳税人用合法的手段，在税收法规的许可范围内，通过人（个人或法人）或没有独立法人资格的团体或资金（货币或资产）跨越税境的流动或非流动，达到减轻或消除税收负担的目的。

7. 国际税收竞争是指在经济全球化作用下，各国政府通过降低税率、增加税收优惠，甚至实行避税地税制模式等方式，以减少纳税人的税收负担，从而吸引国际流动资本、国际流动贸易等流动性生产要素，促进本国经济增长的国际经济行为。

综合练习

一、单项选择题

1. 国际税收的纳税人是（　　）。

A. 外国公民　B. 跨国纳税人　C. 外国居民　D. 本国居民

2. 下列不属于消除国际重复征税的方法的是（　　）。

A. 免税法　B. 扣除法　C. 抵免法　D. 低税法

3. 在税收管辖权中处于优先地位的是（　　）。

A. 公民管辖权　B. 收入来源地管辖权

C. 居民管辖权　D. 地域管辖权

4. 国际上第一个税收协定范本是（　　）。

A. 《日内瓦协定范本》　B. 《墨西哥协定范本》

C. 《伦敦协定范本》　D. 《联合国范本》

5. 我国对外已签订的税收协定主要参考（　　）写法。

A. 《日内瓦协定范本》　B. 《墨西哥协定范本》

C. 《经合组织范本》　D. 《联合国范本》

二、多项选择题

1. 国际税收的课税对象是跨国收入，它主要包括（　　）。

A. 跨国一般经营性收益或所得

B. 跨国超额收益或所得

C. 跨国资本所得

D. 跨国其他收益或所得

2. 国际重复征税涉及的税种主要有（　　）。

A. 所得税　B. 国内商品税　C. 财产税　D. 行为税

3. 法人转移和隐匿征税对象的途径主要有（　　）。

A. 利用关联企业间转让定价转移收入和费用

B. 利用常设机构进行收入和费用转移

C. 通过避税港实现转移利润

D. 利用延期纳税的规定

4. 目前最有影响、被世界各国所普遍接受并遵循的国际税收协定范本是（　　）。

A. 《日内瓦协定范本》　B. 《墨西哥协定范本》

C. 《经合组织范本》　D. 《联合国范本》

三、填空题

1. 国际税收的课税对象是________。
2. ________的实质是国家与跨国纳税人之间的征纳关系，________与________之间的税收分配关系。
3. 税收管辖权一般分为以下三种类型，即：________、________和________。

四、判断题

1. 国际税收的课税对象是跨国资本所得。(　　)
2. 居民管辖权是按属地原则确定的税收管辖权。(　　)
3. 目前大多数国家和地区都同时采用居民管辖权和收入来源地管辖权。(　　)
4. 国际重复征税使跨国纳税人负担两国或多国的税收，加重了纳税人的负担，违背了公平税负的原则。(　　)
5. 国际重复征税的根源是国家间税收管辖权的冲突。(　　)
6. 利用关联企业间转让定价转移收入和费用，是跨国公司在国际避税活动中采用最广泛的一种方式。(　　)
7. 目前国际上大量的税收协定是多边国际税收协定。(　　)

参考答案

一、单项选择题

1. B　2. D　3. B　4. A　5. D

二、多项选择题

1. ABCD　2. ABC　3. ABC　4. CD

三、填空题

1. 跨国收入
2. 国际税收　国家　国家
3. 地域管辖权　双重管辖权　居民管辖权

四、判断题

1. ×　2. ×　3. √　4. √　5. √　6. √　7. ×

模块十一　外国税收简介

学习目标

一般掌握：各国税收政策设计、各国税收征管的一般规律。

基础知识

项目一　西方发达国家税制结构的发展与演变

一、西方发达国家税制结构的发展与演变过程

总体上看，西方国家税制结构经历了由以直接税为主体到以间接税为主体，再到现代直接税与间接税并重的发展过程。

1. 以直接税为主的税制结构

这是早期奴隶制和封建制国家实行的税制模式。

2. 以间接税为主的税制结构

资本主义发展之初，西方国家奉行自由放任的经济政策，税收政策主要遵循中性原则，把追求经济效率作为首要目标。

3. 以现代直接税（所得税）或间接税（增值税）为主的税制结构

4. 直接税与间接税并重的“双主体”税制结构

二、20 世纪 80 年代以来西方国家的税制改革情况

1985 年 5 月 29 日，美国总统里根向国会提交了一份关于税制改革的咨文，由此拉开了以美国为首的西方国家大规模税制改革的序幕。1986 年美国政府提出了堪称美国历史上最重要的一个税制改革方案。此后，西方各国纷纷效仿，形成了以“低税率、宽税基、简税制、严征管”为特征的全球性税制改革浪潮。此次税制改革是半个世纪以来税制原则的一次重大调整，在税收的经济效率原则上，由全面干预转向适度干预；在税收公平与效率

原则的权衡上，由偏向公平转向突出效率；在税收公平原则的贯彻上，由偏重纵向公平转向追求横向公平；在税收效率原则的贯彻上，由注重经济效率转向经济与税制效率并重。具体内容主要包括：

1. 大幅降低所得税税率，特别是减少个人所得税的税率档次、降低边际税率。

2. 提高增值税在整个税收收入中的比重，扭转了长期以来重视所得税，忽视商品税的状况。

3. 开展税制理论和方法创新。一是跳出了供给学派“单向”减税以刺激总供给的框架，强调应该通过减税与增税“双向”调节社会经济活动。二是在效率与公平原则及其他政府目标的结合与轻重权衡上，普遍调整了片面追求效率、忽视公平及其他政府目标的做法，努力促进各原则目标的协调。三是不片面强调追求“理想优化状态”和使用绝对中性的“非扭曲性”税收工具，强调对各种约束限制条件的研究，注重“次优状态”的获取。四是更注重改革的循序渐进，注重经济行为主体的反馈信息，并没有刻意追求一步到位。

三、发达国家税制改革趋势

西方发达国家税收制度的最新发展状况，概括起来大致有以下几个方面：

1. 各国宏观税负出现下降趋势。

2. 资本税收负担开始减轻。

3. 税制结构变化日益显著。

目前发达国家在控制传统税收增长的同时，越来越重视环境税的调节和筹资作用，并开征与环境相关的税收。这样做一方面可以抑制经济发展对环境的破坏，另一方面还可以为政府筹集一定的财政资金。特别是在所得税、财产税等传统税种难以加税的情况下，加大环境税的课征力度是一种一举两得的做法。例如，瑞典从 2001 年开始实施了一项称为“环境税转换战略”的 10 年计划，目的是限制人们对能源的消耗，与此同时，用该计划所筹集到的税款来填补因降低个人所得税和雇主的社会保险缴费而造成的税收收入损失。

项目二　发展中国家税制结构的发展与演变

一、发展中国家税制结构特点

发展中国家的基本特征决定着它们的税收制度结构具有相同或者类似的特点，即基本以间接税为主。主要原因在于：

第一，间接税与商品经济发展水平有着密切关系，在经济较为落后的发展中国家，商品流通规模较小，市场竞争程度也较弱，而间接税的大量征收不会由于价格提高而对交易竞争产生很大不利影响，相反，间接税易于转嫁，还可刺激经济发展。

第二，发展中国家的国民收入相对较低，所得税税源不足，只能采用对商品课税的办法来解决财政收入问题。

第三，间接税普遍、及时、可靠的特点能够有效地实现国家财政收入。

第四，发展中国家的经济管理、税收管理水平较低，而间接税具有简便易行的特点，有利于组织税收征收。

二、20 年来发展中国家税制改革趋势

大部分发展中国家的税制改革都是以“拓宽税基、降低税率、简化税制”为主要内容的，力求达到减少扭曲、保证横向公平的目标，强调税收中性，主张减少税收对资源配置过多的干预，税收激励措施的运用限制在尽可能小的范围内；在社会公平方面，更注重横向公平，一种“大致公平”取代了过去以高质量管理为前提的绝对纵向与横向公平。

具体的改革措施主要集中在直接税、间接税改革与加强管理等三个方面：

第一，在直接税方面，主要是通过规范与取消各种减免与优惠，将一些额外福利纳入税基等办法拓宽税基，逐步应用预提税与推定税来减少税源流失。同时，降低税率，简化结构，并努力实现公司所得税与个人所得税最高边际税率的一致。

第二，在间接税方面，重点是一方面引进增值税，另一方面降低关税税率，以促进经济自由化和提高企业的国际竞争力。例如印度 1991 ~ 1995 年多次降低关税税率。

第三，在税收管理方面，研究通货膨胀指数化，加强利用计算机申报与管理，对于征收部门给予必要的机动权力与适当激励，以减少征税成本及行政腐败，严厉惩罚各种偷逃税行为等。

项目三　世界税收征管改革趋势

在税制改革的同时，世界各国也在进行着征管改革。综观当前世界各国征管改革实践，虽内容多样，但归纳起来大体有三个发展趋势。

一、税收征管逐渐走上法制化轨道

税收征管法制化是指用法律法规来规范和调节与税收征收管理有关的一切活动，包括税收征管立法、执法、司法等。

二、税收征管现代化进程加快

税收征收管理现代化是指在税收征收管理活动中遵循现代管理的规律，采用先进的管理方法和手段，建立以信息化和专业化为主要特征的科学、高效的税收征管体系和运行机制。

三、重视保护纳税人权利

在 20 世纪 80 年代以前，世界各国的税收征管法律大多只规定税务机关的权力和纳税人的义务，而纳税人的权利往往被忽视。随着社会的发展，公民法制意识的增强和税收征管改革的进行，各国逐渐重视新型征纳关系的建立和纳税人权利的保护。

小结

1. 总体上看，西方国家税制结构经历了由以直接税为主体到以间接税为主体，再到现代直接税与间接税并重的发展过程。

2. 目前发达国家在控制传统税收增长的同时，越来越重视环境税的调节和筹资作用，并开征与环境相关的税收。

3. 大部分发展中国家税制改革都以“拓宽税基、降低税率、简化税制”为主要内容，并力求达到减少扭曲、保证横向公平的目标。

综合练习题（一）

一、单项选择题

1. 税法构成要素中，用以区分不同税种的是（　　）。

A. 纳税义务人　　B. 征税对象　　C. 税目　　D. 税率

2. 采用超额累进税率征收的税种是（　　）。

A. 资源税　　B. 土地增值税　　C. 个人所得税　　D. 企业所得税

3. 下列税种中不属于国税局系统征收管理的有（　　）。

A. 增值税　　B. 消费税　　C. 个人所得税　　D. 车辆购置税

4. 外商投资企业和外国企业、外籍个人适用的税法有（　　）。

A. 城建税　　B. 房产税　　C. 土地增值税　　D. 车船使用税

5. 税收是凭借（　　）取得财政收入的一种形式。

A. 国有资产所有权　　B. 国家对纳税人提供的服务

C. 政治权力　　D. 人权

6. 国家对取得的（　　）收入具有偿还的义务。

A. 税收　　B. 财政货币发行　　C. 国债　　D. 规费收入

7. 税收作为取得财政收入的手段，属于（　　）。

A. 生产范畴　　B. 交换范畴　　C. 分配范畴　　D. 消费范畴

8. 税收的三性包括（　　）。

A. 强制性、无偿性、固定性　　B. 自愿性、固定性、无偿性

C. 强制性、无偿性、波动性　　D. 无偿性、自愿性、波动性

9. 税收采取的是（　　）方式。

A. 强制征收　　B. 有偿筹集　　C. 自愿缴纳　　D. 自愿认购

10. 国家征税的目的在于（　　）。

A. 为制止违法行为的发生　　B. 增加企业收入

C. 减少货币发行　　D. 筹集必要的资金

11. 税收最本质的特征是指税收的（　　）。

A. 强制性　　B. 无偿性　　C. 固定性　　D. 法定性

12. 按（　　）分类，可以将税收分为从量税和从价税。

A. 征税对象　　B. 计征标准

C. 税收管理权限　　D. 税收收入用途

13. 消费税的纳税义务人不包括（　　）。

A. 生产应税消费品的单位和个人

B. 委托加工应税消费品的单位和个人

C. 流通环节拥有应税消费品的单位和个人

D. 进口应税消费品的单位和个人

14. 下列行为需要缴纳增值税的是（　　）。

A. 修理修配　　B. 交通运输

C. 快递包裹　　D. 代理服务

15. 下列不在进口货物组成计税价格计算范围之内的是（　　）。

A. 关税完税价格　B. 关税　　C. 消费税　　D. 增值税

16. 下列关于金融保险业计税依据说法正确的是（　　）。

A. 外汇转贷业务以贷款利息收入全额为营业额

B. 金融经纪业务以手续费收入减去合理扣除费用的余额为营业额

C. 委托收款业务以全部收入为营业额

D. 初保业务以向被保险人收取的全部保险费为营业额

17. 下列属于居民纳税义务人的有（　　）。

A. 在中国境内无住所

B. 在中国境内无住所，但居住时间满 1 个纳税年度

C. 在中国境内有住所，但目前尚未居住

D. 在中国境内无住所且在中国境内居住不满 1 年

18. 企业所得税的基本税率为（　　）。

A. 20%　　B. 25%　　C. 33%　　B. 15%

19. 印花税的特点不包括（　　）。

A. 实行“三自”纳税法　　B. 税率低，税负轻

C. 属于行为税　　D. 征税面较窄

20. 税收征收管理工作中的中心环节是（　　）。

A. 税款征收　　B. 纳税申报管理

C. 税务登记管理　　D. 税务行政复议

二、多项选择题

1. 构成税收制度的基本要素是（　　）。

A. 纳税环节　　B. 纳税义务人

C. 征税对象　　D. 税率

2. 增值税的征税范围是（　　）。

A. 销售货物的单位和个人　　B. 提供加工、修理修配劳务的单位和个人

C. 进口货物的单位和个人　　D. 提供服务性劳务的单位和个人

3. 营业税与增值税的区别在于（　　）。

A. 征收范围不同

B. 计税依据不同

C. 增值税是价内税，营业税是价外税

D. 增值税按经营规模确定税率，营业税按不同税目确定税率

4. 资源税纳税人应当向（　　）主管税务机关缴纳资源税。

A. 纳税人注册地　　B. 生产所在地

C. 应税产品的开采地　　D. 纳税人所在地

5. 下列对应税消费品的销售数量判断标准正确的是（　　）。

A. 自产自用应税消费品以移送使用数量为销售数量

B. 委托加工应税消费品以合同约定数量为销售数量

C. 进口应税消费品以海关核定数量为销售数量

D. 销售应税消费品以实际销售的数量为销售数量

6. 下列对包装物的核算正确的有（　　）。

A. 包装连同消费品销售的，无论包装是否单独计价，也不论在会计上如何核算，均应并入应税消费品的销售额中征收消费税

B. 包装物不随同产品销售，而是收取押金（收取酒类产品的包装物押金除外），且单独核算又未过期的，此项押金则不应并入应税消费品的销售额中征税

C. 对因逾期未收回的包装物不再退还的和已收取1年以上的押金，应并入应税消费品的销售额，按照应税消费品的适用税率征收消费税

D. 对酒类产品生产企业销售酒类产品（黄酒、啤酒除外）而收取的包装物押金，无论押金是否返还与会计上如何核算，均需并入酒类产品销售额中，依酒类产品的适用税率征收消费税

7. 下列收入项目中，不能直接作为营业税计税依据的是（　　）。

A. 开演唱会的全部门票收入　　B. 保险业的利息收入

C. 歌舞厅收取的各项收入　　D. 销售房屋的全部收入

8. 我国关税的计税方法有（　　）。

A. 从价计税　　B. 从量计税

C. 复合计税　　D. 采用滑准税率

9. 企业所得税适用于（　　）。

A. 我国法人公司　　B. 个人独资企业

C. 合伙企业　　D. 外商投资企业

10. 下列关于个人所得税的说法正确的是（　　）。

A. 对劳务报酬所得一律实行20%的税率

B. 个体工商户的生产经营所得适用五级超额累进税率

C. 居民纳税人和非居民纳税人在缴纳个人所得税时承担相同的纳税义务

D. 我国现行个人所得税属于分项课征制

三、填空题

1. 我国历史上的周代开始了对经过关卡或在市场上交易的物品征收________，对伐木、狩猎、捕鱼、采矿等征收________。

2. 单位和个人自建建筑物后销售，其自建行为的应税营业额按________计算。

3. 根据《增值税暂行条例》的规定，纳税人兼营不同税率的货物或应税劳务，应________不同税率货物或应税劳务的销售额。未分别核算或不能准确核算销售额的，

________适用税率。

4. 对粮食白酒和薯类白酒征收比例税时，其消费税税率为________。
5. 关税的征税对象，包括________和________两类。
6. 企业发生的公益性捐赠支出，在年度利润总额________以内的部分，________在计算应纳税所得额时扣除。
7. 财产租赁所得适用________的比例税率。但对个人按市场价格出租的居民住房取得的所得，自 2001 年 1 月 1 日起暂减按________的税率征收个人所得税。
8. 对外国政府或者________向我国政府及国家金融机构提供的优惠贷款所书立的合同，________征印花税。
9. 税务机关作出的行政处罚行为：一是________；二是没收违法所得；三是________；四是________和暂停供应发票。

四、判断题

1. 税收的固定性是指在一定时期内税法是固定不变的。（　　）
2. 扣缴义务人与纳税人在实质上是等同的。（　　）
3. 纳税人与负税人有时是重合的，有时是分离的。（　　）
4. 免征额就是征税对象达到一定数额开始就全额征税。（　　）
5. 对企业所得税来说，纳税人与负税人是重合的。（　　）
6. 流转税在生产经营及销售环节征收，一般不受成本费用变化的影响。（　　）
7. 不论是小规模纳税人还是一般纳税人，只要取得增值税专用发票，均可以抵扣应纳增值税税额。（　　）
8. 企业把自己生产的应税消费品作为福利发放给本厂职工，不必缴纳消费税。（　　）
9. 对酒类产品生产企业销售酒类产品（黄酒、啤酒除外）而收取的包装物押金，无论押金是否返还与会计上如何核算，均需并入酒类产品销售额中，依酒类产品的适用税率征收消费税。（　　）
10. 纳税人兼营应税劳务与货物或非应税劳务行为的，应分别核算应税劳务的营业额与货物或非应税劳务的销售额。不分别核算的，其应税劳务与货物或非应税劳务一并征收增值税，不征收营业税。（　　）
11. 我国现行资源税采取的是从量定额的征收办法。（　　）
12. 企业取得的国债利息收入应一并计入应税所得额计算缴纳企业所得税。（　　）
13. 对非居民企业取得税法规定的所得应缴纳的所得税，实行源泉扣缴办法，以实际支付人为扣缴义务人。（　　）
14. 居民纳税人从境外取得的所得，可以与其境内所得合并计算缴纳个人所得税。（　　）

五、计算题

1. 某企业为国家重点扶持的高新技术企业 2010 年年度取得营业收入 500 万元，国债利息收入 80 万元，当期成本、费用 100 万元，赞助费 50 万元，缴纳营业税等税费 60 万元，请计算该企业应纳企业所得税税额。
2. 甲酒厂为增值税一般纳税人 2010 年 10 月发生以下业务：

（1）直接从农业生产者手中收购粮食 20 吨，每吨支付收购价款 2 000 元。

（2）将收购的粮食直接运往乙酒厂生产加工白酒，收回白酒6吨，取得乙酒厂开具的防伪税控增值税专用发票，注明加工费10 000元，乙酒厂代垫辅料价值8 000元，加工的白酒当地无同类产品市场价格，专用发票本月已认证。

（3）本月将加工收回的白酒售出5吨，每吨不含税销售额15 000元。支付运输费用10 000元，取得普通发票。（白酒消费税固定税额为每斤0.5元，比例税率为25%）。

要求：

①计算乙酒厂应代扣代缴的消费税税额和应纳增值税税额。

②计算甲酒厂应纳消费税税额和增值税税额。

3. 王某是一名作家2010年取得收入情况如下：

（1）发表文章两篇，分别取得稿酬5 000元、2 500元；

（2）与一大学教授合著专业书籍一本，取得稿酬收入30 000元，其中王某分得15 000元；

（3）闲置住房一套，将其出租给他人居住，每月取得出租收入4 000元，2月支付修理费用900元（不考虑房产税）；

（4）5月份购买的福利彩票中奖，取得10 000元中奖收入。

请计算王某2010年应缴纳的个人所得税税额。

综合练习题（一）参考答案

一、单项选择题

1. B　2. C　3. C　4. C　5. C　6. C　7. C　8. A　9. A　10. D
11. B　12. B　13. C　14. A　15. D　16. D　17. B　18. B　19. D　20. A

二、多项选择题

1. BCD　2. ABC　3. ABC　4. BC　5. ACD
6. ABCD　7. ABD　8. ABCD　9. AD　10. BD

三、填空题

1. 关山之赋、山泽之赋　2. 组成计税价格　3. 分别核算、从高　4. 20%
5. 应税货物、应税物品　6. 12%、准予　7. 20%、10%　8. 国际金融组织、免
9. 罚款、停止出口退税权、收缴发票

四、判断题

1. ×　2. ×　3. √　4. ×　5. √　6. √　7. ×　8. ×　9. √　10. √
11. √　12. ×　13. √　14. ×

五、计算题

1. 答：该企业应纳企业所得税税额 =（500 − 100 − 60）×15% = 51（万元）

2. 答：①乙酒厂应代扣代缴消费税税额 = [20 × 2 000 ×（1 − 13%）+ 10 000 + 8 000] ÷（1 − 25%）×25% + 6 × 2 000 × 0.5 = 23 600（元）
乙酒厂应纳增值税税额 =（10 000 + 8 000）×17% = 3 060（元）
②甲酒厂销售委托加工收回的白酒不交消费税
甲酒厂应纳增值税税额 = 5 × 15 000 × 17% −（20 × 2 000 × 13% + 10 000 × 7% + 3 060）= 3 790（元）

3. 答：（1）稿酬所得应纳税税额 = 5 000 ×（1 − 20%）×20% ×（1 − 30%）+（2 500 − 800）×20% ×（1 − 30%）= 798（元）
（2）专业著作取得稿酬所得应纳税税额 = 15 000 ×（1 − 20%）×20% = 2 400（元）
（3）出租住房收入应纳个人所得税税额 =（4 000 − 800）× 10% × 10 +（4 000 − 800 − 800）× 10% +（4 000 − 800 − 100）×10% = 3 750（元）
（4）中奖所得应纳税税额 = 10 000 × 20% = 2 000（元）
（5）2010 年全年应纳税税额 = 798 + 2 400 + 3 750 + 2 000 = 8 948（元）

综合练习题（二）

一、单项选择题

1. 在我国最早的税收是（　　）。

A. 贡助彻　B. 赋税　C. 捐税　D. 税粮

2. 负有代扣代缴义务的单位和个人是（　　）。

A. 实际负税人　B. 扣缴义务人　C. 纳税义务人　D. 征税人

3. 从价计征的税收，以（　　）为计征依据。

A. 重量　B. 体积　C. 计税金额　D. 数量

4. 在征税对象的全部数额中，免予征税的数额称为（　　）。

A. 免征额　B. 起征点　C. 免税额　D. 减税额

5. 一个征税对象同时适用几个等级的税率的形式是（　　）。

A. 定额税率　B. 比例税率　C. 累进税率　D. 边际税率

6.（　　）的特点是税率不随着征税对象数额的变动而变动。

A. 比例税率　B. 定额税率　C. 累进税率　D. 边际税率

7. 在特定税种中对应纳税额在正税之外额外多征一部分税款称为（　　）。

A. 附加　B. 加征　C. 加成　D. 超额负担

8. 纳税期满后，税款多长时间内必须入库，指的是（　　）。

A. 纳税环节　B. 纳税期限　C. 缴纳期限　D. 纳税范围

9. 下列税种中属于直接税的有（　　）。

A. 消费税　B. 关税　C. 财产税　D. 营业税

10.（　　）税款不随商品价格增减而变动，单位商品税额固定不变。

A. 从价税　B. 从量税　C. 直接税　D. 间接税

11. 某企业为增值税一般纳税人，购入材料一批，增值税专用发票上标明的价款为 25 万元，增值税为 4.25 万元，另支付材料的保险费 2 万元、包装物押金 2 万元。该批材料的采购成本为（　　）万元。

A. 27　B. 29　C. 29.25　D. 31.25

12. 某公司将自制产品作为职工福利发放，该产品成本 100 万元，核定的利润 40 万元，适用 30% 的消费税税率，则该产品应缴纳消费税（　　）万元。

A. 12　B. 30　C. 60　D. 42

13. 根据《营业税暂行条例》及其实施细则的规定，下列各项中，不属于营业税征收范围的是（　　）。

A. 金融保险业　B. 修理修配业　C. 文化体育业　D. 建筑业

14. 下列各项中不免征城镇土地使用税的是（　　）。
A. 市政街道、广场、绿化地带等公共用地
B. 纳税单位无偿使用免税单位的土地
C. 中国人民银行总行（含国家外汇管理局）所属分支机构自用的土地
D. 非营利性医疗机构、疾病控制机构和妇幼保健机构等卫生机构自用的土地

15. 根据印花税法律制度的有关规定，下列凭证中不属于印花税征税范围的是（　　）。
A. 原始凭证　B. 工商营业执照
C. 购销合同　D. 借款合同

16.《企业所得税法》中所称企业以非货币形式取得的收入，应当按照（　　）确定收入额。
A. 公允价值　B. 重置价值　C. 历史价值　D. 原始价值

17. 企业每一纳税年度的收入总额，减除（　　）后的余额，为应纳税所得额。
A. 不征税收入、各项扣除、免税收入以及允许弥补的以前年度亏损
B. 不征税收入、免税收入、各项扣除以及允许弥补的以前年度亏损
C. 免税收入、不征税收入、各项扣除以及允许弥补的以前年度亏损
D. 不征税收入、各项扣除、允许弥补的以前年度亏损以及免税收入

18. 按照《企业所得税法》实施条例规定，工业企业要享受《企业所得税法》中小型微利企业的优惠税率，下列说法正确的是（　　）。
A. 从事国家非限制和禁止行业　B. 年度应纳税所得额不超过 40 万元
C. 从业人数不超过 40 人　D. 资产总额不超过 1000 万元

二、多项选择题

1. 税制基本要素包括（　　）。
A. 纳税环节　B. 纳税人　C. 纳税期限　D. 税率
E. 征税对象

2. 税率的基本形式包括（　　）。
A. 名义税率　B. 比例税率　C. 定额税率　D. 累进税率

3. 税收产生的条件包括（　　）。
A. 剩余产品的出现　B. 国家的产生
C. 个体家庭出现　D. 公共需要经常化

4. 我国最早的农业赋税制度是（　　）。
A. 案田而税　B. 关市之赋　C. 初税亩　D. 布缕之征

5. 我国现行的税率主要有（　　）。
A. 比例税率　B. 超额累进税率
C. 定额税率　D. 超率累进税率

6. 根据《增值税暂行条例》的规定，下列关于增值税专用发票开具时限的表述中，正确的有(　　)。
A. 采取交款提货结算方式的，增值税专用发票开具时限为合同约定发货日期的当天
B. 采取分期付款结算方式的，增值税专用发票开具时限为货物发出的当天

C. 采取托收承付结算方式的，增值税专用发票开具时限为货物发出的当天

D. 采取委托银行收款结算方式的，增值税专用发票开具时限为货物发出的当天

7. 根据《消费税暂行条例》的规定，下列各项中，属于消费税征收范围的有（　　）。

A. 卷烟　　B. 化妆品　　C. 自行车　　D. 小汽车

8. 根据土地增值税法律制度的规定，下列项目中，在计算增值额时准予从转让房地产取得的收入中扣除的有（　　）。

A. 拆迁补偿费　　B. 前期工程费

C. 开发间接费用　　D. 公共配套设施费

9.《企业所得税法》将企业所得税纳税人分为（　　）。

A. 居民企业　　B. 本地企业　　C. 外地企业　　D. 非居民企业

三、判断题

1. 所谓加成，就是在原有税率的基础上再加上加成率来计算应纳税额。（　　）
2. 直接税是由纳税人直接负担、不易转嫁的税种，如所得税、财产税、消费税等。（　　）
3. 税收可通过设置不同税种、税目，确定不同的税率，来实现调节社会经济的职能。（　　）
4. 我国最早的工商税产生于夏。（　　）
5. 一般纳税义务人购买或销售免税货物所发生的运输费用，可以根据运输部门开具的运费结算单据所列运费金额，依照7%的扣除率计算抵扣进项税额。（　　）
6. 营业税纳税人兼营增值税应税劳务不能分别核算的，其应税劳务应一并征收营业税。（　　）
7. 根据《资源税暂行条例》的规定，资源税的纳税义务人暂不含外资企业和外国企业。（　　）
8. 房地产开发企业建造的商品房在出售前，不征收房产税，但对出售前房地产开发企业已使用或出租、出借的房产应按规定征收房产税。（　　）
9. 只要拥有车船就要缴纳车船税。（　　）
10. 企业取得国家财政性补贴和其他补贴收入应当依法缴纳企业所得税。（　　）
11. 企业受托加工制造大型机械设备、船舶、飞机等，以及从事建筑、安装、装配工程业务或者提供劳务等，持续时间超过12个月的，按照全部完工进度或者完成的工作量确认收入的实现。（　　）
12.《企业所得税法》规定企业安置残疾人员所支付的工资，在据实扣除的基础上，按照支付给残疾职工工资的100%加计扣除。（　　）
13. 由于技术进步，产品更新换代较快的固定资产，《企业所得税法》允许采取缩短折旧年限或者采取加速折旧的方法计提折旧。（　　）

四、计算题

1. 某外贸公司于2010年8月进口货物一批。该批货物在国外的买价为90万元，运抵我国口岸前发生的包装费、运输费、保险费等共计20万元。货物已报关纳税并取得了海关开具的完税凭证。假定该批进口货物在国内全部销售，取得不含税销售额150万元。

要求：计算该批货物进口环节、国内销售环节分别应缴纳的增值税（货物进口关税税率为15%，增值税税率为17%）。

2. 2010 年 10 月，某房地产开发公司建造了一套普通标准住宅出售，出售价格为 5 000 万元，并按规定缴纳了有关税费（营业税为 5%、城市维护建设税为 7%、教育费附加为 3%、印花税为 0.5‰）。该开发公司为取得土地使用权支付的地价款和有关费用合计为 1 200 万元，开发成本为 1 800 万元。该公司不能按转让房地产项目计算分摊利息支出，当地规定的房地产开发费用的计算扣除比率为 10%。

   要求：计算该公司当月应该缴纳的土地增值税。

3. 某工业企业在纳税年度获得产品销售额 500 万元，产品销售成本为 230 万元，产品营业税金及附加为 55 万元；发生各种费用 70 万元，其中财务费用中包括为购买原材料而向金融机构借款的利息支出 7 万元，受让专利权的利息支出 1 万元，管理费用中列有为帮助某国有企业摆脱困境而捐赠的 3 万元和业务招待费 2 万元。此外，该企业营业外收入为 20 万元，营业外支出为 15 万元，其中包括交给税务机关的滞纳金 3 万元，非广告赞助支出 6 万元。

   要求：计算该企业应纳的企业所得税。

4. 某公司是一大型交通运输企业，纳税年度实现营业收入 860 万元，营业成本 320 万元，营业税金及附加 35 万元，投资收益 6 万元（其中国库券利息收入 4 万元，金融债券利息收入 2 万元），营业外收入 20 万元，营业外支出 85 万元（包括赞助某协会 80 万元，因支付某人咨询费 2 万元，代扣个人所得税后未缴纳而被税务机关罚款 3 万元），管理费用 280 万元，财务费用 150 万元。该公司申报企业所得税是：

   应纳税所得额 $=860-320-35+6+20-85-280-150=16$（万元）

   应纳企业所得税 $=16\times25\%=4$（万元）

   要求：分析该公司计算应纳的企业所得税是否正确。如不正确，指出错误之处，并正确计算应纳企业所得税，说明如何处理。

综合练习题（二）参考答案

一、单选选择题

1. A　2. B　3. C　4. A　5. C　6. B　7. C　8. C　9. C　10. B

11. A　12. C　13. B　14. B　15. A　16. A　17. B　18. A

二、多项选择题

1. BDE　2. BCD　3. ABD　4. AC　5. ABCD

6. CD　7. ABD　8. ABCD　9. AD

三、判断题

1. ×　2. ×　3. √　4. ×　5. ×　6. ×　7. ×　8. √　9. ×　10. ×

11. ×　12. √　13. √

四、计算题

1. ①应缴纳进口关税 = （90 + 20） × 15% = 16.5（万元）

②进口环节应缴纳增值税 = （110 + 16.5） × 17% = 21.505（万元）

③国内销售环节应缴纳增值税 = 150 × 17% − 21.505 = 3.995（万元）

2. （1）应该缴纳的相关税费合计

= 5 000 × 5% × （1 + 7% + 3%） + 5 000 × 0.5‰ = 277.5（万元）

（2）扣除项目金额

= 1 200 + 1 800 + 277.5 − 5 000 × 0.5‰ + （1 200 + 1 800） × （10% + 20%） = 4 175（万元）

（3）增值额 = 5 000 − 4 175 = 825（万元）

（4）825 ÷ 4 175 = 19.8% < 20%，所以该公司可以免交土地增值税。

3. （1）会计利润 = 500 − 230 − 55 − 70 + 20 − 15 = 150（万元）

（2）将有关项目调整为应纳税所得额：受让专利权利息不允许扣除，应调增应纳税所得额 1 万元；向国有企业捐赠不允许扣除，应调增应纳税所得额 3 万元；营业外支出中的税收滞纳金及非广告性质的赞助支出不允许扣除，应调增应纳税所得额 3 万元和 6 万元。

（3）应纳税所得额 = 150 + 1 + 3 + 3 + 6 = 163（万元）

（4）应纳企业所得税 = 163 × 25% = 40.75（万元）

4. 不正确。其错误如下：

（1）投资收益 6 万元中购买国库券利息收入 4 万元，不应计入应纳税所得额。

（2）赞助支出 80 万元不得从应纳税所得额中扣除。

（3）被处的罚款 3 万元不得从应纳税所得额中扣除。

（4）应纳税所得额 =860 - 320 - 35 + （6 - 4） +20 - （85 - 80 - 3） - 280 - 150 =95（万元）

应纳企业所得税 =95 × 25% =23.75（万元）

（5）税务机关处罚不当，根据征管法有关规定，扣缴义务人不缴已扣税款，处不缴税款 50% 以上 5 倍以下的罚款。

应代扣代缴个人所得税 =20 000 × （1 - 20%） ×20% =3 200（元）

最高罚款限额 =3 200 × 5 =16 000（元）

公司可根据税务行政复议有关规定，在得知行政处罚之日起 15 日内申请复议或直接向法院起诉。

综合练习题（三）

一、单项选择题

1. 国家征税凭借的是（　　）权力。

A. 财产　　B. 政治　　C. 行政　　D. 法律

2. 税收法律关系中的权利主体是指（　　）。

A. 征税方　　B. 纳税方　　C. 征纳双方　　D. 政府

3. 为解决超额累进税率计算复杂的问题，累进税率表中一般规定有（　　）。

A. 比例税率　　B. 累进税率　　C. 平均税率　　D. 速算扣除数

4. 下列税种中属于流转税的税种是（　　）。

A. 财产税　　B. 所得税　　C. 消费税　　D. 行为税

5. 对自建自售建筑物，营业税规定（　　）。

A. 不征税

B. 按建筑业征税

C. 按销售不动产征税

D. 除按销售不动产征税外，还应征一道建筑业营业税

6. 某化妆品有限公司委托化工厂加工化妆品。由于该化工厂无同类产品价格，因而没有代扣消费税。经检查，该批化妆品原材料成本为 4 500 元，支付加工费 1 450 元，增值税 238 元，则该公司应补消费税为（　　）元。

A. 1 950　　B. 2 652　　C. 1 785　　D. 2 550

7. 某商场以还本方式销售，零售家具 4 680 元，5 年后还本，则计征增值税的销售额为（　　）元。

A. 4 000　　B. 9 360　　C. 4 680　　D. 0

8. 下列汽车应征收车船税的是（　　）。

A. 非机动车船　　B. 外资银行自用的汽车

C. 捕捞、养殖渔船　　D. 武警部队专用的汽车

9. 对外商投资企业和外国企业（　　）城市维护建设税。

A. 征收　　B. 不征收

C. 由国家税务局决定是否征收　　D. 由地方税务局决定是否征收

10. 企业下列所得征收所得税的是（　　）。

A. 收到捐赠　　B. 国债利息

C. 财政专项拨款　　D. 符合条件的股息收入

11. 下列所得应征收个人所得税的是（　　）。

A. 已征收过农业税的种植收入　　B. 年终加薪
C. 托儿补助费　　D. 差旅费津贴

12. 某铜矿山某月销售铜矿石原矿 2 000 吨、精矿 400 吨，选矿比为 20%，则该矿山应纳资源税为（　　）元（税率为 1.2 元/吨）。
A. 2 400　　B. 7 200　　C. 4 800　　D. 2 496

13. 甲企业将一台大货车租给乙企业使用，年租金 2 万元，并签订了大货车的租赁合同，但合同上没有确定谁是车船税的纳税人，则该大货车的车船税纳税人为（　　）。
A. 甲　　B. 乙　　C. 甲、乙都是　　D. 甲、乙都不是

14. 海关对进口产品代征增值税、消费税，（　　）城市维护建设税。
A. 征收　　B. 不征
C. 由国家税务局确定是否征收　　D. 由地方税务局确定是否征收

15. 房产税的免征范围包括（　　）。
A. 工矿区　　B. 县城　　C. 建制镇　　D. 农村

16. 下列各项中，应视同销售货物行为计征增值税的是（　　）。
A. 将委托加工收回的货物用于连续生产
B. 动力设备的检修
C. 销售代销的货物
D. 邮局出售集邮商品

17. 下列项目中确认收入实现应计算销项税的是（　　）。
A. 将购买的货物用于集体福利
B. 将购买的货物用于非应税项目
C. 将购买的货物投资给其他单位
D. 将购买的货物交于加工单位，委托加工收回后继续生产使用的货物

二、多项选择题

1. 税收法律关系消灭的原因主要有（　　）。
A. 税法的废止　　B. 履行了纳税义务　C. 免除了纳税义务　　D. 纳税主体消失

2. 从各国所得税实践看，列入课税范围的所得一般应具有的特征有（　　）。
A. 所得的实在性　B. 所得的连续性　　C. 所得的合理性　　D. 所得的合法性

3. 下列企业出口应税消费品适用出口免税不退税政策的有（　　）。
A. 有出口经营权的生产企业自营出口
B. 生产企业委托外贸企业代理出口自产产品
C. 有出口经营权的外贸企业购进应税消费品直接出口
D. 外贸企业受其他外贸企业委托代理出口应税消费品

4. 下列表述正确的有（　　）。
A. 消费税是价内税
B. 消费税是价外税
C. 从价定率征税的消费品，以含消费税不含增值税的销售额为计税依据
D. 从价定率征税的消费品，以不含消费税含增值税的销售额为计税依据

5. 下列项目应纳营业税的有（　　）。

A. 个人买卖有价证券　　B. 企业将房屋对外无偿转让

C. 个人转让著作权　　D. 企业将资金贷给其他企业使用

6. 企业所得税法规定，可以享受减免企业所得税的企业有（　　）。

A. 符合条件的高新技术企业　　B. 兼并其他企业继续经营的企业

C. 符合条件的小型微利企业　　D. 符合条件的安排下岗就业企业

7. 在计征所得税时，下列项目中允许税前扣除的项目有（　　）。

A. 以经营性租赁方式租入固定资产的租赁费

B. 纳税人按照规定缴纳的残疾人就业保障金

C. 保险公司给予纳税人的无赔款优待

D. 企业直接捐赠给学校的计算机设备

8. 下列项目计征企业所得税时，可以从收入总额中扣除的有（　　）。

A. 经营中发生的不需要资本化的借款费用

B. 非金融企业向金融企业借款的利息支出

C. 企业经批准发行债券的利息支出

D. 因逾期归还银行贷款处以的罚息

9. 某煤矿销售原煤 1 200 吨，按现行税法规定应缴纳（　　）。

A. 增值税　　B. 营业税

C. 资源税　　D. 城市维护建设税

10. 下列利息收入中应征收个人所得税的有（　　）。

A. 储蓄存款利息　　B. 企业集资利息

C. 公司债券利息　　D. 国家发行的国债利息

三、判断题

1. 税收产生和存在的前提条件是社会公共需要和广泛剩余产品的出现。（　　）
2. 税收法律关系的一个重要特征是权利主体双方的权利与义务不对等。（　　）
3. 我国现行增值税、营业税、消费税等暂行条例都是由国务院颁布的，因此国务院也是税收立法机关。（　　）
4. 流转税具有征税范围广泛、收入及时稳定且不受经营成果影响等特点。（　　）
5. 从各国所得税实践看，列入课税范围的所得一般应是合法收入，非法收入不予课税。（　　）
6. 纳税期限是指纳税人将应纳税款缴入国库的期限。（　　）
7. 企业购进原材料发生非正常损失，应从当期进项税额中扣除损失原材料的进项税额。（　　）
8. 工业企业发生销货退回，可冲减本企业当期的销售收入和销项税额。（　　）
9. 农村供销社（一般纳税人）销售自行收购的农业初级产品时，免征增值税。（　　）
10. 委托加工应税消费品均由受托方代收代缴消费税。（　　）
11. 某机械制造厂为增值税一般纳税人，4 月份取得的非应税劳务营业额占全部销售额的 55%，因此该企业 4 月份可申报缴纳营业税。（　　）
12. 某运输公司销售货物并负责运输所销货物，其营业额应征收营业税。（　　）
13. 某市保险公司为本市一家外贸进出口公司出口商品所提供的保险可以免营业税。（　　）

14. 企业在建工程发生的试运行收入，可不并入应纳税所得额征税。（　　）
15. 对于个人取得的国债利息、国家发行的金融债券利息、福利费、救济金和住房公积金，可以免纳个人所得税。（　　）
16. 在中国境内内陆和海上开采原油的单位和个人，应依法征收资源税，但对进口原油的单位和个人不征收资源税。（　　）
17. 应税车船的使用人和拥有人不一致时，按税法规定由使用人缴纳车船税。（　　）
18. 施工单位在签订建筑工程承包合同时，应按承包总额计征印花税。（　　）
19. 对于企业以房产投资名义与其他企业联营，凡是取得固定收入而不承担联营风险的，企业应按取得固定收入计征所得税和房产税。（　　）
20. 以完税凭证的副本或抄本视同正本使用的，应依法缴纳印花税。（　　）

四、计算题

1. 某企业主要生产葡萄酒，纳税年度生产经营情况如下：取得产品销售收入总额 1 000 万元；应扣除产品销售成本 540 万元；发生产品销售费用 80 万元（其中含葡萄酒的广告费 30 万元），管理费用 120 万元（其中含业务招待费 10 万元），财务费用 40 万元（其中含逾期归还银行贷款的罚息 3 万元）；应缴纳增值税 50 万元，其他销售税费 70 万元；营业外支出 24 万元（其中含通过民政机构向灾区捐款 15 万元，税收滞纳金 4 万元）。

   要求：计算该企业纳税年度应纳的企业所得税。

2. 某白酒酿造公司纳税年度实现白酒销售收入 7 400 万元，投资收益 180 万元，应扣除的成本费用及税金等共计 7 330 万元，营业外支出 80 万元，全年实现会计利润 170 万元，已按 25% 的企业所得税税率缴纳了企业所得税 42.5 万元。后经聘请的会计师事务所审核，发现以下问题，公司据此按税法规定予以补税。

   （1）“投资收益”账户记载的 200 万元分别为取得被投资企业的分配支付额 85 万元（被投资企业位于浦东新区，所得税税率为 15%）；取得境外分支机构税后收益 70 万元，已在国外缴纳了 30% 的企业所得税；取得国债利息收入 15 万元；转让股权收益 30 万元。

   （2）4 月 20 日购进一台机械设备，购入成本 90 万元，当月投入使用。按税法规定该设备按直线法折旧，期限为 10 年，残值率 5%，企业将设备购入成本一次性在税前做了扣除。

   （3）6 月 10 日接受某单位捐赠小汽车一辆，取得的增值税专用发票注明的价款为 50 万元，增值税为 8.5 万元，企业未列入会计核算。

   （4）“营业外支出”账户中列支的通过非营利社会团体向贫困山区捐款 30 万元已全额扣除。

   要求：计算该公司纳税年度应补缴的企业所得税。

3. 某企业纳税年度来自境内的利润为 1 419 万元，其中包括购买企业债券利息收入 9 万元，购买国债利息收入 13 万元；来自境外的利润为 300 万元，该利润已在境外按 20% 的税率缴纳了所得税。该企业采用分国（地区）不分项抵扣法计算抵扣所得税，境内适用的所得税税率为 25%。

   要求：计算该企业应纳的企业所得税。

综合练习题(三)参考答案

一、单项选择题

1. B　2. C　3. D　4. C　5. D　6. D　7. A　8. B　9. B　10. A

11. B　12. C　13. C　14. B　15. D　16. C　17. C

二、多项选择题

1. ABCD　2. ABCD　3. AB　4. AC　5. BD

6. AC　7. AB　8. ABCD　9. ACD　10. ABC

三、判断题

1. ×　2. √　3. √　4. √　5. √　6. ×　7. √　8. √　9. ×　10. ×

11. ×　12. ×　13. √　14. ×　15. √　16. ×　17. ×　18. √　19. √　20. √

四、计算题

1. (1)会计利润 =1 000 − 560 − 80 − 120 − 40 − 70 − 24 =106(万元)

(2)计算企业发生的需要纳税调整增加的应纳税所得额

①广告费扣除限额 =1 000 × 15% =150(万元)

广告费实际发生仅 30 万元,可以据实扣除,不作纳税调整。

②业务招待费扣除限额 =10 − 10 ×60% +6 − 1 000 × 5‰ =5(万元)

应调增应纳税所得额 =10 − 5 =5(万元)

③税收滞纳金不允许税前扣除,应调增应纳税所得额 4 万元

④通过民政机构捐款应调增应纳税所得额 =15 − 106 × 12% =2.28(万元)

(3)调整应纳税所得额 =106 +5 +4 +2.28 =117.28(万元)

(4)应纳企业所得税额 =117.28 × 25% =29.32(万元)

2. (1)投资收益应调增应纳税所得额 =85 +(1 − 15%) − 85 +70 +(1 − 30%) − 70 − 15 =30(万元)

(2)外购设备应调增的应纳税所得额 =90 − 90 ×(1 − 5%) +10 +12 ×8 =84.3(万元)

(3)接受捐赠应调增应纳税所得额 =50 +8.5 =58.5(万元)

(4)捐赠税前扣除限额 =170 ×12% =20.4(万元)

应调增应纳税所得额 =30 − 20.4 =9.6(万元)

(5)应补缴企业所得税 =(30 +58.5 +84.3 +9.6) ×25% − 100 × 15% − 100 × 25% =5.6(万元)

3. (1)境内所得应纳所得税税额 =(1 419 − 13) ×25% =351.5(万元)

(2)境外所得应补缴所得税税额 =300 +(1 − 20%) ×(25% −20%) =18.75(万元)

(3)应纳所得税总额 =351.5 +18.75 =370.25(万元)

21 世纪高等教育“十二五”规划新教材

序号	书名	书号	主编	定价	出版社
1	财务报表分析	978-7-5309-6493-4	赵淑琴	32.00	天津教育出版社
2	税　法	978-7-5309-6494-1	陈勇华　陈明权	36.00	天津教育出版社
3	管理会计实务	978-7-5309-6493-4	甘岱琳	32.00	天津教育出版社
4	出纳岗位实务	978-7-5309-6494-5	肖刚	32.00	天津教育出版社
5	预算会计实务	978-7-5309-6504-7	贾文清	32.00	天津教育出版社
6	财政与金融	978-7-5309	田春燕	29.80	天津教育出版社
7	税收应用基础	978-7-5309-6495-8	姜振庄	32.00	天津教育出版社
8	财经法规与会计职业道德	978-7-5309-6491-0	刘长涛	32.00	天津教育出版社
9	电子商务	978-7-5309	李研　徐文峰	29.80	天津教育出版社
10	公共关系学	978-7-5309	项华平	32.00	天津教育出版社
11	经济法	978-7-5309-6153-7	刘振云	35.00	天津教育出版社
12	基础会计	978-7-5043-5946-9	刘永德	26.00	中国广播电视出版社
13	基础会计技能与实训	978-7-5043-6106-6	来　源	16.00	中国广播电视出版社
14	成本会计	978-7-5043-6085-4	罗晓娟	26.00	中国广播电视出版社
15	财务管理	978-7-5309-6152-0	赵　平	29.80	天津教育出版社
16	财务会计	978-7-5309-6289-3	王　娟	32.00	天津教育出版社
17	财务会计技能与实训	978-7-5309-6148-3	李凤田	36.80	天津教育出版社
18	企业纳税实务	978-7-5309-6206-0	刘晓菲	29.80	天津教育出版社
19	会计基本技能	978-7-5309-6158-2	陈学玲	20.00	天津教育出版社
20	会计电算化	978-7-5309-6155-1	崔艳丽	29.80	天津教育出版社
21	会计信息系统	978-7-5309	廖淑霞	32.00	天津教育出版社
22	会计查帐实务	978-7-5309		32.00	天津教育出版社
23	财务软件操作	978-7-5309		38.00	天津教育出版社
24	审计学基础	978-7-5309-6181-0	黄豫华	20.00	天津教育出版社
25	现代企业管理	978-7-5309-6189-6	石书清	36.00	天津教育出版社
26	市场营销基本原理与实务	978-7-5309-6208-4	邬庆莲	36.00	天津教育出版社
27	统计学教程与实务	978-7-5309-6186-5	李振华	36.00	天津教育出版社